U0088707

臺灣歷史與文化 研究輯刊

八 編

第 **14** 冊

美援與戰後台灣教育

曹 曦 著

花木蘭文化出版社

國家圖書館出版品預行編目資料

美援與戰後台灣教育／曹曦 著 -- 初版 -- 新北市：花木蘭文化
出版社，2015〔民 104〕
目 2+220 面；19×26 公分
（臺灣歷史與文化研究輯刊 八編；第 14 冊）
ISBN 978-986-404-440-5（精裝）
1. 美援 2. 臺灣教育

733.08   104015140

ISBN- 978-986-404-440-5

9 789864 044405

臺灣歷史與文化研究輯刊
八 編 第十四冊   ISBN：978-986-404-440-5

美援與戰後台灣教育

作 者 曹曦
總 編 輯 杜潔祥
副總編輯 楊嘉樂
編 輯 許郁翎
出 版 花木蘭文化出版社
社 長 高小娟
聯絡地址 235 新北市中和區中安街七二號十三樓
　　　　 電話：02-2923-1455／傳眞：02-2923-1452
網 址 http://www.huamulan.tw 信箱 hml810518@gmail.com
印 刷 普羅文化出版廣告事業
初 版 2015 年 9 月
全書字數 206277 字
定 價 八編 29 冊（精裝）台幣 58,000 元
版權所有・請勿翻印

美援與戰後台灣教育

曹　曦　著

作者簡介

曹曦，女，漢族，1984 年出生於安徽省涇縣。本科畢業於北京中國人民大學歷史系，碩博畢業於福建省廈門大學臺灣研究院，師從著名學者、海峽兩岸關係史專家林仁川教授。曾赴台灣和美國加州大學伯克利分校東亞研究所學習。後在上海師範大學從事博士後研究工作。2012 年至今任教於安徽大學歷史系。主要研究領域為美台關係史、海峽兩岸關係史等。近年來承擔或參與多項國家級與省部級課題，發表學術論文多篇。

提　　要

在二戰後冷戰的國際背景下，美國對臺灣實施了大規模的經濟和軍事援助。在輸出美式價值觀的指引之下，美援大量涉及臺灣的教育方面。國民黨政府為了維護自身的威權統治，也需要借助美援來貫徹其教育理念。美援教育形式多樣，有職業教育、僑生教育、科學計劃、高等院校等等。總體來說，分為官方援助和民間援助兩類。官方援助是由美國援外法案所規定，從1951 至 1965 年，由特定的援助機構來執行；民間援助指的是美國的基金會、慈善機構、私人團體等參與到其中，具有非計劃性和非正式性，發揮了官方援助不可替代的功用。

美援教育對戰後臺灣社會變遷的影響甚大，廣泛深遠且曠日持久。具有經濟、政治、文化、心理等多方面的效應，並往往相互交織。它促進了臺灣教育的發展，卻也存在無法彌補的缺陷；為臺灣的工農業發展培養了大量人才，卻也造成了科技人才的流失；它一方面與國民黨政府保持親密關係，一方面又極力培育本省籍政治精英等等。美國文化入侵臺灣，影響社會的同時並獲得一定的反饋，教育和學術上的某些探索反映了臺灣人對於美國的興趣和關注。以留美學生為代表的臺灣青年們在迷惘中尋找著精神出路，積極反思美援的影響和自身的命運，追求美式自由、民主、平等的願望激發了他們反抗國民黨威權統治的意念。其中的某些思想使得部分臺灣民眾本土意識愈加強烈，並轉化為臺獨意識。

將美援臺灣教育置於世界範圍的大環境下考察，可以發現它與韓國的情況較為類似。對印度、泰國等的教育援助也是為了美國自身的戰略目的服務，使得相關地區處於美國的霸權籠罩之中。對美國和受援國來說都是各有利弊的。

目次

第一章 緒 論

第一節 問題的緣起

　　第二次世界大戰後，美國和蘇聯分別領導資本主義和社會主義兩大陣營，展開了曠日持久的冷戰。戰爭中受到破壞的歐洲國家和非洲、拉丁美洲、亞洲發展中國家都得到了大量援助，包括直接贈與金錢、投資、貸款、技術人員協助等等。美國爲了在東亞站穩腳跟，給予了日本、東南亞國家許多援助。作爲遠東戰略前線的臺灣，更是在軍事、經濟等方面得到了相當多的美國援助。這對於被援助國社會經濟的恢復發展起到了良好作用，也隨之產生了深遠的影響。1951 到 1966 年期間，美國對臺灣每年「一億美元的金額，在當時，相當於每年國民生產毛額（GNP）5%～10%左右，等於每年每人接受十美元的援助。」〔註1〕這些金額，「照人口比例來計算，比任何國家所獲的援助都多（每人每年 9.7 美元，菲律賓 2 美元，泰國 1.3 美元）。」〔註2〕「在美國援助的影響下，臺灣社會各層面都可以看見美國文化的影子，如在大街上常可以看到美國大兵。」〔註3〕美國援助贈予時，還特別規定，在每次發送物資的包裝容器上，應加印美援標誌，注明物資名稱及中文「美國人民贈送」字樣。〔註4〕需要追問的是，歷經半個多世紀的滄桑之後，在二十一世紀的今天重新審視這段歷史，我們應該對美援作出怎樣的評價？

〔註1〕白文進：《撼動臺灣 50 事》，臺北：圓神出版社 2002 年版，第 137 頁。

〔註2〕王育德著，黃國彥譯：《王育德全集 1·臺灣：苦悶的歷史》，臺北：前衛出版社 2000 年版，第 206 頁。

〔註3〕白文進：《撼動臺灣 50 事》，臺北：圓神出版社 2002 年版，第 137 頁。

〔註4〕杜繼東：《美國對臺灣地區援助研究（1950～1965）》，南京：鳳凰出版社 2011 年版，第 96 頁。

　　「冷戰」（Cold War）一詞是由美國記者史華普（H.B.Swope）首創，經由外交政策分析家兼報社專欄作家李普曼（Waltter Lippman）廣爲使用之後而盛行的。冷戰是一種雖未眞正開打但也沒有和平的狀態，敵對強權不只在意識形態上互相衝突，也進行經濟對抗、科技競爭、外交叫陣及軍備競賽。〔註5〕在亞洲冷戰戰場上，美國面對的敵人是意識形態與觀念差異巨大的共產主義中國；試圖爭取的對象則是傾向於保持中立的亞洲國家和地區。朝鮮戰爭後，臺灣的戰略地位重新受到重視，美國基於防堵共產主義的考量，不僅在軍事上提供臺灣援助，也在經濟上大力支持臺灣。美國之所以援助臺灣，與其本身利益有著重大關係，也與其全球外交戰略息息相關。本質上，美援是美蘇冷戰下的產物。〔註6〕由於冷戰指的是美蘇兩個超級大國領導各自集團，相互進行的思想、政治、經濟、宣傳、情報等等不同形態的鬥爭，爲了避免雙方的直接衝突，使得美援的角色顯得更爲突出。冷戰期間，美援政策大體上致力於三個方向：一是重建戰時盟邦的殘破經濟；二是加強非共產主義國家的軍事防衛能力；三是鼓勵落後國家的經濟開發。

　　無可爭論的，美援對於受援國的影響劇烈而深刻，「美援的重大意義並不在於金額的龐大，而是在於它的深遠的影響。」〔註7〕就臺灣來說，「美援對臺灣之國防、經濟、社會、財政、交通、教育等各部門發展之貢獻至爲深遠。」〔註8〕「美援的影響，不管是好的或壞的，在援助正式終止之後仍然繼續存在。」〔註9〕可以認爲，美援對於臺灣的影響具有全面性和持久性的特徵。比如說，由於對美出口貿易的快速增加，1968 年臺灣已經呈現出超的局面。但儘管如此，自美進口的金額仍然年年增加，部分成果應歸功於美援時期所建立的制度整編和人際關係。前美國總統肯尼迪曾指出，「美援促成了臺灣等地及早接觸美國商品、技能和美國式做法，而塑造他們的品味和需求，當援助終止時，他們對美國商品的需求仍繼續存在。」〔註10〕

〔註 5〕 參見呂芳城：《臺灣戰略地位變遷之研析》，《中華戰略學報》2002 年冬季號，
　　　　第 178 頁。
〔註 6〕 高碩泰：《美援與 70 年代美國外交政策之研究》，臺北：政治大學外交所碩士
　　　　論文，1980，第 22 頁。
〔註 7〕 Asian Wall Street Journal, March 4, 1989. Editorial.
〔註 8〕 葉明峰：《美援期間臺灣之對外貿易及收支》，見《臺灣經濟金融月刊》，臺灣
　　　　銀行經濟研究室，1982 年第 7 期，第 14 頁。
〔註 9〕 吳聰敏：《美援與臺灣的經濟發展》，《臺灣社會研究》1988 年第 1 期，第 146 頁。
〔註 10〕 文馨瑩：《經濟奇跡的背後——臺灣美援經驗的政經分析（1951～1965）》，臺
　　　　北：自立晚報出版社 1990 年版，第 211～212 頁。

　　筆者曾於讀書和工作期間赴台考察，也與不同年齡、不同職業、不同價值觀的台灣人有過一定接觸，充分感受到了臺灣社會的多元性和特殊性。海峽兩岸政治體制的差異抹殺不了臺灣與大陸文化上的血脈相連，閩南文化的痕跡在此深深烙印〔註11〕；而受美國和日本文化影響之深遠，也是任何有過臺灣生活經驗的人所不可否認的。街上張貼的琳琅滿目的選舉宣傳畫頗有美式民主的風範，日貨鱗次櫛比、日語招牌也屢見不鮮。出於對影響到整個太平洋地區安全和穩定的美臺關係的高度興趣，筆者開始思考臺灣社會是如何受到美國文化塑造這個問題。

　　作爲一名學者，感到對自身影響最大的是從小所受的教育；世界各國的教育體制不同，教出的民眾也有著千差萬別的思考方式和行爲方式。日據時期的臺灣，日本統治者大力推行同化教育以及後來的「皇民化運動」，就是爲了泯滅臺灣人民的中國意識，以利於控制。光復之後，蔣介石集團推行去日本化運動，實施三民主義教育；敗退臺灣後，蔣氏又進行「反共復國」教育，灌輸大中華意識，堅定反臺獨。可以說，在戰後的臺灣社會中，教育不僅影響了社會階層的變化，而且也影響了人民的各種態度與行爲的改變，例如對家庭的態度、兒童教育方式、政治參與的方式、個人的現代化程度、個人的宗教觀等，都受到教育的影響。〔註12〕這種影響力是不可估量的，從1997年爭論得沸沸揚揚的《認識臺灣》教科書事件就可見一斑。〔註13〕利用教育來引導和控制人民思想是世界任何地區、任何時代統治者們通用的做法。

　　筆者曾得到國家留學基金委的資助，來到美國加州大學伯克利分校東亞研究所交流，體驗到了舊金山灣區一帶獨特的人文風情和社會風貌。與美國大部分地區不同，這裡種族極其多元化，華裔人口眾多。深入瞭解後，發現

〔註11〕　例如，福建泉州的「閩臺緣博物館」主題即爲闡述閩臺的五緣關係：地緣相近、血緣相親、法緣相循、商緣相連、文緣相承。

〔註12〕　Hei-yuan Chiu, "Education and Social Change in Taiwan," in H.H. Hsiao et. al. eds., *Taiwan: A Newly Industrialized State*, Taipei: National Taiwan University, 1989, pp. 187～205.

〔註13〕　1997年6月，當《認識臺灣》教科書（包括歷史、地理和社會三篇）出版並推廣到全臺灣的七年級學生中應用的三個月後，一系列的分歧和爭論爆發出來。這對原先臺灣教育以灌輸中國意識的國民黨式教育是一個巨大的顚覆。爭論的焦點是如何將臺灣歷史呈現給學生，尤其是臺灣與清朝和殖民母國日本的關係，以及1949年後國民黨政權在臺灣的統治。最核心的問題是自古以來，臺灣是否屬於中國的一部分。許多人對教科書內容表示出強烈的不滿，最後只好又進行大幅度的改動。

戰後臺灣移民佔了很大比例。他們集中在南灣「矽谷」一帶，多是從臺灣來的留學生，取得美國名校的碩博士學位後，在此落地生根，從事高科技產業。由此筆者想知道，在從臺灣到美國求學的這一段經歷中，他們體驗了怎樣的心路歷程？對臺灣和美國社會有著怎樣的認識？與戰後臺灣政治經濟形勢有著什麼樣的聯繫？帶著這些問題，筆者試圖對於美援對戰後臺灣高等教育，尤其對留學生的影響進行思考。

　　克羅齊有句名言，「一切歷史都是當代史」，要理解現在，則必須回顧過去。當代臺灣社會異彩紛呈的現象背後有著曲折複雜的歷史經驗。「觀乎人文，以化成天下」的傳統在中國史學中有著突出的和連續性的表現，體現出廣博的人文關懷。美國歷史學家魯濱孫在 1911 年出版的代表作《新史學》一書中，「特別重視歷史教育的重要性，認為歷史應認識過去，分析現在的問題，並預測未來。」〔註 14〕我們研究臺灣歷史，是為了更好地理解當代的臺灣社會，也為了兩岸關係的出路尋找解答。因此，筆者對於戰後臺灣社會美援的考察，也具有對當代的啟示性意義。

第二節　學術史回顧

一、臺灣學者研究成果

　　臺灣島內學者們最初探討美援的影響時，往往從經濟領域入手，因為這是顯而易見的部分。「美援之直接目的有三：（一）穩定經濟；（二）節省外匯基金之消耗，冀求國際收支之平衡；以及（三）促進農工生產，以奠定經濟復興基礎。」〔註 15〕可見，經濟發展是美援的直接目標，雖然這種目標是政治性的，卻也取得了相當大的成就。很多經歷過那段特殊歲月的臺灣人都普遍感受到，「生活在戰爭結束的時代，因受到美國的援助，臺灣人的衣食有相當大的改善。諸如牛奶、奶油、麵粉，大家都是吃美國的營養長大的，就連內褲還是麵粉袋做的呢！」〔註 16〕言辭中流露出一種欣喜和對美國的感激之情。

〔註14〕于沛：《史學思潮和社會思潮：關於史學社會價值的理論思考》，北京：北京師範大學出版社 2007 年版，第 269 頁。

〔註15〕《美國對我經濟援助及國際經濟合作實況報告》，臺北：經合會編印 1965 年版，第 1～3 頁。

〔註16〕白文進：《撼動臺灣 50 事》，臺北：圓神出版社 2002 年版，第 138 頁。

　　著名留美學者、教授，國民政府外交家劉達人先生在其著作中充分闡述
了美援的積極意義，「與大多數半開發國家相比，經濟援助開始的時候，中華
民國富裕與貧窮群體之間存在著深不可測的差距。美援達到了它的目標，增
加了一個龐大人群的卡路里攝入量，和整體的繁榮。美國納稅人對外援助的
美金在臺灣獲得了最大的收益。沒有別的國家比這做得更出色。」〔註17〕美
援幫助撤退到臺的國民黨政府撐過了最艱難的歲月，因此多數政府官員和相
關人士對此持高度肯定的態度，代表臺灣一部分人的意見。

　　當然，也有一些人持有不同的看法。臺語語言學專家、「臺灣獨立運動教
父」王育德認為，「國民黨政府拜美援之賜才不致垮臺。事實上可以斷言，美
國是透過國民黨政府統治臺灣的。如果有人將對國民黨政府的反感整個移向
美國也不足為奇。」〔註18〕這些言論代表那些具有臺獨傾向和反對國民黨傾
向的人的觀點，他們的著眼點主要在於美援與國民黨政府的關係問題上，強
調美援的負面作用。「前後15年，提供臺灣將近15億美元的援助，使當時被
國民黨破壞而窮困的臺灣經濟，在注入這股外來力量後，呈現平穩的成長。
相對的，也強化了國民黨政權對臺灣的統治實力。」〔註19〕他們對美國間接
控制臺灣十分不滿，「美國的援助無非是要強化對臺灣的控制。雖然對臺灣經
濟實力貢獻相當大，卻未利用其援助的影響力，解除國民黨對人權自由的鉗制，
反而是鞏固了國民黨政權對臺灣的獨裁統治。」〔註20〕的確，天上不會掉餡餅，
天下也沒有免費的午餐，得到援助的同時，受援者是要付出巨大代價的。

　　縱觀臺灣學界歷年來對於美援的相關研究，可以發現，多半圍繞在美國
的援助方式與國民黨政府經濟政策的制定方向；或者說政府在接受美援期
間，究竟是受美國所掌控還是有其高度自主性這個議題上。大約有以下三種
觀點：

　　第一，對美援採取肯定的態度，強調其對於臺灣發展的積極意義。如趙
既昌《美援的運用》、翁之鏞《美援運用分析之研究報告》〔註21〕、羅敦偉《美

〔註17〕 Ta Jen Liu, *A History of Sino-American Diplomatic Relations, 1840～1974*,（劉達
　　　　人：《中美外交關係史》），臺北：華岡出版有限公司1978年版，第409頁。
〔註18〕 王育德：《臺灣獨立的歷史意義與方法論》，收錄於王育德著，侯榮邦等譯：《王
　　　　育德全集12‧臺灣獨立的歷史波動》，臺北：前衛出版社2002年版，第43頁。
〔註19〕 白文進：《撼動臺灣50事》，臺北：圓神出版社2002年版，第135頁。
〔註20〕 白文進：《撼動臺灣50事》，臺北：圓神出版社2002年版，第138頁。
〔註21〕 翁之鏞：《美援運用分析之研究報告》，臺北：中央委員會設計考核委員會1955
　　　　年版。

援運用在各方面發生效果之研究》〔註22〕等。以趙既昌著《美援的運用》爲例分析，該書作者親身參與經辦美援事務，既能夠接觸到原始的檔案資料，又熟悉美援的申請、劃撥、使用、稽核等程式，也瞭解美援在臺灣經濟建設中發揮的作用，所以該書著重探討了美國經援對臺灣各個經濟領域的實際效用，如美援與臺灣外貿收支和物價的關係，美援對臺灣農業、工業、電力、交通、公用事業、教育、衛生事業的推動，美援與臺灣榮民安置輔導計畫的實施，美援與臺灣公共行政制度的改革等。根據法案之不同性質，把美援分爲 4 個階段。在本書結論部分，作者評估了美援運用的實際成效，充分肯定了美援在臺灣經濟從恢復到穩定、從穩定到發展過程中所發揮的巨大作用。〔註23〕可惜全書大部分爲描述性的說明，而且主要僅限於美援的功效方面，理論分析極少。該書認爲，「臺灣經濟由急需仰賴外援之情況，走上經濟自立自足之境地，不僅國民生活水準不斷提高，更厚植國家潛力，這是各種因素共同促成之艱辛歷程，而美援之妥善利用，無疑已扮演一個重要角色。」〔註24〕

　　第二，認爲國民黨政府受美國掌控，如段承璞《臺灣戰後經濟》〔註25〕、劉進慶《臺灣戰後經濟分析》〔註26〕、陳玉璽《臺灣的依附性發展——依附型發展及其社會政治後果：臺灣個案研究》〔註27〕、文馨瑩《美援與臺灣的依賴發展（1951～1965）》、《經濟奇跡的背後——臺灣美援經驗的政經分析（1951～1965）》、吳聰敏《美援與臺灣經濟發展》等。以文馨瑩的著作《經濟奇跡的背後》一書爲例分析，她在研究臺灣電力公司的過程中發現，該公司 80%的資金來自美援，美國借美援促使台電屢次提高電價，強化台電技術對美國的依賴程度，從而獲取利益。她由此對美援產生研究興趣，試圖對前

〔註22〕 羅敦偉：《美援運用在各方面發生效果之研究》，臺北：「中央委員會」設計考覈委員會 1955 年版。

〔註23〕 趙既昌於 1951 年進入美援會服務，主管美援相對基金業務，包括承辦小型民營工業貸款。1958 年美援會改組，李國鼎先生擔任秘書長而開始正式共事。1960 年奉派參加美援技術合作計劃赴美進修，後將在美進修所得撰成《北美紀行》一書。自 1963 年起擔任經合會參事，兼任財政部參事。

〔註24〕 趙既昌：《美援的運用》，臺北：聯經出版事業公司 1985 年版，第 263 頁。

〔註25〕 段承璞：《臺灣戰後經濟》，臺北：人間出版社 1992 年版。

〔註26〕 劉進慶：《臺灣戰後經濟分析》，臺北：人間出版社 1992 年版。段承璞：《臺灣戰後經濟》，臺北：人間出版社 1992 年版。
　　　 劉進慶：《臺灣戰後經濟分析》，臺北：人間出版社 1992 年版。

〔註27〕 陳玉璽：《臺灣的依附性發展——依附型發展及其社會政治後果：臺灣個案研究》，臺北：人間出版社 1992 年版。

人把美援奉爲臺灣經濟奇跡不可或缺的推動力的觀點提出挑戰。她要在臺灣經濟奇跡的背後，解析美援尋求自利的運作機制，重新審視臺灣的美援經驗。作者並不全面否定美援對臺灣的貢獻，而是以「美援依賴」爲觀察新視角，梳理美援與臺灣依賴美國軍援經援之間的關係，剖析美援對臺灣政治經濟結構的影響。她認爲，「美援在當地的角色，主要是美國爲維護資本主義體系的安全投資，因而創造或強化了受援國的發展受美援軍事需求制約的結構依賴。」〔註28〕關於臺灣民主化問題也與普遍觀念不同，「美援非但未直接促成臺灣的民主改革，甚至因鞏固國府的獨裁控制，而間接妨礙了民主化的推動。」〔註29〕

第三，認爲臺灣仍有主權，如龐建國《國家發展理論——兼論臺灣發展經驗》〔註30〕、《臺灣經驗的理論與實際》〔註31〕、陳勇志《美援與臺灣之森林保育（1950～1965）——美國與國府關係之個案研究》〔註32〕等。這些論著的觀點介於以上兩者之間，處理較爲平衡，但沒有鮮明的立場。如郭乃峰的博士論文《臺灣經濟發展初期政府干預及美援援助之評估，1951～1971》〔註33〕，利用經濟學的理論和模型對臺灣當局的干預政策和美援進行評估，得出結論認爲，臺灣當局的干預對臺灣早期經濟發展是有利的，美援對臺灣早期經濟成長及大部分產業的擴張也產生了積極的幫助。

二、島外學者相關論述

早先，中國大陸學術界對於臺灣問題研究的主要著眼點在於兩岸關係發展，這與政治形勢緊密相連，服務於政府的政策性需要；由於涉及敏感議題，戰後臺灣史的研究禁區較多，如統獨之爭、臺灣人意識、政權正統性等等。改革開放後，儘管困難重重，臺灣史的研究得到了大力發展；新世紀以來，

〔註28〕文馨瑩：《經濟奇跡的背後——臺灣美援經驗的政經分析（1951～1965）》，臺北：自立晚報出版社1990年版，第33頁。
〔註29〕文馨瑩：《經濟奇跡的背後——臺灣美援經驗的政經分析（1951～1965）》，臺北：自立晚報出版社1990年版，第242頁。
〔註30〕龐建國：《國家發展理論——兼論臺灣發展經驗》，臺北：巨流出版1993年版。
〔註31〕龐建國：《臺灣經驗的理論與實際》，臺北：幼獅出版1993年版。
〔註32〕陳勇志：《美援與臺灣之森林保育（1950～1965）——美國與國府關係之個案研究》，臺北：稻鄉出版社2000年版。
〔註33〕郭乃峰：《臺灣經濟發展初期政府干預及美援援助之評估，1951～1971：米糖隱藏稅、高估匯率及美援援助之實證分析》，台中：中興大學經濟學研究所博士學位論文，1996年。

更是上了一個新臺階。〔註34〕大陸專門從事臺灣史研究的學術機構逐漸成立並完善，海峽兩岸的學術交流也日漸增加。在大陸學者的相關著作中，「美援」以一種戰後協助國民黨政府穩定政局、發展經濟的視角呈現，如廈門大學陳孔立教授認為，美援和土地改革共同奠定了戰後臺灣經濟發展的基礎，「美援對穩定財政、抑制通貨膨脹的作用相當大」，「填補了當時嚴重制約臺灣經濟發展的『兩個缺口』」。〔註35〕「美帝國主義通過對蔣介石的『經濟援助』，一方面給蔣介石集團『打氣』，另一方面控制了臺灣的經濟命脈。所謂『經濟援助』，實際上是推銷美國的剩餘產品。」〔註36〕美援的實質是「以援助來掣肘臺灣當局，把臺灣經濟緊緊地綁在美國的車輪上，使臺灣成為美國的附庸」。〔註37〕這些論述的意識形態性較強。

中國社會科學院杜繼東博士2011年出版的專著《美國對臺灣地區援助研究（1950～1965）》〔註38〕一書對美國援助臺灣的全過程進行了探討。作者分門別類地闡述了軍事援助和經濟援助，援助是怎麼實施的，成立了哪些與之相關的機構，是如何運作的；並全面分析了美援對美國和臺灣地區在政治、軍事、經濟和社會各方面的影響。該書全面客觀，具有較高的學術價值和現實意義，其中部分內容涉及教育援助，但不是重點。

時任美國加州大學洛杉磯分校商業管理研究生院院長尼爾‧雅各比（Neil H. Jacoby）教授的《美國對台援助：外援、自助和發展研究》〔註39〕一書的出版時間距美援終止不過一年。1964年秋，美國國際開發署署長邀請他對美國對台援助的實際成效進行全面評估。於是雅各比組建了一個評估小組，在臺灣和美

〔註34〕 在大陸史學界，普遍認為臺灣史屬於中國的地區史，在強調臺灣歷史與中國歷史共同性的前提下，對臺灣歷史的特殊性給予越來越多的重視。大陸學者王鍵將中國大陸的臺灣史研究分為三個發展階段，分別為1949～1966年、1976～2000年、2001年至今。他分析了每個階段的特點，並對目前存在的問題與未來趨勢進行了探討。詳見王鍵：《中國大陸的臺灣史研究狀況》，臺北：《漢學研究通訊》，第109期，2009年2月，第8～20頁。

〔註35〕 陳孔立：《臺灣歷史綱要》，北京：九州出版社1996年版，第453，456頁。

〔註36〕 李之信編：《美蔣奴役下的臺灣》，保定：河北人民出版社1959年版，第17頁。

〔註37〕 廈門大學臺灣研究所：《今日臺灣100問》，福州：福建人民出版社1988年版，第12頁。

〔註38〕 杜繼東：《美國對臺灣地區援助研究（1950～1965）》，南京：鳳凰出版社2011年版。

〔註39〕 Neil H. Jacoby. *U. S. Aid to Taiwan:A Study of Foreign Aid, Self-Help, and Development*, New York: Frederick A. Praeger, 1966.

國廣泛搜集資料，實地考察美國在臺灣援建的公路、港口、工廠等項目，訪問
了政界、工商界和學術界人士，然後花數月時間撰成一份評估報告，提交給國
際開發總署，由開發總署交給本署官員以及蘭德公司和部分大學的經濟學家審
閱。雅各比綜合他們的意見，在報告的基礎上寫成專著，於 1966 年出版。該書
資料豐富、論述充分。然而，作者站在美國人的立場上，就美援的實際成效進
行評估，重點放在了經援方面，沒有涉及與美援相關的政治、外交、軍事等領
域，未將美援放到國際政治的大環境中加以考察，也沒有涉及美援在戰後美台
關係演變過程中發揮的作用。另外，該書寫成於美援剛剛結束之際，許多檔案
尚未解密，美援對臺灣的長遠影響還沒有充分顯現出來，所以作者的觀察、論
述和結論難免存在不完備不成熟之處。1978 年，美國學者何保山（Samuel P. S.
Ho）出版了《臺灣的經濟發展：1860～1970》〔註40〕一書。該書第 7 章討論了
臺灣的發展策略和美援的作用，認爲美援穩定了戰後臺灣混亂的經濟、彌補了
臺灣的外匯缺口、提高了臺灣的投資總量、左右了臺灣經濟政策的制定和實施。
其內容主要參考的是雅各比的著作，沒有多少創新。Yongping Wu 在著作 *A
Political Explanation of Economic Growth* 中主要對臺灣 1950 到 1985 年的經濟發
展進行解析，多處提到美援的作用，特別認爲在政府分發援助的環境下，塑造
了「國家」與私人部門的關係。〔註41〕美國社會學家高棣民（Thomas B.Gold）
也在 State and Society in the Taiwan Miracle 〔註42〕書中對於戰後臺灣經濟奇跡的
諸多因素進行了考量，討論到臺灣商業市場與美援導嚮之間的關係，認爲美商
不僅借著臺灣質高價廉的勞力，爲臺灣爭取到國際經濟的比較利益，同時還或
多或少地幫助臺灣尋求技術和產業結構的升級；如果論及負面影響，則正因上
述因素而加深臺灣對美國經濟情勢的依賴。美國著名外交史專家唐耐心（Nancy
Bernkopf Tucker）女士著的 *Taiwan,Hongkong,and the United States,1945～1992*
〔註43〕一書，對美國對臺灣的軍事援助和經濟援助都有論述，側重於從經濟、

〔註40〕（美）何保山著，上海市政協編譯工作委員會譯：《臺灣的經濟發展：1860～
　　　　1970》，上海：上海譯文出版社 1981 年版。
〔註41〕Yongping Wu, *A Political Explanation of Economic Growth: State Survival,
　　　　Bureaucratic Politics, and Private Enterprises in the Making of Taiwan's Economy,
　　　　1950～1985*, Massachusetts: Harvard University Press, 2005, p36.
〔註42〕Thomas B.Gold, *State and Society in the Taiwan Miracle,* New York:M.E.
　　　　Sharpe,1986.
〔註43〕Nancy Bernkopf Tucker，*Taiwan, Hongkong, and the United States,1945～1992：
　　　　Uncertain Friendships* , New York: Twayne Publishers, 1994.

軍事、政治及社會文化各方面論述其影響，對政策實施情況卻很少涉及。作者立足於從美國政府和臺灣蔣介石政權之間圍繞利益的博弈而展開的明爭暗鬥來論述，充分體現了蔣介石政權在與美國關係中的自主性。作者認為美國的某些外交政策有時甚至是違背美國國家利益的，美國人雖出錢出力協助台灣發展經濟和軍事，但在許多情況下，美國非但不能占據主導地位，反而常被國民黨當局所輕視，筆者認為這一點有失偏頗。

歐洲學者在關於美國援助對於太平洋經濟發展政策得失的著作中也評價了美援對臺灣的重要作用，「美援對於臺灣發展作出了傑出的貢獻。它使得軍事開銷下降，彌補內部和外部的財政赤字，建立基礎設施、公共事業、農業和公共部門。最重要的是，美國主持（或勉強允許）劇烈的社會變革和廣泛的國家干預，為臺灣快速的、本質的受益發展提供了基礎。」〔註 44〕而書中對於「社會變革」和「國家干預」，沒有進行深入的探討。

三、研究視角的轉移

逐步地，大家的研究視角開始發生轉移，將經濟發展的根源追尋到科技、人力資源等相關課題上來。如大陸學者歐陽鍾輝在研究了戰後 40 多年來臺灣勞動力教育程度變化後，得出結論，臺灣經濟發展的關鍵是科技和人力資源，「正是由於把對人力資源的投資看作是發展經濟和綜合國力的一項重大措施，臺灣的人力資源真正成了它的經濟起飛、科技發展的動力。」〔註 45〕林美麗在名為《臺灣發展的新模式》〔註 46〕的論文中，引用美國學者亨廷頓（Samuel P. Huntington）的發展理論，提出若干假設，通過分析 1951～1965 年美援的運用和臺灣的政治經濟發展來驗證這些假設。由於著重於理論的探討和驗證，所以對美援本身的研究不夠深入和全面。不過，作者注意到了美軍顧問團、農復會和懷特公司的作用，並進行了初步探索。林炳炎《保衛大臺灣的美援（1949～1957）》〔註 47〕也是一本挑戰傳統觀點的著作。林是臺灣

〔註 44〕 Nan Wiegersma and Joseph E. Medley, *US Economic Development Policies towards the Pacific Rim: Successes and Failures of US Aid*, London: Palgrave Macmillan, 2000, p.47.

〔註 45〕 歐陽鍾輝：《臺灣經濟發展的關鍵──科技和人力資源》，收錄於楊建利主編：《大陸學者眼中的臺灣經驗》，美國加州：二十一世紀中國基金會 1997 年版，第 108 頁。

〔註 46〕 林美麗：《臺灣發展的新模式：穩定與成長──1951～1965 年美國對臺灣的援助》，臺北：東吳大學社會學研究所碩士學位論文，1988 年。

〔註 47〕 林炳炎：《保衛大臺灣的美援（1949～1957）》，臺北：三民書局 2004 年版。

電力公司的土木工程師，業餘時間從事史學研究；他在研究中發現懷特公司在美援運作過程中起過非常重要的作用，於是廣泛搜集史料，並親往美國拜訪曾任懷特公司總經理的狄卜賽（V. S. de Beausset）。林試圖打破李國鼎是臺灣經濟發展首要功臣的神話，特別強調狄葡賽和懷特公司在美援運用和臺灣經濟發展過程中發揮了極其重要的作用。該書的主題雖然非常明確，但作者畢竟是工程師出身，沒有受過基本的史學訓練，致使該書既沒有清晰的史實重建，又缺乏嚴密的邏輯論證，使其學術價值大打折扣。楊翠華的論文《美援技術協助》〔註48〕從技術角度出發，探究美援對臺灣技術引進的長期影響。作者在文中將技術的內涵擴展到觀念、組織、方法與制度等，考察了美援之下技術協助的內容、意義及其在臺灣長期工業化過程中所扮演的角色。美國歷史學者鄺美佳（J. Megan Green）在她的著作 *The Origins of the Developmental State in Taiwan*〔註49〕中詳細檢視了國民黨於 1927 至 1949 年間在中國大陸及 1949 年後在臺灣所規劃及執行的科學政策，重點是給讀者提供了關於戰後臺灣科技發展的清晰脈絡，她聲明美援是促使國民黨政府大力發展科技的重要因素之一。這裡，就有了對於美援的深層次的探討，認為它對於臺灣的影響在某種程度上是啟示性的，與筆者在第一節中的思考產生共鳴。的確，「美援對臺灣社會的影響當然不僅限於經濟層面；社會、政治、文化等其他層面，必然也同時受到重大衝擊。」〔註50〕怎樣才能對一個社會產生長期持久、深入穩定的影響呢？筆者認為，需要從決定社會特質的文化層面入手。

　　文化的定義很龐雜，暫取一種來看。「文化，英語 Culture 之譯語。謂人類社會由野蠻而至文明，其努力所得之成績，表現於各方面者，為科學、藝術、宗教、道德、法律、風俗、習慣等，其綜合體則謂之文化。」〔註51〕縱觀臺灣戰後發展歷程，這些方面都滲透著美援的影響。不可否認的是，文化的直接體現者和繼承者，當然是我們作為主體的人。也就是說，影響到人的

〔註48〕楊翠華：《美援技術協助：戰後臺灣工業化開端的一個側面》，陳永發主編：《兩岸分途：冷戰初期的政經發展》，臺北：中央研究院近代史研究所 2006 年版。

〔註49〕J. Megan Green, *The Origins of the Developmental State in Taiwan: Science Policy and the Quest for Modernization*, Harvard University Press, 2008.

〔註50〕吳聰敏：《美援與臺灣的經濟發展》，《臺灣社會研究》1988 年第 1 期，第 158 頁。

〔註51〕林尹、高明主編：《中文大辭典》，臺北：中國文化學院出版社 1967 年版。另據該辭典，「文化史」的定義為，「研究學問、藝術、政治、教育、風俗、經濟之經歷及社會發達變遷之歷史，曰文明史，亦曰開化史。」

思考方式和行爲方式，乃是美援發揮效益的重點。那麼，影響人的最直接有效的途徑是什麼呢？筆者認爲，是教育。

其實早在 20 多年前，臺灣學者吳聰敏就意識到了美援中教育的研究價值。「我們知道，任何經濟體系的資本存量可分爲實物資本與人力資本。人力資本的積累主要是透過教育系統來進行；而其重要性絕不下於實物資本的積累。但是，人力資源部門卻只獲得 18% 的美援資助。這樣子的分配比例是否適當？它對臺灣後來經濟、社會發展的方向產生什麼影響？這些都是頗值得深入研究的課題。」〔註52〕當年的學者意識到其重要性，可惜沒有進行充分的探討。

後來有研究者評價道，「對臺灣來說，美國在戰後透過留學政策、基金會設置、研究人員交流、提供獎學金及廣泛使用美國高等教育教科書等方式，實施美國化改造，職是之故，文化知識的根，伸向美國的土地乞食養分。戰後臺灣的命運及對中國的重新認識，美國因此扮演了一個主導的角色。」〔註53〕這樣的評述是否中肯呢？在臺灣教育領域，美國的所作所爲帶來了什麼樣深遠的影響呢？這是筆者要考量之處。

1987 年臺灣廢除了戒嚴令，結束了國民黨政府的威權統治，社會迅速走向國際化和本土化。兩岸關係也經歷了種種曲折，美臺關係也隨之變換不定。臺灣問題的確牽涉的層面過多，但就文化來說，認同（Identity）一直是反映臺灣人心理狀態的關鍵性問題，也是學者們孜孜不倦的研究課題。由於各自立場不同，看待臺灣歷史有著異彩紛呈的觀點。歷史學者宋光宇在其書中用大量章節對各種史觀進行了介紹和分析，計有 11 種之多。〔註54〕這種現象說明了什麼？臺灣人認同的複雜性。這與它特殊的歷史經驗是緊密相連的。與中國大陸文化之根相連，日本的殖民統治，戰後美國的影響，種種經歷都塑造了臺灣人民與眾不同的自我意識（Self-consciousness）。因此，筆者考察美援與戰後臺灣教育，也是想通過此問題對臺灣民眾意的識形態進行更深層次的探討，試圖發掘這些意識中究竟存在多少美國因素。

〔註52〕 吳聰敏：《美援與臺灣的經濟發展》，《臺灣社會研究》1988 年第 1 期，第 154 ～155 頁。

〔註53〕 曾萍萍：《喑啞的他者——陳映眞小說與後殖民論述》，臺北：萬卷樓圖書股份有限公司 2003 年版，第 56 頁。

〔註54〕 分別爲：方志的清代統治史觀、臺灣通史的漢族正統史觀、日本的強權史觀、中國國民黨的正統史觀、美國的「美援論」與「依附理論」、臺灣人 400 年悲情史觀、臺灣中心論（同心圓理論）、新臺灣人史觀、統派理論、依賴發展理論、海洋爭霸史觀。參見宋光宇：《臺灣史》，北京：人民出版社 2007 年版，第 437～452 頁。

第三節　概念界定與資料來源

一、概念界定

（一）何謂美援

　　最基本的問題是，什麼是美援呢？「美援」一詞，是「美國對外援助」的簡稱。二戰以後，美援一直是美國對外政策的重要一環，也是一直令人困惑、眾說紛紜的政策問題。美援的定義是含糊、模棱兩可與缺乏一致性的，不同的組織團體往往從不同的角度與標准予以看待，是一套觀念、一套計劃，還是別的什麼，人們的認識是不一樣的。

　　先來看看美國相關學者對於這個問題的理解。美國政治學家漢斯・摩根索（Hans J. Morgenthau）認爲，美援是「當代美國外交政策中無論在瞭解與實施上最令人感到迷惘的一個」。〔註55〕一向批評美援最苛刻的美國前參議院外交委員會（Senate Foreign Relations Comittee）主席富布萊特（J. William Fulbright）對於「美援」一詞也十分挑剔，認爲它是最笨拙、最錯誤的用法，而整個美援計劃也促使國會、一般大眾，甚至行政部門本身陷入一片茫然。〔註56〕每年國會審議美援預算，必然引起行政與立法部門有關方面的辯論，焦點多半集中於金額、數量之刪減增益，而很少認眞地深入探討美援政策的原因、意義，難怪曾有人感歎，幾十年來，大把大把的鈔票和人力投注於此，想要尋求一個較具說服力的「理論基礎」卻不可得。〔註57〕

　　這裡所謂的「理論基礎」，指的是關於美援的目標，達到目標的手段，以及足夠的說服力來獲得國會和選民繼續給予支持的一套說辭。〔註58〕一個強有力的總統雖然可以輕易地贏得國會和輿論對於美援的首肯，但任期畢竟很有限，如果美援要繼續成爲外交政策的一環，其政治支持必須具備一貫性。所以二戰後的歷屆總統、行政部會首長、官方人士等往往在不同場合提出冠冕堂皇的理想與目標，訴諸大眾來激發共鳴。

〔註55〕 Hans J. Morgenthau, *A Political Theory of Foreign Aid*, The American Political Science Review, Vol. 56, No.2, June 1962, p.301.

〔註56〕 J. William Fulbright, *Foreign Aid is a Many-Splintered Thing*, Dialogue, August 1968, p.2.

〔註57〕 Charles J.V. Murphy, Foreign Aid: Billions in Search of A Good Reason, Fortune, March, 1963, pp.126～130, 205～212.

〔註58〕 Edward S. Mason, *Foreign Aid and Foreign Policy*, New York: Harper and Row, 1964, p.26.

　　政治學者佛瑞斯（Karl von Vorys）曾就許多官方言論研究「美援之政治層面」，綜合所得的美援目標包括：保障低度開發國家之獨立；維護自由世界之安全與福祉；貫徹反共理念；廣結善緣，爭取國際友誼等。〔註 59〕也就是說，有鑑於共產黨的「擴張」和新興國家動亂兩大威脅，美援的目標是協助創造一個穩定、和平、有秩序的國際環境，以保障美國的國家利益。當然，基於目標的多樣性，也要因時、因地、因人、因事而調整政策。

　　由此可見，美援本身並非目的，也不是一種單純的技術性問題，牽涉的層面很廣泛，而二戰後既有的理論基礎始終脆弱，無法很好地解釋美援動機。漢斯・摩根索說過一段意味深長的話：「軍事政策因為太重要了，所以不能只託付軍事將領；同樣的，援外政策也因為太重要了，所以不能只託付經濟學者。」〔註 60〕他曾提出美援的六種形態，即「人道主義、濟弱扶傾、賄賂收買、經濟開發、相互安全及聲名威望」〔註 61〕，從一個特別實用的架構中分析美援的政治意涵，去除經濟層面的考量，進一步思索美援在美國外交政策中所佔的地位，有著很大的價值。

　　根據《美國外交政策百科全書》的定義，「美援」乃是透過美國政府所設立的機構與計劃，所進行的美國政府與他國政府之間的軍事與經濟援助。〔註 62〕另一種說法是，在妥協（concessional）的條件下，經由直接之雙邊途徑或間接之多邊機構，以達成美國與他國政府之間資源或勞務的移轉和流通。〔註 63〕在這些定義中，「對外援助」僅限於政府與政府之間或政府與國際組織之間的官方層次。但有些機構如「經濟合作開發組織」（Organization for Economic Cooperation and Development, OECD），把私人投資、私人貸款和出口信用等一併納入對外援助的範疇。〔註 64〕這裡就產生了一個問題，美援僅僅是官方的，還是官方、民間都有？

〔註 59〕參見高碩泰：《美援與 70 年代美國外交政策之研究》，臺北：政治大學外交所碩士論文，1980，第 13 頁。

〔註 60〕參見高碩泰：《美援與 70 年代美國外交政策之研究》，臺北：政治大學外交所碩士論文，1980，第 13 頁。

〔註 61〕參見高碩泰：《美援與 70 年代美國外交政策之研究》，臺北：政治大學外交所碩士論文，1980，第 14～15 頁。

〔註 62〕Gunar Myrdal, *An Inquiry into the Poverty of Nations*, New York: Panthen Books, 1968, p.634.

〔註 63〕David Wall, *The Charity of Nations*, New York: Basic books, 1973, p.3.

〔註 64〕Development Assistance: *1971 Review*, Paris: OECD, 1971. 轉引自高碩泰：《美援與 70 年代美國外交政策之研究》，臺北：政治大學外交所碩士論文，1980，第 4 頁。

筆者認為，兩方面都應該包括。官方美援的運用一般會有相關的統計數據及成效分析〔註65〕，相比之下，非官方的就不那麼引人注目了。但是，我們不能忽略民間援助方式在臺灣社會產生的重大影響，而且這種影響還是潛移默化、深入人心的。〔註66〕此部分是在以往的研究中常常被學者忽略的，因為其民間性與非正式性。其實，我們可以看到，美國各種團體或者中國人士通過這些團體對臺灣的援助是相當豐富的。僅以美國醫藥駐華會為例。美國醫藥駐華會是由美國熱心人士所組成，1952年初該會決定扶助臺灣省訓練師資學校（師範學院師範學校及附小）衛生教育工作。二月先組成14人的小組，包括公共衛生、醫師護士、衛生工程人員及教育當局負責人員，前往師範學院、八所師範學校及其附屬小學，實地調查。目的在於認識各校真實情況，並瞭解其一般性和個別性的問題，以便擬定計劃。〔註67〕聯合國兒童急救基金委駐臺辦事處配合美國醫藥駐華會開展在臺學校衛生工作，供給清魚肝油34桶，計重3.57噸。凡學生有營養不良、血色素較低、體重未達標準、或體重兩月持續不增加，或染有結核病者，除假日外每日供給清魚肝油10公分。為避免服食魚肝油用具消毒困難起見，特購一種盛10公分液體的米粉杯，學生連同米粉杯與魚肝油一同服食。米粉杯按期分送各校備用。此項計劃，自1952年冬季開始，直至1954年7月截止，「最後數月內因聯合國贈送之清魚肝油告罄，該會特自港輸入兩千餘公斤補其不足。」〔註68〕以上史料表明，美國醫藥駐華會是一個民間性團體，有自身的工作目的和計劃，並與聯合國的駐臺機構配合工作；還能發揮出自身的主觀能動性，做很多官方機構力所不及的工作。

其實早在20世紀60年代，有研究者在美國對於世界欠發達地區文化援助的相關考察中，就特別提到了私人組織的貢獻。「很多年來，私人組織在美國與這些國家的文化聯繫中扮演了重要的角色。……這些組織——今日已經

〔註65〕官方美援部分有許多成果檢討書，如行政院國際經濟合作發展委員會編：《臺灣肥料工業運用美援成果檢討》，1964；《臺灣大學歷年來接受美援運用成果檢討》，1964；等等。

〔註66〕例如2007年11月5日的《自由時報》登載了一則消息，桃園縣平鎮市民曾廣宗至今珍藏著一件臺灣光復初期、美援時期常見的麵粉袋內褲，是美國人通過「芥菜種教會」捐助的，並對他們一家幾十年來產生了巨大的精神影響。

〔註67〕《第三次中國教育年鑑》，臺北：教育部教育年鑑編纂委員會1957年版，第1077頁。

〔註68〕《第三次中國教育年鑑》，臺北：教育部教育年鑑編纂委員會1957年版，第1079頁。

數量很多——爲教育交換項目的整體概念提供了想像和能量。」〔註69〕依照以上的研究思路，筆者決心探究民間性美援的作用方式、影響力度、與官方美援的聯繫等等，以便全面地看待問題。

（二）時間限定

另一個重要的問題是時間限定。在上述的多數論著中，都將國民黨政府退居臺灣後的 1951 年當作美援的開始、1965 年作爲結束，這也是一些官方文件中的說法。另一些文獻中說道，「戰後美國對『中華民國』援助政策的發展，依據法案的變遷，可區分爲三個時期：第一期是戰後初期的援外法案時期；第二期是 1950 年代的共同安全法時期；第三期是 1960 年代的國際開發法時期。」〔註70〕這是根據美國的援助政策按照時間進展進行的分類。其實，本書標題中的「戰後」，是指 1945 年第二次世界大戰結束，那時候美國對於中國，尤其是國民黨政府就開始進行援助，只是由於國共內戰、國民黨遷臺等原因，援助過程之中發生了嚴重的斷裂。趙既昌《美援的運用》中也認爲，官方意義上的「美援」是從 1948 年 4 月 3 日美國國會通過援外法案開始，到 1965 年 6 月 30 日停止。〔註71〕雖然早在 1948 年美國就制定了《援外法案》（第四章爲援華部分），「行政院美援運用委員會」也於該年在南京成立，然而由於國共內戰，美援沒有得到良好的運用。國民黨政府遷臺後，美援才開始正式發揮作用。政府設立了許多與美援相關的機構，並制定了詳盡的使用方案。遷臺初期，經濟狀況一片混亂，國民黨政府制定第一期和第二期經濟建設計劃時，著眼點在於發展工農業。等到社會狀況漸漸穩定，政府開始擬定第三期計劃時，才開始將有關社會建設事項正式簡要地列入計劃之內。〔註72〕

〔註69〕 Kenneth Holland, The Role of Private Organizations in Cultural Aid to Underdeveloped Areas, William Y. Elliott ed. *Education and Training in the Developing Countries: The Role of U.S. Foreign Aid*, New York: Frederick A. Praeger, 1966, p.288.

〔註70〕 周琇環編：《臺灣光復後美援史料，第一冊，軍協計劃（一）》，臺北：國史館 1995 年版，「緒論」第 1 頁。

〔註71〕 趙既昌著：《美援的運用》，臺北聯經出版公司 1985 年版，第 269～278 頁「美援大事記」部分。

〔註72〕 中華民國經濟部：「中華民國第一、二期國家經濟建設計劃」及「中華民國第三期經濟建設計劃」第六章第一節。參見趙既昌著《美援的運用》，臺北聯經出版公司 1985 年版，第 187 頁。

　　由此看來，1951 到 1965 年期間的美援發揮的功用、效益很大，與後來的臺灣經濟起飛密切相關，所以得到了很多人的矚目；那麼，之前美國對其援助是怎樣的呢？

　　聯合國善後救濟總署〔註 73〕孕育於第二次世界大戰期間。考慮到戰後初期戰爭受害者可能面臨的生存困境，英美兩國決定動員其本土未曾遭受敵國直接入侵的聯合國成員國捐資，對戰爭直接受害國及其難民提供大規模善後救濟援助。為執行上述使命，聯總應運而生。短短兩年間，聯總將價值 39.68 億美元的稀缺資源無償地饋贈給中國、波蘭、南斯拉夫、烏克蘭、白俄羅斯和意大利等國人民，在世界史上留下閃光的記錄。「聯合國善後救濟總署是二戰後第一個大型的美國援助項目。基本是戰爭剛結束就開始了，為了應對中歐許多地區大規模飢餓的威脅。歐洲和亞洲經濟基礎的整體崩潰留下了無法獲得基本生存物資的大量人口。總署的目標被設定為提供那些直接的，受害國家所接觸不到的賑濟物資。經濟問題是嚴峻的。」〔註 74〕

　　其實，聯總成立了「中國分署」〔註 75〕（CNRRA, Relief and Rehabilitation Administration of China），之下又有「臺灣分署」，從事援助工作。「1947 年初，美國政府也捐給聯合國善後救濟委員會（UNRRA）27 億美元，占其經費的75%，當時中國曾接受 UNRRA 的救濟物資。」〔註 76〕筆者的研究中，將 1945 年之後的美國援助部分都納入，特別是其中民間性的、非官方的援助。

　　時間的下限依然劃在具有普遍意義的 1965 年，這是一個行為的斷限，也就是考察之前的美援都做了些什麼事情，但由於本書中很大部分內容在分析後來的影響，而教育的影響有時不是立竿見影，要稍微滯後些的，所以個別部分會涉及到 1965 年後的一段時間，但不會太長。

〔註 73〕即 Relief and Rehabilitation Administration of the United Nations（UNRRA），相關研究可參見 George W. Woodbridge, ed., *UNRRA: The History of the Relief and Rehabilitation Administration*, New York: Colombia University Press, 1950.

〔註 74〕Kenneth Holland, The Role of Private Organizations in Cultural Aid to Underdeveloped Areas, William Y. Elliott ed. *Education and Training in the Developing Countries: The Role of U.S. Foreign Aid*, New York: Frederick A. Praeger, 1966, p.20.

〔註 75〕如 Chin Tsang: *China's Postwar Markets*, New York: Macmillan Company, 1945. 一書即對戰後中國初期的市場問題進行了相關研究，就 UNRRA 對於中國的援助進行了闡述，參見該書 208～213 頁。

〔註 76〕增田猛：《アメリカの對外援助》，東京：教育社 1979 年版，第 16 頁。

二、資料來源

（一）官方文獻與檔案

這些官方文獻以一種直觀的、較少感情色彩的描述狀態呈現。臺灣方面資料如美援期間的《中華民國年鑒》、《中華民國教育年鑒》，臺北國史館印行的《臺灣戰後初期留學教育史料彙編》之「留學美國事務」篇；當時也有很多相關的美援成果報告書，如 1968 年臺灣省教育廳「職業教育與建教合作研討會」的專題報告《八所美援工職訓練成果檢討》，行政院國際經濟合作發展委員會編《臺灣肥料工業運用美援成果檢討》、《臺灣大學歷年來接受美援運用成果檢討》等。另外一些如校史類，《國立臺灣大學校史》、《國立臺灣師範大學校史》等，可以與美援檢討書一併參考。

另外，大陸也陸續出版相關的檔案文獻。2007 年，中國第二歷史檔案館與海峽兩岸出版交流中心共同編纂的《臺灣文獻史料出版工程‧館藏民國臺灣檔案彙編》現已全部由九州出版社影印出版。該《彙編》共收錄檔案史料 12 萬頁左右，均為中國第二歷史檔案館館藏檔案資料；它們不僅揭露了日本對臺灣的殖民統治，也記錄了臺灣同胞在日據時期心向祖國、與日本殖民統治當局進行的不屈抗爭，更反映了抗戰勝利前後中國政府對臺灣地區的接收、管理及全面安排臺灣光復後經濟、文化、教育等重建工作，是研究民國時期臺灣與祖國關係不可多得的第一手史料，因而具有極高的研究、參考與收藏價值。其中有小部分涉及 1945～1949 年對臺美援的材料，彌足珍貴。

（二）相關人士的回憶錄、文集

與美援相關的重要人士，如李國鼎、尹仲容等人的回憶錄文集；再如，協助臺灣留學生赴美的天主教主教于斌，有《于斌樞機主教紀念文集》等；臺灣留美作家於梨華、白先勇、張系國等人的文學作品及回憶錄等等。這些材料有共同的特點，都是相對主觀地描述美援的某個或多個側面，偏重自我的觀察和理解。

（三）報紙、雜誌上的相關論述

如當時事實政論類周刊《新聞天地》對臺灣美援進展情況和臺灣留美學生異鄉生活常有報導，並刊登一些相關讀者來信；《大學雜誌》也刊登一些作者對於美援和臺灣社會關係的述評。另有多家雜誌零星論述到相關問題。這些材料的特點是比較零散，需要認真尋找和鑒別。

（四）美國方面的材料

與美援有關人士的作品，如「華美協進社」（China Institute in America）社址的提供人，《生活、幸福和時代》雜誌的主人亨利魯斯。該社在發揚中國文化方面做了很多工作，如舉辦有關中國問題或促進中美關係的演講，舉辦有關中華文化的座談會，舉行藝術性的表演展覽等。另一些散見於其他人作品中的相關感受、評論等。美國學者的研究成果也要好好鑽研，學會他們看待問題的不同視角和分析方法。美援的相關材料文中也運用得很多。以上材料主要是英文的，需要大力搜集和研讀。

第四節　理論方法

為深入考察美國援助對臺灣的影響，本書首先採用西方學術界頗為流行的援助理論。另外，「後殖民主義」（post-colonialism）理論也是本書重要的分析框架。

一、援助理論

對外援助是西方學術界一個獨立的研究領域，具有豐富的研究成果，〔註77〕國內有關對外援助理論的研究尚處於起步階段。〔註78〕

冷戰爆發初期，美國開始大規模對外援助，隨後在援助項目內容上從經濟和技術援助擴展到軍事、經濟並重，援助地區由西歐和盟國，延伸至第三世界國家和地區。這些轉變都是冷戰不斷發展、擴大和對蘇遏制不斷強化的必然結果。為配合美國在全球的戰略部署，美國將對外援助視為一個用以爭奪戰後勢力範圍、遏制蘇聯和戰略工具。「美國的對外援助發展歷史和對外援助政策的演變都充分顯示了美國的對外援助是為了維護美國的冷戰戰略、全

〔註77〕主要成果包括：Milton Friedman, "Foreign Economic Aid: Means and Objectives", *Yale Review*, Vol.47, No14, June1958; Samuel P. Huntington, "Foreign Aid for What and for Whom", *Foreign Policy*, No.1, Winter 1970,; — "Foreign Aid for What and for Whom（II）", *Foreign Policy*, No.2, Spring1971; HansMorgenthau, "A Political Theory of Foreign Aid" , *The American Political Science Review*, Vol.56, No.2, Jun.1962　等等。

〔註78〕可參見周弘：《對外援助與現代國際關係》，《歐洲》2002 年第 3 期；林曉光：《國際政治經濟關係：以國際援助為視點》，《世界經濟研究》2002 年第 5 期；丁韶彬、楊蔚林：《西方國家的對外援助：政策目標及其實現》，《世界經濟與政治》2008 年第 6 期。等等。

球戰略、安全戰略的需要，其實質是爲了維護美國的國家利益。」〔註79〕

在制定外交政策時，決策者必然有意無意地把存在於他們意識深層的文化價值觀體現出來。美國是一個新興的資本主義國家，二百多年從一個荒涼的殖民地崛起成爲世界上的超級大國，這給美國人帶來自豪感，他們一直以「人類文明進步的燈塔」自居。這種根深蒂固、已融入美利堅民族血液的觀念影響著美國歷屆政府的對外政策，使美國總是以世界領袖自居，充滿著改造世界的幻想，企圖讓世界上其他民族都接受他們的文化理念和意識形態。這種心態反映在對外援助政策中就是，美國總是給對外援助項目附加苛刻的政治條件，將自由、民主、人權和法制等作爲提供發展援助的先決條件。對外援助因而成爲傳播美國價值觀的重要手段。

漢斯・摩根索認爲，在現代國際關係中，國家利益構成國家對外行爲的最基本動因，從某種意義上說，國家一切政策行爲的出發點和歸宿都是國家利益，對外援助政策也不例外。一個國家是否向另一國提供援助、提供多少金額的援助、是何種條件的援助，不取決於後者的經濟需求或道德優劣，而取決於援助國能否通過對外援助獲取預期的政治、經濟和戰略上的利益，以及利益的大小多少。〔註80〕他進一步認爲，對外援助政策和外交、軍事、宣傳等政策並沒有什麼區別，它們都是國家「軍械庫」裏的武器裝備。無論何種形式的對外援助，本質都是政治性的，其目標都是維護和促進國家利益。實際上，即便是人道主義的對外援助，其政治功能也是顯而易見的，其潛在的政治經濟含義在於：表明一個國家和政府對於某類國際事件的態度；在國際社會樹立一個國家的形象；爲自己今後獲取同樣的援助鋪墊道路。〔註81〕肯尼斯・華爾茲在其著作《國際政治理論》中提到，對外援助政策就是霸權工具。「（美國）軍事援助直接服務於加強兩極世界的安全體系，而經濟援助則是給這個安全體系爭取盟友和朋友，與行賄沒有差異，也是爲了增強援助國的國力，特別是遏止共產主義，建立合適的世界秩序的工具」。〔註82〕美國前國務卿喬治・舒爾茨認爲，「對外援

〔註79〕陳婕：《對外援助政策的國際比較》，廈門大學碩士學位論文，2008 年 5 月，「摘要」。

〔註80〕K. B. Griffin, J. L. Enos, Foreign Assistance: Objective and Consequence, *Economic Development and Cultural Change*, April 1970, pp.314～315.

〔註81〕宋新寧、陳岳：《國際政治經濟學概論》，北京：中國人民大學出版社 1999 年版，第 217～218 頁。

〔註82〕Kenneth Waltz, *Theory of International Politics*, New York: Random House, 1979, p.200.

助是對我國及世界的未來的一種謹慎的投資⋯⋯強化我們的朋友是保護我們的利益及擴展目標的最有效的方式之一。」〔註83〕

　　對外援助政策既是美國外交政策的核心內容之一，又是美國實現國家戰略的重要工具。「對外援助是一個國家或國家集團對另外一個國家或國家集團提供的無償或優惠的貨物或資金，用以解決受援國所面臨的政治經濟困難或問題，達到援助國家特定目標的一種手段。」〔註84〕毋庸置疑，任何國家在制定對外援助政策時，都或多或少地帶有利益色彩，有著特定的目標和戰略考量。美國對外援助政策的制定和決策同樣如此。從形式上看，美援政策是美國政府的一種經濟計劃，而實際上卻是外交策略的運用，也就是以經濟為手段、以政治目的為依歸，其最終目標是尋求政治的、戰略的安全。美國外交政策的主要目標是通過這種途徑企圖建立一個不會對美國構成威脅的世界秩序，而外援則更是這個目標的一種手段。外援的運用有一個理由，那就是憑藉著它來達到傳統外交做法及軍事手段所無法達到的國家對外利益和目標。為達到推進美國式民主制度的戰略目標，美國堅信最有效的途徑是運用對外援助以促使有關國家進行必要的政治、經濟和社會改革，進而建立一套「最符合美國利益」的自由民主制度。這就是美國對外援助政策的「價值標準」和「民主形態」。〔註85〕

　　美國對外援助常常被人為地罩上一層人道主義和無私的光環，丹尼爾・布爾斯廷即認為，「對外援助表達了一種信念，即認為美國政府在國外也是一個服務性的機構」。但事實上，美國從來都是將現實的國家利益作為其對外援助的出發點，其對外援助服務於美國的對外戰略和對外政策，是美國維護其安全利益、經濟利益、價值理念以及國際形象的有效工具。國家利益是美國對外援助的主要驅動力。「和其它外交工具一樣，對外援助的主要動機是創造一種世界政治經濟環境，使美國可以最好地尋求其社會目標。」〔註86〕

〔註83〕 Mohamed Rabie, *The politics of foreign aid──U.S. foreign assistance and aid to Israel*, New York: Praeger, 1988, p. 9.

〔註84〕 宋新寧、陳岳：《國際政治經濟學概論》，北京：中國人民大學出版社 1999 年版，第 216 頁。

〔註85〕 Hollis B. Chenery, "Objectives and Criteria for Foreign Assistance", in Robert A. Goldwin ed., *Why Foreign Aid 拾* Chicago: RAND Mcnally & Company, 1963, pp.37～40.

〔註86〕 H. B. Chenery, "Objectives and Criteria of Foreign Assistance," in G. Ranis ed., *The United States and the Developing Economies*, New York: W. W. Norton Co., 1964, p.81.

　　冷戰期間，美國決策者將對外援助，尤其是對第三世界的發展援助，等同於在第三世界遏制共產主義的擴張，直接服務於美國的國家安全利益。〔註87〕冷戰結束後，美援依然是美國政府對廣大世界輸出價值觀念的有力武器，是種一以貫之的行為，「作為對外政策工具之一的對外援助政策的調整幅度也相應較小，基本保留著冷戰時期美國對外援助的目標、重點和機構，仍未擺脫『冷戰色彩』」。〔註88〕

　　在「冷戰共識」的影響下，美國所有個人、團體和組織都被動員起來，社會生活和文化生活的所有表現形式都被放入美國冷戰的「武器庫」。「教育」這一媒介或工具亦被廣泛運用到冷戰鬥爭中。美國官方檔將「教育」界定為一個極其寬泛的概念，其分為正式活動與非正式活動兩部分。正式活動由智識機構來實施，包括學校和大學系統、研究中心等，主要元素是教師、課程表、授課材料和教育方法。非正式活動不是在正式的學校框架下進行，但會產生教育影響力，如培訓項目、成人教育、軍事訓練、社區發展專案、人員交流項目、技術援助活動、文化中心、電影及出版項目等。〔註89〕美國的民間志願組織、大學、基金會、宗教組織、公司等向第三世界國家輸送了大量的援助，使援助的主體不斷走向多元化，對公眾和政府的影響力也在逐漸增大，在美國的對外援助中正扮演越來越重要的角色。這些組織既是獨立的援助機構，也是政府援助的輸送者與合作夥伴。由於它們不具備政府的權威和財政權力，也沒有商業部門的營利性質，而在財源上不得不依賴政府和各種民間捐助，並對政府的資助產生了一定程度的依賴。作為美國政府援助的一種補充，在政府外交及援助目標的實現中也扮演了重要的角色。可以使救援理念及文明關愛影響傳播得更廣更深，並對政府的外交和國際角色起緩衝和彌補的作用。

二、後殖民主義

　　該理論是 20 世紀 80 年代之後興起的一種社會政治批判思潮，是後現代主義思潮中的一個重要部分。後殖民主義是一種跨越歷史、哲學、文學、心

〔註87〕劉會清：《戰後美國對外經濟援助的歷史考察》，《內蒙古民族大學學報（社會科學版）》，2002 年第 3 期，第 12 頁。

〔註88〕婁亞萍：《對外經濟援助與美國國家安全戰略》，《國際論壇》第 11 卷第 5 期，2009 年 9 月，第 77 頁。

〔註89〕張楊：《冷戰共識——論美國政府與基金會對亞洲的教育援助項目（1953～1961）》，《武漢大學學報（人文科學版）》，第 66 卷第 3 期，2013 年 5 月，第 62 頁。

理學乃至人類學的綜合性思潮，涉及眾多問題：如帝國文化、殖民話語、西方中心主義中的東方的歷史再現、全球性話語中的民族文化再現和世界邊緣化中的種族、階級、性別的關係，等等。由於本理論內容龐雜，涉及範圍廣泛，將本書中運用到的幾個核心概念闡述如下：

（一）混合性（hybridity）

本義為雜交的、不純種的，後殖民語境下被理解為由於文化入侵帶來的文化混合。「十九世紀，和二十世紀晚期，混合性成為文化爭論的一個關鍵主題。」〔註90〕「在後殖民理論中它被廣泛地運用和爭論，指的是建立新的跨文化，而非多元文化，形成於殖民產生的空間中，人們、原住民、遷徙者、定居者、殖民者、被殖民者，生活並且遷移。」〔註91〕這個概念包含語言、文化、政治和宗教信仰等新的混合，儘管有不同的聲音，還是提倡一種文化平等性。作為一種概念和生活經驗，hybridity 富有多元文化的意義，影響著個人和群體。它不僅是一種跨文化的交流，更是一種對語言、政治、價值和認同的期望。另外，混合性還影響了語言、食物、音樂、藝術和文化的其他方面，很大程度上改變了世界的面貌；而最重要的，是改變了人們的思維習慣和價值認同。

從殖民時代起，全球文化就處於一個交流、融合的時期，後殖民時代亦然，美國援助便是其中的一種渠道。因此，形成了文化上的多元性。「多元文化主義在美國早已成為主流價值，學院的相關論著和政客的相關承諾，一樣令人眼花繚亂、目眩神迷。」〔註92〕二十世紀末「多元文化主義」一詞在政治和公共論述中獲得了顯著的地位，尤其在西方國家。多元文化主義設定了對同質的單一民族國家神話的拋棄，從認識論上轉向由不同成份構成的統一的民族國家。〔註93〕

以臺灣作為論述中心，它以中華文化為基礎的同時，吸收了荷蘭、日本等多個國家的元素。文化上，由於美援將美國的文化價值大量輸入到戰後臺灣，使臺灣在某種程度上呈現更加多元化的樣態。

〔註90〕 Robert J.C. Young, *Colonial Desire: Hybridity in theory, culture and race,* New York: Routledge, 1995, p.6.

〔註91〕 Gina Wisker: *Key Concepts in Postcolonial Literature,* New York: Palgrave Macmillan, 2007, p.189.

〔註92〕 戴美慧：《戰後臺灣文化政策與文化發展關係之研究——以文化多元主義為觀點》，臺北：臺灣師範大學政治學研究所碩士論文，2002 年，第 5 頁。

〔註93〕 參見 Castles S. : Migration and Community Formation under Conditions of Globalization, *International Migration Review,* vol. 36, no. 4, 2002, pp. 1143～1168.

（二）離散性（diaspora）

Diaspora 是西方學術界後殖民理論中的重要概念之一，中文常譯爲離散、流散、流亡等。原意指古代猶太人的大流散，後來衍生到離鄉背井聚居的族群等意。英國著名社會學家羅賓·科恩（Robin Cohen）在其名著《全球離散者：一個介紹》〔註94〕中對 Diaspora 做出了詳細的探討。他試探性地將離散者定義成生活在另一個地區的一群人，「原先的祖國」這一概念總是深埋在他們的語言、宗教、習俗和民間傳說中，並且對此表現出忠誠和情感。人們似乎活在一種新文化中，卻有著自身的認同，帶著母文化的影子。

「現今，離散不僅僅是一種分析的類別；它也是實踐的。」〔註95〕事實上，從殖民主義開始的那一天，離散就誕生了，無論是販賣到美洲的黑人奴隸，還是遷移到歐美的亞裔人群，都實踐了這一歷史進程。尋找認同成爲貫穿流亡者們一生的追尋和宿命。「衝突的連結和要求，混亂和距離被捲入離散者的認同中」〔註96〕，因此，他們需要精神上的慰藉才可以生活。「流亡作家們一方面致力於呈現和識別他們和生活空間中其他人的差異和經歷；另一方面，作爲作家本身來說，他們也嘗試溝通這些差異，認知並結合相同性。」〔註97〕這些作家及其作品是對認同追尋的一種反應。

「一種是外部流亡（external exile），它指的是離開自己的土地，放逐到異域度過漂泊無根的生涯。這種流亡，是指身體被迫流放到另一陌生的土地，所以又稱肉體流亡（physical exile）。另一種是內部流亡（internal exile），它指的是一般不能離開自己土地的人，卻又不能認同它所賴以生存的土地上之政治體制或價值觀念。他們不像外部流亡的人能夠遠走高飛，而只能進行心靈上或精神上的抵抗。這種內部流亡，又可稱爲精神流亡（mental exile）。」〔註98〕國民黨統治集團由於大陸的戰敗而退守臺灣，相當於一個「流亡者」的群體。而作爲統治者的身份出現在臺灣，將自身的意識形態灌輸給臺灣人民。臺灣

〔註94〕Robin Cohen, *Global Diasporas: An Introduction*, Seattle: University of Washington Press, 1997.

〔註95〕Stephane Dufoix: *Diasporas,* Berkeley: University of California Press, 2008, forword xii.

〔註96〕Gina Wisker: *Key Concepts in Postcolonial Literature*, New York: Palgrave Macmillan, 2007, p.98.

〔註97〕Gina Wisker: *Key Concepts in Postcolonial Literature*, New York: Palgrave Macmillan, 2007, p.97.

〔註98〕陳芳明：《左翼臺灣——殖民地文學運動史論》，臺北：麥田出版社 1998 年版，第 248 頁。

剛剛經歷過五十年的日本殖民統治，又接受國民黨政府的思想及其隨之而來的美式思潮，認同再次陷入了危機之中。對於戰後臺灣民眾來說，這兩種流亡的情境是兼而有之的。

臺灣文學史專家陳芳明認為，「國民政府為了代表中國，接受美國的經濟、軍事支持，並且使臺灣被編入全球的冷戰體制中。與美國冷戰體制的結合，使臺灣淪為文化殖民與經濟殖民的事實，則是公認的事實」〔註99〕於是，臺灣在美援的作用之下，喪失了文化主體性，出現了認同危機，後殖民表徵明顯。「『被殖民』經驗已不限於兩國相爭所產生的政治效應。在後現代用法裏，被殖民者乃是被迫居於依賴、邊緣地位的群體，被處於優勢的政治團體統治，並被視為較統治者略遜一籌的次等人種。」〔註100〕相對於國民黨統治集團來說，廣大本土臺灣人民是處於劣勢的團體。「邊緣人」的概念意味著一種情形，人們被牽涉進兩個或更多的不同的文化社會群體，在那些地方經歷了價值衝突。〔註101〕「混合性」的概念是回應「邊緣人」的概念出現，標示出一種新的認同，具有更廣泛的跨種族和跨國界的特徵。「混合性」在其本身來說是複雜性的事物，由不同的、不對稱的力量關係構成，產生階級、性別、種族的文化遺產。〔註102〕

德里克（Arif Dirlik）分析西方後殖民論述的流行，認為乃因全球化資本時代跨國企業為了拓展市場，需要大量第三世界風土民情信息而產生。針對「後殖民何時開始」這個問題，德里克認為，「當全球化資本主義出現之時」。〔註103〕「臺灣後殖民論述流行的原因當然和歐美不盡相同，但是，臺灣歷史上長期納入美國為首的資本主義結構，信息通常唯美國馬首是瞻的位階關係，顯然是臺灣後殖民論述如此流行的部分原因。」〔註104〕

〔註99〕 邱貴芬：《後殖民之外──尋找臺灣文學的「臺灣性」》，收錄於邱貴芬著：《後殖民及其外》，臺北：麥田出版 2003 年版，第 116 頁。

〔註100〕　邱貴芬：《發現臺灣──建構臺灣後殖民論述》，收錄於張京媛編：《後殖民理論與文化認同》，臺北：麥田出版 1995 年版，第 172～173 頁。

〔註101〕 參見 Park R.E.: Human Migration and the Marginal Man, *American Journal of Sociology*, vol. 33, no.66, 1928, pp.881～893.

〔註102〕 Kuah-Pearce Khun Eng and Andrew P. Davidson: *At Home in the Chinese Diaspora: Memories, Identities and Belongings*, New York: Palgrave macmillan, 2007, p.249.

〔註103〕 Dirlik Arif : "The Postcolonial Aura: Third World Criticism in the Age of Global Capitalism", *Critical Inquiry* 20 ,Winter 1994, p.352.

〔註104〕 邱貴芬：《「後殖民」的臺灣演繹》，收錄於邱貴芬著：《後殖民及其外》，臺北：麥田出版 2003 年版，第 260 頁。

（三）全球化（globalization）與本土化（localization）

現今的二十一世紀，世界被壓縮為一個單一的系統。從資本主義擴張的殖民時代開始，全球化運動就一直持續進行著。它的進程、時間表和效果是一個被激烈爭議的概念。在此過程中，經濟、語言、文化、國家等都成了競爭的場域。「文化戰爭」在全球以不同形式爆發，各種群體按照宗教、種族、地域等因素重新定義自身。在殖民文化和全球化研究中，對後殖民的探索是一個重要的相關課題。「某些方面來說，在二戰後迅速去殖民化的時期，全球化表明了帝國主義轉化為跨越國界的經濟、通訊和文化的運作。這並不說明全球化是一種簡單的、無方向性的運動，從強盛到衰弱，從中心到邊緣，因為全球化是跨文化的，帝國主義也如此。」〔註105〕

美國在戰後全球化過程中扮演了無可替代的角色。「二十世紀，連接經典的帝國主義和當今的全球化的關鍵之處即是美國的角色。儘管它堅決否認稱自己為『帝國主義』，的確二戰中和二戰後它對舊有的歐洲殖民主義是公然的挑戰；然而，美國在自身國際政策上，急切地支持政治主宰、經濟和文化控制，與帝國主義連結在一起。」〔註106〕也就是說，研究戰後全球化問題，美國是繞不過去的一個彎。

美援將臺灣捲入激烈的全球化進程之中，以美國為首的西方文化，在臺灣現代化過程中具有深厚的穿透力和影響力，至今美國仍是臺灣各項產品主要的輸出市場，臺灣經濟對美國的依存度相當高。但另一方面，卻呈現出越來越強烈的本土化的發展趨勢，在戰後臺灣的政治領域與文化領域「自我肯定」的心態中表現得尤為清楚。於是「全球認同」與「本土認同」之間遂不免呈現某種互補性與緊張性。〔註107〕現代化全球化與民族化本土化兩邊使勁所拉出來的張力，成為當前一項重要的課題。

第五節　章節安排、創新及不足

一、章節安排

根據本書的主旨，全文分為六個部分，框架如下：

〔註105〕Bill Ashcroft, Gareth Griffiths and Helen Tiffin: *Post-Colonial Studies: The Key Concepts*, London and New York: Routledge, 2000,p.112～113.

〔註106〕Bill Ashcroft, Gareth Griffiths and Helen Tiffin: *Post-Colonial Studies: The Key Concepts*, London and New York: Routledge, 2000,p.112.

〔註107〕黃俊傑：《臺灣意識與臺灣文化》，臺北：正中書局 2000 年版，第 87～88 頁。

　　第一章「緒論」，主要敘述選題緣由，即為什麼研究「美援與戰後臺灣教育」，有什麼意義和價值；並對相關的學術史進行回顧，評價臺灣、大陸、美國三方對於此問題的研究現狀；從含義和時間上下限兩個方面對「美援」的概念進行限定，指出筆者研究的史料來源。並簡略介紹本書所運用的理論方法和框架，最後指出本書的創新及不足之處。

　　第二章「背景闡釋」，探討的問題是美國為何會援助臺灣教育。將教育問題置於當時整個美援計劃之中，與當時的國際、國內環境相聯繫，為以下幾章的討論設立一個場域。二戰後的世界格局、國共內戰的餘緒、冷戰衝突等等都是不可迴避的客觀存在。

　　第三章「內容闡釋」，按照五個類別分析美援臺灣教育的形式。「職業教育」，雙方大力培養臺灣的工農業人才，提供經濟發展的人力資源。「僑生教育」，「反共復國」是國民黨政府在戰後相當長時間內的政治目標，大批華僑青年子弟來臺求學，畢業後大部分返回原僑居地，對於當地建設作出了一定貢獻。「科學計劃」，美援對臺灣科學教育開展和科技政策制定啟示甚大，做法一直持續到美援結束後多年，培養的科技人才也成為臺灣經濟發展之不可或缺。「高等院校」包括美國援助臺灣高等院校（國立和私立），和臺灣學生赴美高等院校留學兩個方面，成為雙方間合作交流的重要渠道。「民間援助」是對以上官方援助的補充擴展，基金會、慈善組織、宗教團體等大量參與其中，形成了援助的多樣化型態。

　　第四章「影響闡釋」，從經濟、政治、文化和心理四個方面分析美援在教育方面對臺灣的影響，兼及對美國的反饋作用。並評價美援在多大程度上完成了它預想的使命，臺灣社會由於美援獲得了怎樣的進步，存在著什麼樣的局限性，對美國的援外政策產生了什麼影響。運用適當的個案分析來對理論加以解釋。

　　第五章「比較闡釋」，筆者嘗試將美援臺灣教育置於世界範圍內探討，將對美援作用的相關地區，如韓國、印度、泰國等受到的影響進行綜合比較，指出其與臺灣的相似之處和不同之處，解析美援是怎樣通過教育形塑這些地區人民的意識形態和社會的。

　　第六章「結論」，再次運用援助理論和後殖民理論來總結美國對臺灣的教育援助，主張運用辯證法客觀冷靜地對歷史事件作出分析，在全球化的世界潮流中尋找臺灣文化的出路。

二、創新之處

本書的寫作爭取實現以下幾個方面的創新：

（一）新視角

以往研究美援的文章雖不少，教育方面的卻不多；即使有，也欠缺明確的理論分析體系。「在諸多回顧或研究美援的論文或專書之中，大部分皆從經濟或資本的角度來看美援對臺灣政經發展的影響。近年來開始有些論文從不同的角度，探究美援對臺灣農林、工業、教育方面的影響，及其與臺灣社會、文化變遷的關連。」〔註108〕以往無論是美國學者還是受援國學者基本僅限於討論自身的問題，鮮有將這些現象聯合起來看，並作出深入剖析的。本書對美援臺灣教育的探討，以及與相關地區的比較分析，是將臺灣置於戰後東亞冷戰格局的大框架之下，對那段特殊的歷史作出審視。

（二）新定義

過去有些著作對美援的定義較爲狹隘，認爲僅限於法案中的官方援助；有些加入了民間性的援助，但是闡述不夠。楊翠華認爲，「相較於教育層面，在『教育部』主導全國教育政策與施行之下，美援扮演的僅是輔助或重點補助的角色」，筆者認爲這一觀點值得商榷。楊在這裡對戰後的臺灣的教育採用了一種狹義的定義，教育是廣範圍多層面的，不僅僅是由「教育部」主導。另外，美援發揮的作用也絕不僅僅是「輔助性」的。本書試圖解釋完整的美援的內涵。對於教育，筆者也堅持廣泛性的原則，將其置於文化的背景和功能之下進行探討，論述教育的深遠意義和影響。

（三）新理論

本書主要運用西方的「援助理論」和「後殖民主義」進行分析，這兩個理論在西方發展時間較長，但在國內的使用時間較爲短暫，發展也不夠成熟。例如學術界普遍關注的全球化和本土化問題，筆者就試圖以戰後臺灣爲核心作出自身的解釋。此項研究可以被認爲是西方理論「本土化」的一次嘗試。另外，對文中重要理論的闡述將採用人物研究和個案分析的方法，使得行文更加生動，令讀者印象深刻。

（四）新材料

〔註108〕楊翠華：《美援對臺灣的衛生計劃與醫療體制之形塑》，《中央研究院近代史研究所集刊》第 62 期，2008 年 12 月，第 92 頁。

之前學者研究美援的著作，官方檔案使用得比較充分，可以說從客觀的角度來評價美援。本書的研究在利用檔案的同時，嘗試加入相關人士的回憶錄、文集，報紙、雜誌上的相關論述等等，以彌補檔案的不足。這些材料具有相當主觀性的成分，可以從另一個方面對同一現象作出解釋。另外，對英文材料的運用也是本研究的努力方向。其中很多是以西方人、尤其是美國人的理解來看待美援和臺灣，可以非常好地補充我們的既有研究成果。

三、不足之處

本研究力圖創新，但由於各種條件所限，書中仍存在諸多不足之處。

（一）搜集資料的困難

筆者赴臺時間非常短，僅有十餘天時間，在臺搜集資料方面還很欠缺，限制了本文的資料來源。在美國加州大學伯克利分校學習期間，對於英文資料的獲取也是難度較高，對材料的分辨能力也有待提高。

（二）對西方理論理解上的不充分

很多理論博大精深，是理性思維得出的精華，需要長時間的消化和理解，而筆者的精力和能力所限，對理論只能作出簡單的解釋，害怕有削足適履、脫離語境的情況發生。

（三）駕馭能力的不足

第五章將臺灣與相關地區進行對比時，對其他國家和地區美援的情況研究相當膚淺，主要依靠英文相關論述的閱讀和理解，比較起來有囫圇吞棗之嫌。另外，在論述美援影響時，歷史事件多元且龐雜，需要有很強的綜合分析能力，筆者有時也感到心有餘而力不足。

總之，以上的遺憾在本書中是難免的，種種不足將促使筆者在該領域的研究中不斷探索，努力前進。

第二章 背景闡釋：美援臺灣教育的緣由及狀況

第一節 戰後美臺關係和美援的歷史背景

一、戰後美臺關係：美援的由來

1949 年 1 月 20 日，美國杜魯門總統提出了主要針對第三世界的「第四點計劃」。1950 年 6 月，國會通過了《對外經濟援助法案》，該計劃被列入其中的《國際開發法案》。「第四點計劃」在實施初期，在解決飢餓、疾病和貧困問題上取得了一定的成就。但由於政策缺乏連續性、資金缺乏以及受援國本身的限制性因素，總體上來說收效甚微，並未達到落後地區實際需要的水平。然而「第四點計劃」為以後美國對發展中國家的外交政策提供了一個新思路。

從冷戰邏輯來分析，經濟發展被當作防止共產勢力擴張滋長的有效手段；從資本邏輯來分析，受援國經濟發展的成果，透過資本活動與商品貿易，可回流至美國；同時，開發援助的理念其實隱藏著深刻的危機意識：南北差距若擴大，將危及北方的發展，而身為資本主義世界領袖的美國，將會首當其衝。1961 年 1 月，肯尼迪就任總統，在他看來「援助是避免許多國家崩潰或落入共產主義集團的一種手段」。〔註1〕肯尼迪在歷屆美國總統中最重視經濟開發的援外目標，他曾強調：「工業化的北方國家和人口過剩且投資不足的南方

〔註1〕Roger Ridell. *Foreign Aid Reconsidered*.Baltimore: John Hhopkings University Press,1985, p62.

國家之間的經濟差距，已構成對我們安全保障的威脅，其迫切程度不亞於飛彈危機。」〔註2〕作爲在東亞的關鍵爭奪地區，臺灣正好被美國納入視野範圍。

相對的，國民黨退守臺灣初期，島內局勢一片混亂，經濟形勢更加危急。由於二戰的破壞和內戰的影響，臺灣工農業生產急劇衰落，經濟陷入嚴重危機之中。物資嚴重匱乏，日用消費品奇缺，特別是伴隨國民黨政權退守臺灣、猛然增加的百萬人口，更使已經十分緊張的物資供應達到無法負荷的程度。外匯儲備也近於枯竭，無力進口必需的生活資料和生產原料。財政狀況極其困難，由於遷臺後財政收入大減，而軍費開支浩大，導致了鉅額財政赤字，以致一度只能靠出賣庫存黃金來維持其軍政開支。〔註3〕在供給嚴重不足和鉅額財政赤字的作用下，形成了惡性通貨膨脹，臺幣急劇貶值，物價飛漲，1949年的通貨膨脹率達到了驚人的四位數字。〔註4〕其時，臺灣經濟一片混亂，正常的經濟運行已經難以維持，瀕於崩潰的邊緣。

美援就是在這樣的危急情況下到來的。大量美援的到來，對於陷入困境、瀕臨崩潰的臺灣經濟，無異於雪中送炭。臺灣當政者比之爲「對垂危病人注射強心劑」。〔註5〕美援挽救了絕境中的臺灣經濟，使其之後走上了恢復、重建、起飛、成長的道路。可以肯定地說，沒有美援的支持與幫助，就沒有臺灣經濟如此快速的增長，更談不上「經濟奇跡」的創造了。

當時，臺灣被視爲美國反共圍堵陣線的一環，所謂的「前哨基地」之一。由於中國大陸方面抗美援朝戰爭和「解放臺灣」的政策，美國和國民黨政府找到了共同的敵人；美國利用臺灣謀求圍堵共產集團的戰略利益，國民黨政府則利用冷戰的矛盾找到活路。美國首任駐臺大使藍欽即指出，將臺灣隔絕於鐵幕之外，不僅和美國的政經利益、戰略目標一致，自由世界也同享其利；只要北京政權仍臣屬莫斯科，美國應持續承認在臺的中國政權，並反對北京政權進入聯合國。〔註6〕

〔註2〕 參見川口融：《アメリカの對外援助政策——その理念と政策形成》，東京：アジア経済研究所 1980 年版，第 190 頁。

〔註3〕 尹仲容：《臺灣經濟十年來的發展之檢討與展望》，臺北：臺灣經合會 1970 年版，第 22 頁。

〔註4〕 潘志奇：《光復初期臺灣通貨膨脹的分析》，臺北：聯經公司 1980 年版，第 27 頁。

〔註5〕 秦孝儀主編：《中華民國經濟發展史》，臺北：近代中國出版社 1983 年版，第 1094 頁。

〔註6〕 Rankin Karl L., *China Assignment*. Seattle: University of Washington Press, 1964, p.70～71.

二、美援臺灣的政經分析

（一）政治環境

美援臺灣的政治意圖十分明顯。美援抵臺的首要目標，是將臺灣建設成爲防衛資本主義陣營的反共前哨基地，因而維持臺灣穩定的反共政權，成爲美援最重要的政治目標。爲了確保美國的在臺利益，若扶植強有力的親美勢力，能收到事半功倍、長治久安的效果。大陸學者認爲，「對臺美援是『冷戰』時期美國外交政策和國際戰略的產物，是美國遏制和孤立中華人民共和國以及把臺灣分離出去的政策的一部分。一些臺灣學者曾就此指出，臺灣能夠獲得如此慷慨、優惠的美援，完全是由於其自身在『冷戰』時期美國全球戰略中的地位所致。離開『冷戰』時期的特殊的歷史條件，臺灣便不會受到美國如此『厚愛』。」〔註7〕

其實，此時的美援與國民黨政權在大陸時期接受的美國援助直接相關。光復後，臺灣也曾有過美援的歷史經驗。在 1948 年的對華援款中約一千萬美元，供臺灣地區經濟建設之用。當時嚴家淦擔任臺灣省交通處處長兼美援會委員，由於他向美方交涉將部分工業部門援款撥交臺灣，美國經濟合作署成立了工業調查團，於 1948 年 6 月 25 日抵達臺灣，用一周時間考察全省臺糖、臺電、鐵路、港埠等設施。於是，臺糖、臺灣鐵路局、臺電先後獲得美國對臺的第一批援款。〔註8〕如果沒有爆發朝鮮戰爭，美國不會將臺灣納入西太平洋的圍堵陣線中；如果不是中國大陸方面堅持反對美國介入朝鮮戰爭，美國也不會與國民黨政府結爲反共聯盟。美援再度抵達臺灣，是以東西冷戰的國際局勢爲背景，以朝鮮戰爭的爆發爲轉機的歷史事件。

（二）經濟效益

「五十年代以前，美國與臺灣之間並無特別重要的經濟關係，美援的到來才揭開了美臺經濟關係的序幕。它是美國與國民黨政權的關係重新恢復並且日益密切起來的最初標誌，對爾後美臺關係的演變與發展影響極大。美援與『共同防禦條約』構成了五、六十年代維繫與連結美臺關係的兩個主要紐帶。」〔註9〕

〔註7〕張健：《美援與臺灣經濟發展》，收錄於資中筠、何迪編：《美臺關係四十年，1949～1989》，北京：人民出版社 1991 年版，第 257 頁。
〔註8〕趙旣昌：《美援的運用》，臺北：聯經出版公司 1985 年版，第 6～10 頁。
〔註9〕張健：《美援與臺灣經濟發展》，收錄於資中筠、何迪編：《美臺關係四十年，1949～1989》，北京：人民出版社 1991 年版，第 233 頁。

　　臺灣經濟界決策人物承認,「臺灣經濟由亟須仰賴外援之情況,走上經濟自立自足之境地,不僅國民生活水準不斷提高,更厚植國家潛力,這是各種因素共同促成之艱辛歷程,而美援之妥善利用,無疑已扮演一個重要角色。」〔註10〕被認為是臺灣經濟起飛設計師的尹仲容在論及臺灣經濟發展時,提醒人們,「在將臺灣的情形與任何國家比較,不要忘了我們每年接受了1億的美援。假如沒有這筆美援,僅憑我們自己的經濟力量,還不能達到目前的水準。換句話說,我們的成長率不是全憑我們經濟內部的成長力量所產生的。」〔註11〕對於臺灣來說,美援在經濟增長中的價值巨大,且顯而易見。

　　軍事援助與本書主題相去甚遠,暫不討論。1950 年代的經援目標為安定經濟並促成臺灣經濟自力更生,1960 年代則趨於改變臺灣的經濟政策及投資環境,並促成臺灣經濟對美依賴的結構轉換。臺灣經濟對美國資本、商品和專家的高度依賴,也隨著美國對臺軍事保護而來;臺灣在國際社會的角色,1960 年代開始逐由反共前哨基地,逐漸轉為經濟半邊陲。〔註12〕

　　美援在 1960 年代的主要功能,是為美資扮演開路先鋒的角色。1961 年《國際開發法》第一章開宗明義地指出:鼓勵各友好國家的自由經濟制度及生產能力的發展,減少或排除對於私人投資資金流通的障礙,是美國用以強化友好國家的政策。〔註13〕此外,美方首長曾公開表示,如臺灣能切實改善國內投資環境,將可獲得較多的美援〔註14〕,充分顯示美國政府借援助誘導已達經濟自立條件的臺灣,由軍事的前哨基地轉化為經濟的出口基地。「臺灣不但成為美援受援國中第一個畢業生,更進一步轉換為吸引美資的基地。」〔註15〕

〔註10〕趙既昌:《美援的運用》,臺北:聯經出版公司 1985 年版,第 263 頁。

〔註11〕秦孝儀主編:《中華民國經濟發展史》,臺北:近代中國出版社 1983 年版,第 1182 頁。

〔註12〕Gold Thomas Baron, "Dependent Development in Taiwan", Ph. D. dissertation, the Department of Sociology, Harvard University, 1981, p.146～148.

〔註13〕《美國 1961 年國際開發及國際和平及安全法》,臺北:美援會編印 1962 年版,第 2 頁。

〔註14〕李國鼎:《美國經濟援助的現況及趨勢》,臺北:美援會編印 1960 年版,第 25 頁。

〔註15〕Clough Ralph N., *Island China*. Cambridge: Harvard University Press, 1978, p.24.

第二節　美國的教育思想與援助策略

　　美國是當今世界的第一強國，在各個方面都具有廣泛性的影響，其教育業也在世界上獨樹一幟。美國的教育是在它豐富且實用的教育思想之下發展壯大的，對臺灣的教育援助策略也與其教育思想息息相關。「美國是當今世界的強國。美國之強，不只表現在軍事、經濟及政治上，還在文化教育上影響世界極為深遠。但眾所周知，美國是個歷史上極為年輕的國家，與西方的英、法、德等國相比，美國只是個小孩；若與中國、埃及、印度或希臘相比，更是如同嬰兒。不過，這個信史記載的美國，不到 400 年的時光，竟然從蠻荒之地一躍而為舉世矚目之國。究其原因，不外是『教育』所造成的。」〔註16〕

一、美國的教育思想

　　教育在美國社會中具有重要的意義。臺灣教育學家林玉體在其著作中寫道：

> 　　美國思想家對「教育」一詞取寬廣的定義，「教育」可以與「文化」範圍等同。如果說教育具有啟迪民智、普及知識、強化道德、健全民主社會，並促進國際和平的功能，則一切的文化現象，都含有教育意義。殖民地時代的教會，擔當的教育任務，最為重要，當時不少宗教家就是教育家，神學家就是教育思想家；其後，正式教育中的學校快速發展，大學林立，高等教育的科系也蓬勃發展，不只自然科學家的著作含有教育思想的成分，且社會科學家及人文學者的文章，更以教育思想為其具體內容，更不用說出現了教育學系及教育學院了，後者的成員以教育思想為研究的對象，更是責無旁貸。美國是自 17 世紀殖民地時代開始迄今，最注重教育的國家之一，教育資料汗牛充棟，教育思想家輩出，教育哲學理念又散佈在各種專業圖書、雜誌、期刊、會議、演說、交談裏；換句話說，教育思想的理念，在美國歷史上是無所不在。〔註17〕

　　可見，美國教育體系完備、功能健全，對社會發展起到了推進作用。那麼，美國先進的教育思想具體表現在哪些方面呢？

〔註16〕林玉體：《美國教育思想史》，北京：九州出版社 2006 年版，「自序」。
〔註17〕林玉體：《美國教育思想史》，北京：九州出版社 2006 年版，第 416 頁。

（一）教育的民主性

杜威是美國著名的哲學家、思想家和教育家，他的實用主義教育思想產生於 19 世紀末，在美國風行一時，對美國教育產生了深刻的影響。不僅如此，它也對全世界許多國家的教育理論和活動都產生了廣泛而持久的影響。此思想是在以個人為中心的美國人生活哲學的基礎上產生的，同時也是美國經濟發展發生巨變的產物。1894 年美國工業生產總值躍居世界第一位，經濟的發展、大工業社會的出現，客觀上對勞動者的素質提出了更高的要求。隨著大機器工業的發展，家庭手工業的瓦解，靠藝徒制訓練工人的制度開始衰落，而美國工業的發展仍十分需要熟練工人。生產技術的不斷提高，也對勞動者的知識技能提出了更高的要求，要求適應社會生產不斷發展的變動的多方面的才能。但是，當時美國的教育水平與其經濟發展提出的要求是很不適應的，殖民時期從歐洲大陸沿襲過來的舊教育傳統，宗教色彩濃厚，學校制度宗派性強，課程設置陳舊，教學方法呆板。這樣就要求教育改革以適應經濟發展的需要，尤其是建立新的教育理論與新的教育活動，就成為當時美國教育迫在眉睫的現實。而杜威的實用主義教育思想剛好迎合了美國經濟發展的要求，試圖解決當時美國教育上的許多問題，同工業主義和集體企業時代是協調的。

在杜威看來，民主社會是教育發展的沃壤，民主社會的教育是無比先進和無比優越的。他認為，「廣泛認識民主和教育的關係，可算是現今教育趨勢中最有趣味、最有意義的一點。」〔註 18〕認為民主就是每個人都參與共同的政治生活和社會生活。民主不僅僅是一種政治制度，更重要的是一種生活方式。杜威認為，民主是教育的根本目的，教育則是民主的工具，因此，教育的民主不僅表現為教育機會的均等、師生關係的改善、教育管理的開放，更重要地應當表現在，教育應努力促進個人充分與全面地發展，努力提供使個人興趣和需要得到合理滿足的機會上。杜威深刻地認識到美國社會正在經歷的巨大轉變，要求人們的思維方式也要相應地發生變化，即以科學的方法和態度來克服社會危機，解決各種社會問題，從而使社會不斷進步和發展。因此，教育就必須承擔改變人們思維方式的艱巨任務，主張對美國教育進行全面、深刻的變革。

〔註 18〕趙詳麟、王承緒：《杜威教育論著選》，上海：華東師範大學出版社 1981 年版，第 137 頁。

　　杜威認爲，學術自由的價值不僅僅在認識層面，在政治層面上，學術自由對民主、對社會同樣具有重要的意義。它是保障社會合理發展，民主得以實現的一種根本精神。作爲民主本身，它要使集體智慧得以產生，社會進步得以實現，首先就要在根本上尊重探究和交流的自由，即杜威所謂的學術自由。

（二）愛國主義教育

　　美國在經濟、政治、軍事等方面都是世界上最發達的國度，它雖然沒有「思想政治教育」之名，但它的思想政治教育工作卻貫穿於各種不同類型、不同課程的教育過程中。內容主要包括以下幾個方面：積極培養美國式的價值觀和維護資本主義制度的意識，這種共同的價值體系和意識爲維護美國各民族的統一奠定了基礎；《獨立宣言》中自由、平等、博愛的思想是美國思想政治教育的主軸，圍繞這個指導思想加強了民主制度思想的培養；忠於國家、忠於州的思想，通過忠於各個群體、學校的教育爲忠於州乃至忠於國家打下了基礎，以此逐漸加強公民的愛國教育；世界觀、人生觀、價值觀、宗教信仰、自由和培養良好公民也是其重要內容。

　　美國的「思想政治教育」通過正面灌輸與隱形滲透相結合使受教育者在愉悅的方式中受到教育並且將其內化，通過學校教育和社會教育兩種形式。學校教育一直是進行思想政治教育的重要平臺。加強中小學生的文體活動，鼓勵孩子參加各種生動有趣的俱樂部活動，來培養孩子對集體福利的個人責任感；在初級中學中注重品質品德教育，通過宗教教育課程培養孩子積德行善，服務社會；美國大學沒有專門思想政治教育課程，但是非常注重將其內容在專業課的教學中滲透，把思想政治教育課、專業課、德育課和人文素質教育結合起來，並且注重實效性。美國的學校非常鼓勵和支持學生參與校內外的實踐活動，以此培養學生的合作精神和集體觀念。社會教育包含了更廣泛的內容，宗教教育在美國的思想政治教育中始終扮演著一個特殊而重要的角色。美國歷來十分重視通過廣泛的宗教團體和宗教活動，利用宗教信仰來進行思想政治教育，將教徒對上帝的信仰巧妙的轉化爲對國家和社會的信仰，支持國家政權的存在。通過大眾傳播媒介形成一個資源共享的教育網絡，形成道德健康的環境氛圍，政府通過廣播、電視、電影、報刊等媒介傳播主流價值觀，宣揚國家的大政方針政策，起著導向性的輿論監督作用，在不自覺中影響公民的政治傾向、價值取向和生活方式，培養公民的政治興趣，擴

充公民的政治知識，強化公民對政治觀念的認識和理解，動員公民參與政治活動。隨著社會的不斷發展，大眾傳媒在美國社會政治生活中的影響力日益增強，推動了政治民主化進程的發展。

弘揚本民族的優秀文化精神，是美國愛國主義教育的核心內容。美國文化精神主要包括國民心態、國民性格、價值觀念、行為取向等內容，反映了美國人的信仰意識和價值觀念。對國民進行文化精神教育，其目的就是教育國民要具有如下品質：要自尊，要具有開拓進取、富民強國的精神，要注重實際，以勤奮工作為榮。因為這些品質對美利堅民族的形成和發展發揮了獨特的凝聚作用和支柱作用。因此，上至國家總統，下至各個政府部門、各級學校，都十分注意通過文化精神的養成教育向人們灌輸愛國主義觀念，讓國民樹立真正的民族意識和國家意識。

（三）職業教育

人們逐漸意識到，教育與經濟發展之間具有緊密的聯繫。美國著名教育家杜威認為，教育具有三大功能：整合（Integration）、平等（Equality）與發展（Development）。這三種功能不但相容，而且是相互支持的。二戰以後，尤其在 20 世紀五、六十年代，西方許多社會學家、政治家及學者對教育充滿信心。他們深信，教育是促進經濟增長、社會變遷和個人機會均等的有效手段；教育尤其是使經濟增長的關鍵，因為它提供了把科學技術應用到開發性發展上去的熟練勞動力。根據這種觀點，現代工業愈是建立在日趨複雜的科技基礎上，經濟發展便愈依賴整個勞動力市場的知識與技能。

20 世紀初，美國教育家們開始討論學校職業教育的開展問題，因為隨著美國經濟基礎從農業轉變到工業，如何促進工人的社會化以達到美國工業社會的穩定並提高拓展國際市場的競爭力，成為這一時期美國教育政策和研究的關注點。教育學家杜威認為，學生是積極的研究者和知識的建構者，生活並工作在一個動態發展的社會中，等級與社會分層現狀是可以改變的，職業教育應該設計來滿足學生的需要而不是企業的需要，應該幫助學習者面對社會生活中有價值的挑戰而不是為特定的職業角色作準備。杜威將職業教育設想成「為所有的學習者提供批判性理念和智慧能力，從而改變旨在產生等級差別的工業和教育結構。」〔註 19〕在職業教育的實施層面，杜威認為職業教

〔註 19〕Hyslop-Margison, E.J..An Assessment of the Historical Arguments in Vocational Education Reform. *Journal of Career and Technical Education*, Vol.17, No.1, Spring 2001.

育應該被整合為一個綜合的課程體系中的一部分，以幫助學生發展更大範圍
的個人能力，不應限制、而應擴展他們未來的職業選擇。聯邦政府於 1963 年
出臺新的《職業教育法》（The Vocational Education Act of 1963），對美國職業
教育的定位進行了較大的調整，將職業教育的對象擴大到高中畢業生、在職
人員和社會弱勢群體；擴大職業教育的課程範圍，打破以往職業教育拘泥於
狹窄職業的局限，鼓勵擴展現有課程並開發新課程，加強職業教育與勞動力
市場的聯繫。

（四）高等教育

美國是一個以歐洲移民為主體的國家，其文化根植於歐洲文化土壤。因
此，美國的高等教育最初借鑒歐洲的教育模式；歐洲文化思想，在當今的美
國社會與教育體系中仍明顯存在。如哲學上，對文藝復興時期「人本主義」
思想的體認；文化上，認同歐洲文化的根脈；教育體系上，借鑒以英國為代
表的歐洲辦學理念；生活上，崇尚「自由主義」；精神上，肯定與尊重主體。
在美國的社會構成、文化教育中均可看到其與歐洲文化和歷史不同程度的聯
繫。而在教育思想與教育理念上則表現得尤為突出，加上與現代美國精神的
結合，使美國的高等教育顯現出與它國明顯不同的優勢與特點——自由發展
與追求創新。美國的大學實際上是一個享有自由發展的實體性的教育主體，
這種自由的精神也貫穿在整個美國大學的教育體系之中。

美國高等教育具有自己獨特的理念，人才培養上主張「以人為本」，目標
定位則以「市場為本」；在具體的教育實踐中，肯定與尊重主體，崇尚直觀與
雙向交流，培養學生的自信與創造思維。在大學教育中培養學生的國際化思
維與視野，是美國高等教育一個堅定不移的目標。儘管「全球化」是美國人
提出的，但當全球化時代真正來臨後，它是屬於全人類的，而不是美國可以
獨專與全面壟斷的。美國將在全球遭遇到眾多的對手，這也許是全球化為美
國帶來的恐懼與危機。因此，他們在大學教育中，大講特講全球化，強化學
生的這種意識與思維，時時提醒自己在全球化過程中的位置與作用。另外，
全球化與市場化是連在一起的。「市場為本」，是美國教育的一個重要特點與
理念。美國人把全球當作他們的市場，人才、資源、技術、信息等等優勢大
多集中在美國；通過全球化而控制全世界，比戰爭手段合算得多。因此其高
等教育也聚焦這些方面。「總之，美國高等教育的理念，就是如何使大學成為
學生成才的搖籃。高等教育的終極目標，就是為社會培養創新型的人才，讓

他們在走向社會後爲社會創造財富，爲國家的發展與穩定起到棟樑作用。要達到這樣的教育目的，就要以人爲本、以學生爲本，使所有學生成爲學習的主體，培育他們批判與否定的能力和創新的自信，推助他們站到科技高地與國際前沿。」〔註20〕

總之，自由民主的思想貫穿了整個教育的發展過程，同時也爲美國的素質教育奠定了基調。無論其基礎教育還是高等教育，都逐漸形成了注重學生的自由平等意識、民主意識、公民意識、競爭意識、創新精神，並注重學生的個性培養、品德養成等鮮明的特色。

二、援助策略：文化輸出

基於以上幾個方面美國的教育思想，它對於臺灣的教育援助有著自身的目的和策略，即進行文化輸出，推銷其文化價值觀。這是其通過文化方式，謀求政治和經濟利益的手段。

（一）文化的重要意義

聯合國教科文組織 1998 年公佈的《世界文化報告》對文化作了廣義和狹義的界定。從廣義上講，「文化是一種生活方式和生存方式。這包括人們所持的價值觀，對他人（民族和性別）的容忍，外在的以及與之相對的內在的取向和偏好，等等」。從狹義上講，「文化是藝術、音樂、文學等方面的體現」。〔註21〕

有關文化的重要意義，美國學者認爲：

> 文化，是當前研究有關國際關係、國際安全和世界經濟等問題的著作中最時髦的概念。最近發表的大量論文、著作都指出，文化是驅使民族國家、其他機構團體乃至個人，採取行動和自組運行的基本動力。許多著作還強調，文化的重要性正日益突出。〔註22〕

的確，在當今全球化的時代環境之下，文化的重要意義日益突出。基於國家或民族土壤之上形成的文化價值觀往往是影響國際關係的一個重要方面。

〔註20〕肖向東：《美國高等教育的理念與人才培養方式》，《江南大學學報（教育科學版）》，第 27 卷第 3 期，2007 年 9 月，第 30 頁。

〔註21〕聯合國教科文組織編，關世傑等譯：《世界文化報告（1998）——文化、創新與市場》，北京：北京大學出版社 2000 年版，第 1 頁。

〔註22〕（美）麥哲：《文化與國際關係：基本理論評述（上）》，載《現代外國哲學社會科學文摘》，1997 年第 4 期，第 13 頁。

迄今為止，人們很少從文化角度來考慮世界體系，這是不可思議的。因為世界正經歷一個明顯的和生氣勃勃的文化變革時期，文化日益成為社區以及地區、國家和國際事務中的越來越有影響的力量。〔註23〕

一種民族文化的形成經歷了漫長的歷史過程，構成其主要內容的基本價值觀超越了個體的生命和具體的歷史時代而持續地延存下去，一代又一代人的生活方式、行為方式、思維方式等都不可解脫地與本民族的文化傳統聯繫在一起。這種文化傳統塑造出了他們在人類活動中的最基本特徵，也成為民族或國家相互區別開來的一個主要標誌。

文化價值觀的影響不僅僅表現在對大眾的塑造力上，對掌握國家權力的精英人士也產生了無可替代的影響：「人是在文化氛圍中長大的，受到其中的基本價值觀、風俗習慣和信仰的薰陶。那些在每個社會中握有政治權力的人易受社會文化的影響；他們的行為與態度將有許多文化根源。此外，在每個民族國家，統治本身和外交政策的制定都是在一種文化背景中發生的。」〔註24〕

（二）美國的文化輸出戰略

美國的對外援助是其政治、經濟、文化輸出的一種戰略，美國歷史學家在《文化與外交》一書的導言中寫道：「美國外交事務的出發點是這樣一種信仰，即美國在與外部世界關係中享有一種任何其他國家都不能享有的特殊使命。」〔註25〕

一般而言，外交活動具有各種目的，但總是力圖以花費最小的代價使國家利益得到最大程度的實現。一國外交追求本國利益原本無可厚非，但美國政府卻常常把這些最為實用的活動用「理想」的外衣包裹起來，似乎美國的外交活動並不是主要出於自身的利益考慮。歷史事實證明，「理想」色彩很濃的外交政策往往給美國帶來豐厚的現實利益，這也是美國政府從未打算在處理對外關繫時放棄所謂「理想主義」說教的原因。其實，美國文化在根性上向來注重實際，講究功利，美國人骨子裏滲透著濃厚的商業氣息。這一文

〔註23〕　（加）謝弗：《從文化的觀點看新的世界體系》，載《現代外國哲學社會科學文摘》，1997 年第 12 期，第 14 頁。

〔註24〕　John P. Lovell, "The United States as Ally and Adversary in East Asia: Reflections on Culture and Foreign Policy", Jongsuk Chay ed., *Culture and International Relations*, New York: Prague, 1990, p. 89.

〔註25〕　Morrell Heald and Lawrence S. Kaplan, *Culture and Diplomacy: The American Experience*, Westport: Greenwood Press, 1977, p. 4.

化特徵不僅在美國人身上明顯地表現出來，而且也必然反映在美國政府對內外問題的處理上。具體表現是務實傳統加上理想主義傾向。

著名學者拉斯基在為托克維爾《論美國的民主》一書所作的導言中特別強調：「美國人是一個講究實際的民族，不大善於思考。他們凡事考慮眼前的利益，而不大追求長遠的利益。他們所重視的，是夠得到、摸得著、切實存在並能用金錢估價的東西。」〔註26〕這段話觸及了美國文化中的一個核心問題，即美國人在處理問題上出於實際需要的考慮，實用精神滲透到美國社會的各個方面。

「理想主義」是一些學者對美國政府在外交領域奉行的一種方式的稱謂。按照美國人的解釋，這是他們重視信仰追求在對外關繫上的反映，也就是在很多情況下美國政府執行的對外政策包含著「解救」其他國家的使命，以美國霸權為核心。美國政府在二戰後把「理想」融合進其現實主義的強權外交中獲得了無數的好處，這大概就是美國人注重功利的務實性在戰後美國外交上最佳的反映。

美國人將以上兩者相結合，實現其在全球範圍內「文化擴張」的目的。「文化擴張」主要指一國將其傳統價值觀傳播或強加給其他國家，以達到「不戰而屈人之兵」的目的。用一位專家的話來說，帝國主義「不只是通過鎮壓維持其統治，還要通過出口和制度化歐洲生活方式、組織結構、價值觀念、人際關係、語言和文化產品」使其統治具有堅固的基礎。這樣，帝國主義本身就是「一個多方面的文化進程，為準備接受和採納很遲到來的媒介文化產品奠定基礎」。〔註27〕

實行帝國主義統治需要文化壓制，試圖直接或間接摧毀被統治人民之文化的實質成分。這樣，「文化征服」在帝國主義概念中顯然具有很重要的地位。文化擴張成為西方國家對落後國家外交政策上的一個鮮明特徵，從一開始就明顯表現在美國處理與其他國家的關係之上，稱之為「文化帝國主義」。

二戰後初期，美國負責文化事務的助理國務卿威廉・本頓敦促其政府使

〔註26〕托克維爾著，董果良譯：《論美國的民主》（下冊），北京：商務印書館 1991年版，第 954 頁。

〔註27〕Annabelle Sreberny-Mohammadi, "The Many Cultural Faces of Imperialism", Peter Golding and Phil Harris, *Beyond Cultural Imperialism: Globalization, Communication and the New International Order*, London: Sage Publications, 1997, p.51.

用無線電廣播、電影和報刊等宣傳媒介來影響和改變他國公眾的政治態度。在他看來，無論是文化交流，還是新聞宣傳，其任務都是推銷美國思想。美國中央情報局的老祖宗之一艾倫・杜勒斯也說過，如果我們教會蘇聯的年輕人唱我們的歌曲並隨之舞蹈，那麼我們遲早將教會他們按照我們所需要他們採取的方法思考問題。〔註28〕

　　美國在文化輸出方面打的幌子是所謂「輸出民主」。主要指美國以自己的是非標準來衡量其他國家，尤其是發展中國家的行為與文化傳統，並認為美國有義務和責任將其民主制度推廣到世界各地，促進發展中國家的政治制度朝向美國規定好的方向運行，最終實現美國式民主體制的一統天下。輸出民主屬於美國政府傳播其文化價值觀的重要組成部分，是美國對發展中國家外交政策的一個明顯特徵，在二戰後的冷戰中表現得尤其明顯。是美國對外關繫上的一項文化戰略，是實現美國外部利益的一種有效手段。

　　以上種種，都體現在美國對臺灣的教育援助中，將在後面的章節分析。

第三節　國民政府的教育理念與受援邏輯

　　基於上節的論述，與之相應的一個問題是，作為美援的接受者——臺灣國民政府的教育理念是怎樣的？如何才能很好地接受教育中的美國援助？

一、國民政府的教育理念

　　遷至臺灣的國民政府繼承了在大陸時期的「三民主義」的執政思想，教育方面自然不會例外。在美援發生的時期內，國民黨政府的一切工作都是圍繞著「反攻大陸」這一核心目標展開的，教育理念也與之相關。「三民主義的教育思想，體大思精，兼容並包，故自民國十六年開始推行，並於十八年訂為中華民國的教育宗旨後，即融彙貫統其他所有各家各派的教育思想，而成為指引中國所有一切教育設施的最高原則。迄今我國的各級各類的教育設施，固以貫徹三民主義的精神與達成三民主義的理想為基本方針，並且要為反攻復國的教育奠立良好的基礎。」〔註29〕統治者蔣介石曾經說道，「我們今後教育的目的既是要教出一般能擔當建設國家、復興民族責任的健全國民。」

〔註28〕王曉德：《美國文化與外交》，天津：天津教育出版社2008年版，第226頁。

〔註29〕楊良功、伍振鷟：《七十年來教育思想的發展》，見郭為藩主編：《中華民國開國七十年之教育（上）》，臺北：廣文書局1981年版，第48～49頁。

〔註30〕那如何達到這一目的呢？就是要實施三民主義教育。

臺灣學者論述道，三民主義的內涵及其精神，就是臺灣教育的基本方針；論其終極目標，是以人民生活的充實與改進爲起點，而以建設臺灣、造福全世界人類爲止境。當今「自由中國」臺灣地區爲「復國建國」的主要根據地，政府決心將它建設成爲三民主義的模範省，爲今後「規復大陸，重建國家」的示範。因此，教育的發展，是以民族精神教育爲基礎，培養德智體群的健全國民，貫徹倫理、民主、科學的三民主義的教育建設，以促進臺灣政治、經濟、社會、文化的全面進步與發展。〔註31〕可見，20世紀50、60年代的臺灣，由於被國民政府牢牢把持著國家政權，「大中國主義」盛行，教育也是站在大中國的立場上展開的。

在《中華民國憲法》中有這樣的表述，「憲法第一五八條明示：『教育文化，應發展國民之民族精神、自治精神、國民道德、健全體格，科學及生活智慧』，在這一最高原則引導下，中華民國教育正配合國家整體建設，積極爲光復大陸後教育文化重建預爲準備。過去三十年復興基地教育建設的成果，不僅使國人對三民主義教育精神有更確切的把握，並爲三民主義教育制度的建立完成可行性的試驗。儘管目前教育問題依然相當紛繁，但是臺灣地區教育建設的寶貴經驗，將是光復大陸後三民主義教育重建成功的最佳保證。」〔註32〕

執政的領導人蔣介石也十分推崇孫中山三民主義的治國理念。他認爲，三民主義乃是「建國」與「救國」的思想，是臺灣教育的最高基準；因此臺灣教育的實施，應以實現三民主義爲主要方針。能實行三民主義的教育，便可充實人民的生活、扶植社會的生存、發展國民的生計、延續民族的生命，以達成民族獨立、民權普遍與民生發展的目的，進而實現促進世界大同的理想。〔註33〕

在這樣的教育理念指導之下，臺灣需要大力發展教育，爲國民政府的政

〔註30〕吳寄萍：《蔣總統教育思想》，臺北：正中書局1977年版，第14頁。

〔註31〕楊國賜：《教育政策的演變及其績效》，見郭爲藩主編：《中華民國開國七十年之教育（上）》，臺北：廣文書局1981年版，第51頁。

〔註32〕郭爲藩主編：《中華民國開國七十年之教育（上）》，臺北：廣文書局1981年版，「前言」第3頁。

〔註33〕楊良功、伍振驚：《七十年來教育思想的發展》，見郭爲藩主編：《中華民國開國七十年之教育（上）》，臺北：廣文書局1981年版，第36頁。

治目的服務。教育也被國民黨的專制獨裁所壟斷，「教育系統是高度意識形態化的（儒家思想和孫中山的三民主義是必須的）。它被政黨所控制並被內部安全裝置所監督。」〔註34〕美國學者在論述戰後臺灣公共空間（Public Sphere）的時候，認爲政黨緊密地控制著公共空間。它擁有或者間接控制著媒體（例如，兩家最大日報是行政院下屬的）。國語被作爲官方語言，運用其他方言的媒體——如閩南語和客家話，被政府牢牢地管制。戒嚴令限制了集會與反抗的自由。通過對於教育系統和媒體的霸權，國民黨壟斷了對事實的定義，聲稱臺灣只是中國的一個省份，要求臺灣獨立、憲政改革、多黨制選舉等等都相當於叛逆。〔註35〕

　　當時的統治者清醒地認識到，教育發展對於臺灣來說具有至關重要的意義。「教育的建國基礎，其成敗攸關社會的榮枯。由於教育效果相當無形，非常緩慢，但卻很紮實，所以教育方向正確，則富國裕民之目的指日可待；反之教育不良，則民風敗壞也可預期。教育主管當局不容等閒視之。俗云：十年樹木，百年樹人；教育既是樹人工作，而樹人工作又是這麼曠日持久（這是無可奈何卻是必要之舉），因此教育的興革，草率不得，更不能急就章或倉促成事，否則因此而滋生的教育問題，將使政府窮於應付。」〔註36〕二戰後臺灣教育被緊密控制在國民黨手中，作爲對臺灣社會政治控制手段之重要一環。

二、受援邏輯

　　爲了「反攻復國」的政治目標，也爲了「大中國主義」的教育思想，國民黨政府教育方面需要得到美國的援助，以藉此來鞏固自身在臺統治。

　　　　國民三十九年後，臺灣成爲復國建國的基地，而以教育爲最重要的工作之一，所以在這段時間內，教育研究與實驗依據國策和國家情況，加上前此已有的基礎，重新建立並滋育，由歷次的教育研討

〔註34〕Thomas B. Gold: Civil Society in Taiwan: The Confucian Dimension, in Tu Wei-ming ed. *Confucian Traditions in East Asian Modernity: Moral Education and Economic Culture in Japan and the Four Mini-Dragons*, Cambridge: Harvard University Press, 1996, p.250.
〔註35〕Thomas B. Gold: Civil Society in Taiwan: The Confucian Dimension, in Tu Wei-ming ed. *Confucian Traditions in East Asian Modernity: Moral Education and Economic Culture in Japan and the Four Mini-Dragons*, Cambridge: Harvard University Press, 1996, p.250.
〔註36〕林玉體：《教育興革宜從長計議》，收入林玉體：《不做稻草人》，臺北：生活文化事業有限公司 1988 年版，第 33 頁。

會議，新的研究機構的設立，和教育實驗的實行，可以看出其狀況。

在政策和領導方面，除了改進教育的研討會外，並且在教育文化之國際交流上，也接受了國際教育比較研討的影響；期間尤其由於中美合作的關係，受到美國的影響更大，包括美國教育家來華充當顧問，和我國留美學生傳入的美國教育研究趨勢。〔註37〕

美國援助的確幫助國民政府更好地確立和鞏固了在臺統治，「我們假設外援與中心地區在當地政治勢力的擴大有關，外援也會被比政治對手更加親美的統治精英用來鞏固權力。特別是在 1950 年代的臺灣，美援強化了國家（State）的力量，用以對抗地方的資產階級。雖然美國國際開發署支持自由貿易政策，但兩國的私人資本還是得透過國家機器的管道，才能參與外援所帶來的部分經濟活動。因而，美援鞏固了這些國家內的官僚資本主義系統，使得國家成為決定『私人』資本得失的中央競技場。」〔註38〕戰後的那些年代裏，國民黨官僚們把持住臺灣的命脈，為了長治久安，也不得不依靠美援，對臺灣人民實施教化。

國民黨政權在大陸統治時期，就接受了大量的美國援助，也相應地受到美方的制約和監督。美國政府曾經公開指責國民黨政府貪污腐化、不得民心的行政事實，對國民黨統治臺灣的批判同樣如此。

美駐臺灣記者 William Newton 氏對我臺灣行政當局痛加抨擊，該氏所著有關臺灣之通訊，曾登載於此間，《太陽晨報》茲節錄於後。

（一）臺灣之中國行政當局充滿腐敗散漫氣象，毫無從政之能力。

（二）重慶政府委派前往臺灣之大小官員，均竭盡其吸收貪圖之能力，現今臺灣全島之血液，幾一滴無餘。例如，米食價格竟較戰時高至千倍，其原因不外官方以二元之值向耕農強迫徵購，而後以十八元之價售出。煤炭以二百元強迫購買，而以一千元售出。糖類及其他亦然。

（三）劫掠、恫嚇、沒收及其他不顧人民權利之事件層出不窮。例

〔註37〕賈馥茗：《教育研究與實驗》，見郭為藩主編：《中華民國開國七十年之教育（上）》，臺北：廣文書局 1981 年版，第 180 頁。

〔註38〕Evans Peter: *Class, State and Dependence in East Asia: Lessons for Latin Americanists*, 徐進鈺譯：《東亞的階級、國家與依賴性——拉丁美洲學者的課題》，《南方》第 15 期，1988 年，第 90 頁。

如搶劫行人手錶、寶飾之行爲。

（四）島上時常發現打倒主席（按臺灣主席）之口號及標語。

（五）臺民、臺記者稱美國對待日本較臺灣爲仁慈，何以對日本僅使用原子彈，對臺灣竟使用華軍也。

（按：此論文登載於墨爾本二十三日《大陸晚報》之首端。）〔註39〕

　　從以上報導可以看出，美國駐臺記者清醒地認識到光復後臺灣社會出現的嚴重統治危機，和美國對戰後臺灣的影響力之大。

　　國民黨政權敗退臺灣後，認眞反思，吸取在大陸的失敗教訓，進行了土地改革，並實施了發展國民經濟的一系列措施，使臺灣得到了大力發展。其中少不了美援的借力。由流亡到在臺穩定發展，美國援臺對國民政府形象的蛻變與權力的擴張，實在大有助益。

　　在危急的情況之下，美援以救世主的身份出現；當國民黨政府認爲美援是可以依靠、能夠依靠且必須依靠的時候，兩者的關係也就自然而然形成了。

第四節　美援臺灣教育的實施

一、美援臺灣教育的相關法案

　　法理上來說，美援發端於 1948 年 4 月 3 日美國國會通過的《1948 年援外法案》（Foreign Assistance Act of 1948）中第四章的《1948 年援華法案》（China Aid Act of 1948）。在此後的 10 餘年間，美國相繼出臺了一系列有關援助的法案，其中與臺灣相關的主要有《共同安全法》、《480 號公法》、《1961 年對外援助法案》。這些法案中的部分條款，都與美援臺灣教育息息相關。

（一）《共同安全法》

　　1950 年 6 月 5 日，美國第 81 屆國會第二次會議通過對外經濟援助法案，第四點計劃列爲此法案的第四節「國際開發法」，當天經杜魯門總統簽署生效。國際開發法規定：美國的政策是援助經濟不發達地區各國人民努力開發他們的資源和改善他們的勞動、生活狀況，辦法是鼓勵交換技術、知識和技

〔註39〕《美記者痛斥我臺灣行政當局》，收錄於《行政院爲中美記者報導臺灣行政混亂等事與國民政府文官處等來往文件（1946 年 4～8 月）》，陳雲林總主編，中國第二歷史檔案館編：《館藏民國臺灣檔案彙編》，北京：海峽兩岸出版交流中心、九州出版社 2007 年版，第 88 冊，第 367 頁。

能，向這些國家輸出資本。〔註40〕1951 年 10 月 10 日，美國國會通過《共同安全法》（Mutual Security Act of 1951），取代以前的援外法案。該法案把經濟、軍事和技術援助計劃結合在一起，大大增加軍事援助的比例，使美國的援助重點從經濟援助轉向軍事援助，從歐洲轉向亞洲。之於臺灣教育而言，其中的「技術合作」目的是讓受援方共享各種技術上的知識和技能，以有效發展其經濟，提高生活水準；援助範圍包括增加農工生產，進行土地改革，開展文化交流，改善教育衛生，電化鄉村，開發森林及改良漁業畜牧等項目。〔註41〕接受技術援助的國家則應負責履行以下義務：支付一部分的計劃費用；提供有關計劃的全部資料，並予公開以事宣傳；協調各計劃的步驟，以便相互配合；對於計劃獲得的成果應加以有效的利用；與其他受援國家互相合作，交換知識及技能。〔註42〕

（二）《480 號公法》

1954 年 7 月 10 日，美國國會通過了「農業貿易發展和援助法」（Agricultural Trade Development and Assistance Act），又稱 480 號公法。該法案旨在擴大美國農產品在其他國家的消費，擴展美國與其他各國之間的國際貿易，增加美元與外國貨幣的兌換機會，促進美國農業經濟的穩定性與國家經濟的繁榮，將美國的剩餘農產品作最有效的利用。480 號公法規定，剩餘農產品售價所得之當地貨幣可有 18 種用途，其中涉及教育的約有 6 條，分別爲：第 9 條，支付在國外翻譯、出版及分發書刊費用；第 10 條，協助辦理美國 1948 年《新聞教育交換法》第 203 節項下之各種活動及計劃；第 14 條，支付因分析及評定外國工程、科學、文化、教育等書刊，並對其有意義者作登記、編訂目錄、翻印、摘要、翻譯暨購置所需之費用；第 15 條，協助擴充美國人士在各國已設立之學校；第 16 條，資助美國學術研究或教育方法之講習並支助其講座；第 18 條，供應在國外爲準備、分配及展覽電化試聽教育資料之費用。〔註43〕

〔註40〕劉緒貽主編：《戰後美國史，1945～2000》，北京：人民出版社 2002 年版，第 39～40 頁。

〔註41〕《美國共同安全法》，行政院美援運用委員會編：《中美合作經援概要》，臺北，1960 年 6 月，第 6～7 頁。

〔註42〕《美國共同安全法》，行政院美援運用委員會編：《中美合作經援概要》，臺北，1960 年 6 月，第 11 頁。

〔註43〕《美國四八〇號公法》，行政院美援運用委員會編：《中美合作經援概要》，臺北：1960 年 6 月，第 19～20 頁。

（三）《1961 年對外援助法案》

1961 年 8 月 31 日，美國參眾兩院通過了肯尼迪總統新的外援立法草案，該法案分爲三個部分：第一部分爲國際開發法，是關於向發展中國家提供經濟援助的有關規定；第二部分爲國際和平與安全法，是關於對外軍事援助的規定；第三部分是關於經濟和軍事援助的執行、管理、協調等方面的安排和具體規定。這是一部完整的管理美國對外援助活動的基本立法，把經濟援助和軍事援助分開，特別強調經濟援助的重要性，作爲美國外援的主體；大幅度削減軍事援助和防務支持援助，以突出美國的長期安全目標。並更加強調受援方的經濟發展和長期計劃。這一時期，臺灣的出口導向型經濟開始逐漸步入起飛的階段，步入經濟發展的快車道。在 1950 年代，臺灣國民生產總值的年平均增長率是 7.7%，1960 年代的年平均增長率是 9.1%。

二、相關機構 [註44]

根據任務重點不同，美國政府負責執行美援的單位名稱也不斷變更，1952 年前爲「經濟合作總署」（Economic Cooperation Administration,〔ECA〕），1952 年到 1953 年 8 月爲「共同安全總署」（Mutual Security Agency,〔MSA〕），1953 年 8 月到 1955 年 7 月爲「國外業務總署」（Foreign Operation Administration,〔FOA〕），1955 年 7 月到 1961 年 11 月爲「國際合作總署」（International Cooperation Administration, 〔ICA〕），1961 年 11 月之後則爲「國際開發總署」（Agency for International Development,〔AID〕）。均在臺灣設有分署執行業務。

因應美援的推動，國民黨政府於行政院設置「美援運用委員會」（Council for U.S. Aid, 〔CUSA〕）作爲對口單位。美援會最高主管由行政院長兼任，不受一般公教人員銓敘體制的限制，可以更高的待遇自行聘用所需的人才。〔註45〕美援會的主要任務在於選定援助計劃、分配援助物質、監督美援計劃執行以及監控計劃執行的效果。美援會在 1963 年重組並更名爲「國際經濟合作發展委員會」（Council for International Economic Cooperation and Development, 〔CIECD〕）。當時國民政府其他部門所提出的有關美援的計劃，都必須送交美援會審查通過，才能送交美援的駐臺單位（一般稱爲分署），最後送達美國中央政府，由所屬的美援機構總署做最後的修正裁示。分署雖然

〔註44〕這裡所論述的是官方的援助機構，私人與民間性的機構將在後文陸續涉及。
〔註45〕羅敦偉：《美援運用在各方面所發生效果之研究》，臺北：中央委員會設計考覈委員會 1960 年版。

沒有最後的決定權，但是對於美國政府方面的決定卻有相當大的影響力。分
署署長由美國政府的總署任命，有權聘任其工作人員，對美國政府的政策具
有解釋權，也能決定美援計劃的優先順序，進而對國民政府的決策具有相當
的影響力。

第三章　內容闡釋：美援臺灣教育的形式

　　筆者在第一章中定義過，美援包括官方援助和民間援助兩個大的類別。它對臺灣教育的援助無所不在，從小學到留學生教育，可以說滲透到了臺灣社會的方方面面。本章的分類是按照美援的性質來分的，探討其在各個教育領域的援助方式。

　　官方美援教育計劃的實施具有嚴格的流程。它是由國民政府教育部（參見附錄一）和臺灣省教育廳按照臺灣的政策進行規劃，或各學校可提出計劃送交教育部和省教育廳，再由它們向美援會提出申請並進行協商，經安全分署同意簽署後，送美國的總署核准後實施。美援美金的款額必須在執行方案定案後才能動用。如果是延續性的教育計劃則經過安全分署核准即可。通常教育部和省教育廳協商工作相當費時，例如，1960 年 7 月 8 日在教育部召開四天會議討論 1961 年美國對臺援助教育計劃，對教育援助項目和經費達成初步決定。〔註1〕（參見附錄二）

　　按照國民政府的要求，1952 年美國國際合作總署（ICA）駐華共同安全分署設立教育組（Education Division），首任組長爲 H. Emmett Brown，任期爲 1952 至 1957 年。Brown 於羅徹斯特大學（University of Rochester）獲得學士學位，在哥倫比亞大學（Columbia University）獲得教育博士學位，曾於 1948 到 1949 年間擔任 The Association for the Education of Teachers in Science（AETS）的主席，具有教育專業背景。1957 年後，美援機構 ICA 的教育組組長 Harry Schmid 則具有專業的職業教育背景，任期爲 1957 至 1963 年。

〔註 1〕劉紹唐編：《民國大事日誌》，臺北：傳記文學出版社 1973 年版，第 47 頁。

「美援的教育計劃通常與工業及社會經濟發展有關，包括中小學教育、高中教育、專業訓練、工職教育、農職教育、職業教育、科學研究、海外華人教育、視聽教育、社區學校、家政教育以及教育行政發展。」〔註 2〕按照援助理論，美國在援助臺灣教育的時候，要選擇最符合美國利益，與援助目標最契合的項目，所以「通常與工業及社會經濟發展有關」，這樣既很容易體現援助的效果，又可以讓臺灣人民心存感激。筆者在這裡是按照美援涉及的內容分類，希望可以表述得較爲明晰。

第一節　職業教育：經濟發展的人力基石

「凡教育活動而爲一種謀生之準備者，皆可名之爲職業教育。」〔註 3〕「從臺灣經濟發展的實際需要出發，美援在人力資本上的資助側重在職業教育方面，這被認爲是當時臺灣對人力資本最迫切的需要，爲臺灣經濟發展所急需。」〔註 4〕爲全面發展臺灣經濟，配合「反攻復國」的政治目的，國民政府需要將臺灣原有的職業教育進行改造。

1953 年起，國民政府連續執行四年經建計劃，爲配合這一目標，必須加速培育各類生產技術人才，進一步改革及擴充工農二類職業教育，以充實基層勞動力的供應。邀請美國教育專家來臺實地考察，提供改革建議；並接受美援資助，選派職業教育行政人員及校長、教師等赴美考察進修，實施單位行業新制教學。「單位行業教學是 1950 年代美國推行最力、成效很大的教育形態，當時美國工業環境剛步入電腦工業及數值控制工具機工業，單位行業教學，直至 1960 年代曾爲美國全部工廠技工的培育，擔負了重大的任務。」〔註 5〕這一連串的措施和改革，將臺灣的職業教育推進到一個新的階段。

一、工業職業教育改革

臺灣工業職業教育的原有基礎較爲薄弱，當進入工業化階段後，臺灣急

〔註 2〕傅麗玉：《美援時期臺灣中等科學教育發展（1951～1965）》，《科學教育學刊》第十四卷第三期，2006，第 336 頁。

〔註 3〕周談輝：《中國職業教育發展史》，臺北：國立教育資料館 1985 年版，第 1 頁。

〔註 4〕張健：《美援與臺灣經濟發展》，收錄於資中筠、何迪編：《美臺關係四十年，1949～1989》，北京：人民出版社 1991 年版，第 250 頁。

〔註 5〕蓋浙生：《職業教育》，收入郭爲藩主編：《中華民國開國七十年之教育（上）》，臺北：廣文書局 1981 年版，第 290 頁。

需大批的初、中級技術人員和熟練工人。1952 年，美國教育總署副署長李德（W.O.Reed）、共同安全總署教育顧問安德魯斯（J.R.Andrus）和白朗（H.E.Brown）等應邀來臺考察臺灣職業教育，認為臺灣要進行改革職業教育，必須先有計劃地培養職業教育師資，隨後建議政府選擇一所大學設置職業學系。〔註6〕基於此一建議，即在當時的省立師範學院內設立了「工業職業學系」。為檢討工業教育過去辦理成效，策劃今後改進方向，教育部於 1953 年 2 月舉行「中美工業職業教育座談會」，到場的中外教育專家及教育行政人員 40 多人。

時任行政院長的陳誠先生有以下三點指示：1. 以往教育的缺失，為未能與社會需要配合，畢業生出路困難；2. 教育應視國家需要，有計劃與有目的的造就人才，即教育與生產事業需要密切合作，教育才會進步，產業才能發達；3. 以往國人本位主義的觀念甚深，以致形成一種自私自利的心理，希望以後要打破此種本位主義，加強建教雙方互助合作。〔註7〕

依據此次座談會的決定，教育部邀約經濟部、省教育廳、建設廳及公營事業主管人員組成「工業教育視察團」，考察臺灣 17 所工業職業學校和專科學校。〔註8〕根據該團視察報告和美國賓州大學顧問團的建議，於 1954 年 3 月將工業教育系原定的師資訓練目標，重新核定分為工職教育甲、乙及工藝教育三組。甲組的目標是培養單位行業相關理論學科師資，乙組的目標是培養單位行業工場實習師資，工藝教育組則以培養高初中所需工藝科教師為目標。〔註9〕後來乙組因 1954 年 8 月招生時，應考學術技術條件不足而停招，教育部又讓該系增設「工場師資訓練班」〔註10〕，招收高中畢業具有工場實際經驗六年以上的人訓練一年，然後分發充任工場實習教師。該班從 1954 年 8 月開始招生，1965 年停招，前後 11 屆畢業生共 129 名，因為具有工廠實際經驗，能將相關理論與教學方法相結合，大多在各工廠擔任教學，不但成為

〔註6〕參見《中華民國四十七年臺灣工業職業調查總報告書》，臺北：臺灣工業職業調查團編印，1958 年 9 月。

〔註7〕參見《人力資源之形成與實施》，臺北：行政院經濟建設委員會人力發展小組編印，1978 年 4 月，第 54 頁。

〔註8〕參見教育部年鑑編纂委員會：《第三次中國教育年鑑》，臺北：正中書局 1957 年版，第 346 頁。

〔註9〕參見教育部年鑑編纂委員會：《第三次中國教育年鑑》，臺北：正中書局 1957 年版，第 273～283 頁。

〔註10〕參見《教育通訊》，第 5 卷第 21 期，臺北：臺灣書局，1954，第 22 頁。

臺灣工職教育教師的骨幹，而且成為臺灣實施單位行業教學獲得良好成就的關鍵因素之一。〔註11〕

工業職業教育的另一項改革，是舉辦工業職業調查，引進美式單位行業新制教學。1953 年，美國賓州大學派駐臺灣省立師範學院首席顧問羅柏爾（R.M.Knoebel）建議臺灣省教育廳試辦一次工業職業調查，以瞭解社會上的職業需求情形。這次調查在羅柏爾的指導策劃下，動員工專、工職部分教職員，將臺灣分為南北二區進行調查。根據調查結果，美籍顧問與臺灣政府協議，在新竹、臺中、彰化、嘉義、臺南、高雄、花蓮等七所省立工職和臺北市立工職，自 1955 年起實施單位行業新制教學，設立機工、電工、汽車修護工、土木工、電子器材修護工、管鉗工、木模工、鑄工、板金工、印刷工等十種單位行業科〔註12〕，以培養工業界需要的未來行業技工。

單位行業教學，是以單一行業所需主要技術為範圍，使學生集中在校時間，精習一類技能，希望學有專長，提高技術水平，適應就業需要。於是將原機械科改為機工科，原電機科改為電工科，土木、化工、礦冶三科仍照舊進行。教育部門鑒於社會人士對於學生升學的需求，一時不允許停招該三科學生；但美國職業教育專家及臺灣有識之士都認為工業職業學校內同時設有行業教育和技術教育，將會阻礙單位行業教學的發展。行業教育既然是臺灣政府接受的發展方向，技術教育又不適應於在中等學校內辦理，所以土木、化工、礦冶三科必須從實施單位行業的工業職業學校中移出。經過教育部門再三考慮，決定重做一次較為廣泛而詳實的工業職業調查。美駐華安全分署教育組專家葛雷漢（David Graham）先生建議 1956、1957 兩會計年度中，由美援撥助新臺幣 30 萬元，省教育廳配合 4 萬元，作為調查經費。教育部遂於 1957 年 6 月邀集經濟部等有關政府機關、學校、勞資團體及就業輔導機構等 23 個單位代表組成指導委員會，正式成立「臺灣工業職業教育及職業訓練調查團」。

根據調查結果，教育部門一方面決定將原設土木、化工、礦冶等三科分年結束，另先後增設傢具木工、製圖、電焊、儀表修護、家庭電器修護等新行業科。另外，又依據單位行業教育的目標，調整課程配置，提高工場實習

〔註11〕參見《人力資源之形成與實施》，臺北：行政院經濟建設委員會人力發展小組
　　　　編印，1978 年 4 月，第 55 頁。
〔註12〕參見《中華民國四十七年臺灣工業職業調查總報告書》，臺北：臺灣工業職業
　　　　調查團編印，1958 年 9 月。

比重至每周 15 個小時，約占全部課程的 40%；相關理論科目每周 9 小時，約占 25%；其餘則爲普通科目。由政府增撥經費，配合美援協助，增建各校實習工場，添置實習器具設備，使每個學生在實習時均有工作崗位，在實踐中培養專精的技能。這一連串的改革措施，與過去偏重理論的教學形態比較，有了較大的進步。

在美援的資助下，臺灣的工業職業教育迅速發展，形成了一個較爲完整的工業職業教育體系，培養了大批工業化所需的初、中級技術人員和熟練工人。從 1955 到 1967 年，工業職業教育的年畢業生人數從 1086 人發展到 9877人，增加了近 10 倍〔註13〕，基本滿足了臺灣工業化的要求。

二、農業職業教育改革

爲培養現代農業所需要的技術人員和新型農民，從 1954 年起，臺灣在美援的幫助下開始實施「農業職業教育計劃」。臺灣政府依據美國職業教育專家的建議，在改革工業職業教育的同時，於 1954 年重訂高級農業職業學校的教育目標，以培育未來農民和農村幹部爲主旨，並指定 25 所省縣市立農業職業學校從事實驗示範。改變以往分科龐雜、偏重理論、忽略技能訓練的傳統做法，參考美國中等農業教育措施，試行綜合農業課程，以現代農民所應具備的整套技能知識，作爲課程建設的基礎。〔註 14〕教學內容的配置，則以農業生產操作爲主、相關理論爲輔，加授公民教育等普通科目。綜合性的專業課程，分爲農業、農具學及農場實習三項，以輔導學生從事家庭農場作業，包括整地、種植、施肥、耕作、除草、病蟲害防除、收穫，以至運銷、記賬等一貫作業，由教師巡迴指導考覈，使學生歷練農事生產和經營的完整知識和經驗，畢業後能回到農村從事生產，並領導一般農民改進農業。

爲配合綜合農業課程的實施，政府也增撥經費，配合美援補助，協助各校一面增建農具工場、農產加工場、農業專業教室等建築，一面添置農業機械及各項實習設備，以利加強農業技能的訓練。另在臺灣省立農學院（後來的中興大學），於 1955 年設立農業教育系，培養農業專業師資；後於 1957 年增設農具工場實習教師。每年並於暑假期間舉辦講習、調訓在職教師、授予專業技能和教學方法。從 1954 年至 1958 年，共用美金 40 餘萬元及臺幣 1500

〔註13〕經合會：《美援教育計劃檢討》，1964 年 3 月。
〔註14〕參見袁立錕：《職業教育之理論與實務》，臺北：大聖書局 1976 年版，第 46 頁。

餘萬元。其中，省立臺中農學院訓練師資計劃約用美金 10 餘萬元及臺幣 400 餘萬元，農職學校計劃約用美金 30 餘萬元及臺幣 1000 餘萬元。並在 1954 和 1955 兩年選定了 6 所農職學校（嘉義、桃園、大甲、西螺、臺中、北門），調整課程標準及教材，改進農場實習，試辦示範農教。到 1958 年已經推廣至 21 所農職學校。

到了 1960 年代初期，臺灣的農業學校已發展到 39 所，畢業生每年達 5000 人以上，充分滿足了農業發展對人才的需要，為農業現代化提供了可靠的人力保證。〔註 15〕

另外，研究戰後臺灣農業教育，不得不提及「農復會」的功績。農復會的全稱是「中國農村復興聯合委員會」，1948 年 10 月 1 日成立于南京，共有 5 名委員，中方委員為蔣夢麟、晏陽初和沈宗翰，美方委員為穆懿爾（Raymond T.Moyer）和貝克（John Earl Baker）。農復會在大陸時期便開展了土地改革和農村復興等諸多工作。國民政府遷台後，農復會利用他們的知識和經驗，運用美國的經濟援助，積極推動臺灣土改、農會改組、生產技術的創新與推廣等，並協助國民黨政權完成了對臺灣農村社會的徹底改革。為促進農業教育的發展，農復會推動並資助了一系列農業教育事業。

首先，資助臺灣大學農學院。台大農學院是臺灣最大的農業科研和教育機構，農復會自 1953 年起撥專款補助其添置設備，加強科研工作。

第一，在農復會協助下，台大農學院成立了一個具有相當規模的種子研究室，從事種子檢查技術的研究、檢查人員的訓練、種子學與種子檢查課程的講授等；搜集臺灣各種農業產品的種子，檢查水稻、小麥、花生等農作物種子，調查臺灣主要農作物及蔬菜種子，分析水稻種子各種形態與幼苗強弱等。農復會還補助設立了一個噴霧器材室，並統籌購買了 14 架各式各樣的噴霧器，雇專人負責保管維修。

第二，改組農業試驗場，充實實驗林。台大農學院原有農業試驗場一處，包括農藝、園藝、畜牧、農工 4 個分場。為了更好地配合農業教學實習及實驗研究，農復會將各分場的建築設備加以整修，還將各分場予以合併改組，另設農場管理、農藝、園藝、畜牧、森林、植物病蟲害、農業化學、農業工程等 8 組，並增購試驗用地，添加技術人員，裝備新式機器。農復會還補助台大農學院創設木材加工廠一座，並購買最新的伐木機器一

〔註 15〕經合會：《美援教育計劃檢討》，1964 年 3 月。

套。後又在溪頭實驗林成立示範苗圃一處，引進美國果樹種苗試種，試驗成功後大面積推廣。

　　第三，與加州大學合作成立加州大學顧問團，開辦學術講習班。1954 年秋，臺灣大學與加州大學訂立了一項三年合約，規定由加州大學在技術上協助台大農學院，以加強並改進農學院的教學研究工作。加州大學先後派了 8 位顧問赴台指導，為台大農學院提供了有關農村經濟、農場管理、飼料作物、綠肥、草原管理等方面的建議。此外，還舉辦了學術講習班，對相關人員進行培訓。

　　第四，出版農業叢書。農復會特組織台大農學院編輯委員會，負責出版「農業叢書」，介紹現代農學的新知識。凡是有關農學的專著，經審核有出版價值的均由農復會編印出版，以供農學院教學及農學界人士參考之用。先後編印出版的專著有《農業植物學》、《灌溉》、《蠶絲業經營學》、《蔬菜來源考》等。〔註16〕

　　其次，推行全台肥料教育運動。為了教農民正確使用以前從未使用過的化學肥料，農復會在臺灣當局有關機構的協助下，舉辦了一次全台性的肥料教育運動。先是由農復會派出工作人員來教會部分農民化學肥料的特性及使用方法，然後以這批農民為核心來教育更多的農民。這項工作又被稱為「農民教農民運動」。與此同時，農復會分送各種肥料傳單、小冊子及調查表來擴大宣傳，選聘「肥料教育義務指導員」，每人至少教育鄰近農民 60 人。這些指導員大多從農復會所補助的耕種示範田的農民中選出。這項運動直接教育的農民約 2.4 萬人，間接教育的農民達 16.1 萬人。耗資新臺幣 36 萬元，農復會資助 30 萬元，糧食局負擔 4 萬元，臺灣肥料公司負擔 2 萬元。〔註17〕

　　再次，開展新農業推廣活動。主要包括農事和家政推廣、四健會工作、山胞農業推廣和實驗農村工作。1952 年，首先推行農村青年四健會運動，主要讓青年農民採用各項改良的作物栽培技術，如早期深耕、全層施肥、適時收穫等。初創時規模小，經過發展後推廣至全臺灣 10 個縣 76 個鄉鎮，全省共有四健會 1322 個，會員共 13864 人，義務指導員共 1400 人，協助推廣改

〔註16〕《中國農村復興聯合委員會工作報告》第 8 期（1956 年 7 月 1 日～1957 年 6 月 30 日），黃俊傑編：《中國農村復興聯合委員會史料彙編》，臺北：三民書局 1991 年版，第 275～278 頁。

〔註17〕《中國農村復興聯合委員會工作報告》第 8 期（1956 年 7 月 1 日～1957 年 6 月 30 日），黃俊傑編：《中國農村復興聯合委員會史料彙編》，臺北：三民書局 1991 年版，第 285～286 頁。

良法。〔註18〕1955 年進行了成年農民新計畫，先從 3 個鄉鎮開始試驗，逐漸推廣至 7 個縣內 40 個鄉鎮。1957 年開始推行家事改良計畫和農村婦女培訓推廣計畫。對於成年農民主要是以農業機械、綜合養豬及果樹栽培等訓練爲主，至於農村婦女則以烹飪、縫紉等家事培訓爲主。〔註19〕1965 年農復會協助臺灣大學舉辦了一項調查工作，以研究農民對農業推廣教育的反應。由此得出結論，參加農業推廣組的農民較一般農民具有更高的農業技術水準，且認爲農業推廣工作給予其以很大的幫助。〔註20〕

三、在職人員出境進修

　　大陸時期，國民政府教育部爲提高高等教育的師資素質，於 1945 年 11 月頒佈了《專科以上學校教員應約出國講學或研究辦法》。政府遷臺後，認爲該項辦法內容大多不適用，於 1951 年整理教育法規時廢止。後來教育部於 1954 年 10 月 6 日公佈了《專科以上學校教員出國講學研究或進修辦法》，並通知相關學校遵守此辦法的規定。凡經審查合格，助教以上資格而連續服務三年以上者可留職留薪出國進修一年，必要時可向教育部申請延長時間。此一辦法實施後，出國的人數增加。頭兩年就核准有 115 人。後來，教育部又根據需要對此辦法進行了多次修正。

　　一般行政人員在職進修也較有成績。1950 年代國民黨政府參加美國政府「共同安全總署」的技術協助計劃（The Technical Assistance Program）。按照此項計劃，美國政府邀請臺灣當局派遣專家和技術人員參加種種設計培訓，如建築電力水閘、農場實驗、作物改良、教育設施等等。當時臺灣派遣了數百人赴美，與當地的工、農、政、教專家合作研究進修，受益非淺。大多數如期返回臺灣，對臺灣建設貢獻非常大。

　　另外，學術研究機構的在職進修，成效最顯著的例子是「國家科學委員會」遴選科技人員出境進修。該會雖爲行政院下屬，但相當一部分經費來自

〔註18〕《中國農村復興聯合委員會工作報告》第 8 期（1956 年 7 月 1 日～1957 年 6 月 30 日），黃俊傑編：《中國農村復興聯合委員會史料彙編》，臺北：三民書局 1991 年版，第 289 頁。

〔註19〕《農復會之農業推廣組》，周琇環編：《農復會史料》第 1 冊《組織沿革（一）》，臺北：國史館 1995 年版，第 335 頁。

〔註20〕《中國農村復興聯合委員會工作報告》第 8 期（1956 年 7 月 1 日～1957 年 6 月 30 日），黃俊傑編：《中國農村復興聯合委員會史料彙編》，臺北：三民書局 1991 年版，第 285 頁。

於美援（參見附錄三）。該會為提高學術水準、培植科技人才，於 1961 年制定了遴選科技人員出國進修辦法，規定由學校及研究機構推薦人員，經審查合格，資助出國進修，期限為甲種一年、乙種二年、丙種自一個月至九個月不等。此類人員進修期滿，必須返回原機關學校服務。這個辦法初期遴選的名額不多，「國家科學委員會」再次修訂辦法，使進修人員配合臺灣建設之需要，因而出境進修的人數也增加了。這些人員都是在職的，出境經歷可以增進專業技能，對臺灣建設大有貢獻。

表 3.1：1951～1958 年度技術協助計劃選送出境人數（教育類）

項　目	赴美國者	赴其他國家者	總　計
工職農職	58	21	79
社會中心	22	43	65
工程教育	28	0	28
其他	43	13	56
總計	151	77	228

資料來源：周琇環編：《臺灣光復後美援史料》，第 3 冊，《技術協作計劃》，臺北：國史館 1998 年版，第 299～300 頁。

以上表格可以看出，1951 到 1958 年間，臺灣有許多教育工作者出境培訓，赴美國是其中的重點。

美援通過各種項目，為在職人員出境進修提供機會和經費，使他們進一步在專業領域有所鑽研，回臺後在工作崗位發揮才幹。根據統計，從 1951 年至 1971 年，在美援「技術援助」項目下，利用美援資助出境學習、進修、考察、受訓的專業人員達 3000 人以上。〔註21〕

第二節　僑生教育：政治理念的傳播工具

一、緣起

在全球冷戰、國共對立的政治大環境之下，僑生教育是最配合國民黨政治策略的，「國民黨政府拼命呼籲海外華僑子弟回到臺灣求學。國民黨政府極

〔註21〕*Taiwan Statistical Data Book*, Taipei: Council for Economic Planning and Development, Executive Yuan, The Republic of China, 1965, p.219.

力『爭取』僑生，當然是因爲要與中共競爭。」﹝註 22﹞臺獨理論家王育德認爲，「國民黨政府開始收容華僑學生（僑生）是在 1951 年，比中共的行動還晚。但這是因國民黨政府有很多不得不優先處理的事情，諸如打擊反對勢力、肅清不穩份子等，而且蔣介石的獨裁體制漸有頭緒的那年正是 1951 年。1951 年只有 60 名僑生回國，1953 年增加到 826 人，但仍遠不及中共的 10086 人。但經由宣傳與勸誘的結果，1957 年增加到 6000 餘名，1958 年則更建立每年收容 2500 名的體制，這樣的成績已足可大肆宣傳一番。」﹝註 23﹞可見，在意識形態強烈對立的情況下，海峽兩岸都十分重視僑生工作。

　　有臺灣學者認爲，中國共產黨取得大陸政權後，爲爭取海外華僑的向心力，培養海外統戰人員，先後設置各種僑校，打著歡迎海外華僑青年回國升學的旗幟，積極擬定、推行各種優待僑生的方案，使得大批僑生返回大陸升學。﹝註 24﹞這種做法讓臺灣當局感受到了巨大的威脅，也使得當時的美國副總統尼克松表示，爲了反共，不應讓僑生回大陸升學，中華民國政府應設法在東南亞招收僑生，美國則願撥款支持這一計劃。﹝註 25﹞在僑教合作計劃中，美方指明該計劃限於「東南亞地區」，即柬埔寨、馬來西亞、緬甸、印尼、印度、越南、新加坡等地﹝註 26﹞，這些地區的僑生才可以取得經費補助；而日本、韓國、菲律賓、港澳地區則不在美援規定補助的範圍之內。﹝註 27﹞但國民黨政府對港澳的見解則是「香港密邇大陸，宛如窗戶。其地位乃一政治上之寒暑表，香港民心之向背可代表全國民意之測驗，香港誠爲南洋與大陸之樞紐」，若香港僑生回來越多，則可促使「蔣總統的股票不斷上漲」，所以僑生教育不能不包括港澳地區。﹝註 28﹞此觀點後來得到美國的許可。

﹝註 22﹞　王育德：《毫無成效的僑生政策》，原文刊於《臺灣青年》第 21 期，1962 年 8 月 25 日，收錄於王育德著，李明宗等譯：《王育德全集 13·蔣政權統治下的臺灣》，臺北：前衛出版社 2002 年版，第 81 頁。

﹝註 23﹞　王育德：《毫無成效的僑生政策》，原文刊於《臺灣青年》第 21 期，1962 年 8 月 25 日，收錄於王育德著，李明宗等譯：《王育德全集 13·蔣政權統治下的臺灣》，臺北：前衛出版社 2002 年版，第 85 頁。

﹝註 24﹞　朱敬先：《華僑教育》，臺北：中華書局 1973 年版，第 70～72 頁。

﹝註 25﹞　《美援有關教育計劃實施報告，1953～1957》，臺北：國立教育資料館 1957 年版，第 52～53 頁。

﹝註 26﹞　《僑務一年》（「四十四年」版），臺北：僑務委員會 1956 年版，第 3 頁。

﹝註 27﹞　《僑生教育計劃運用美援成果檢討》，臺北：行政院國際經濟合作發展委員會 1966 年版，第 20 頁。

﹝註 28﹞　張其昀：《最近四年之華僑教育》，《教育與文化》第 173 期，1958，第 18 頁。

　　1953 年 11 月，美國副總統尼克松在東南亞一帶作巡迴考察後，感到東南亞各地均有中華民國的僑民，華僑在當地社會經濟中佔有領導性的地位；而東南亞尚有大部分地區待開發，惟恐當地人民受共產主義思想的「欺騙」。如果能協助華僑青年返回臺灣，加以政治思想培養和生活技能訓練，如果將來返回僑居地從事文化教育和經濟開發等工作，並傳播自由民主的理念，將能夠有效的阻遏共產黨集團「赤化」東南亞。〔註29〕11 月 8 日，尼克松到臺灣訪問〔註30〕，11 日上午在臺中參加私立東海大學奠基典禮上發表演說，稱：

> 今日的世界，一方面是代表愛，一方面是代表恨，是雙方激烈鬥爭的日子。現代戰鬥，思想進步最重要，我們看到我們的敵人，對思想方面很用腦筋，許多在國外留學的有為青年，被騙到大陸工作。將來的戰爭，要把握住青年，把教育辦好不可，否則很嚴重。
>
> 〔註31〕

　　尼克松建議國民黨政府制定爭取僑生來臺升學的計劃，並和中美各界人士交換意見，建議雙方合作，擴大辦理僑生教育工作，所需經費由美援款項下支付。〔註32〕

　　1953 年底尼克松離臺後，國民政府為配合其政策，由教育部擬定了一個《僑生教育計劃實施草案》，連同其他有關僑教的建議，在 11 月 20 日首次召開的中美特別會議上提出討論。當時與會人士，有行政院院長陳誠、僑務委員會委員長鄭彥棻、外交部部長葉公超、教育部部長程天放等；美方則為美國駐華大使、駐臺安全分署署長。會中決定了一個中美合作的僑生教育方案。並將僑教計劃的目標分為七項：〔註33〕1. 鼓勵海外僑生到自由祖國就學；2. 協助東南亞各國，對華僑青年，施以專案及技術方面的訓練；3. 根據各地區特殊需要，對僑生盡可能施以最適宜的教育；4. 養成僑生的領導能力，俾將來返回僑居地後，可逐漸居於領導地位；5. 為配合僑教計劃需要，應擴建臺灣各學校校舍，增加書籍及教學設備；6. 使僑生清楚認識民主生活方式，以便在返回僑居地後，可以廣為宣揚；7. 達成上列任務時，應努力促進與有關各國間的友好關係。

〔註29〕郁漢良：《華僑教育發展史》（上），臺北：國立編譯館 2001 年版，第 472 頁。
〔註30〕《中央日報》，1953 年 11 月 9 日。
〔註31〕《教育通訊》，第四卷第二十四期，1953 年 11 月 20 日，第 28 頁。
〔註32〕《七年來的中美教育合作》，臺北：國立教育資料館 1959 年版，第 56 頁。
〔註33〕《七年來的中美教育合作》，臺北：國立教育資料館 1959 年版，第 56 頁。

　　國民政府在大陸期間，曾設有專爲僑生就讀的「國立暨南大學」，討論是否需要恢復；〔註 34〕美方則認爲過去暨南大學的任務，可由五個學府──國立臺灣大學、國立政治大學、省立師範大學（今國立師範大學）、省立臺南工學院（今國立成功大學）和臺中農學院（今國立中興大學）來分擔，給予上述收容僑生的學校以經費補助。

　　當時的美援僑生教育計劃，具有兩項特色：「一是政策目的的政治性意涵重於教育性意涵，從爭取僑胞支持，以作爲僑務政策的基礎，到美援的援助，都具有濃厚的政治考量；其次是不論政府的主觀意願或當時的客觀環境，都傾向鼓勵僑生回國升學計劃的發展。」〔註 35〕

二、僑教機構

（一）僑民教育委員會

　　國民政府遷臺後，教育部內各單位及人員縮減，原先的僑民教育委員會也暫告停頓，所有業務改由普遍教育司、高等教育司分別辦理。〔註 36〕

　　僑生教育包括「國內」與「國外」，由教育部和僑務委員會分工辦理。後來教育部鑒於有關主管僑務業務日見繁多，特於 1954 年秋恢復設置僑民教育委員會，協助高等、中等、國民三司，擔任僑教之設計策進及部內外聯繫事宜。〔註 37〕如籌設國立華僑實驗中學、僑生大學先修班和華僑師資專修科，協助菲律賓成立私立華僑師範專科學校，召開僑教工作小組會議，商討各院校僑生增班計劃及美援經費補助分配，督導各校院成立僑生輔導組織，按期寄發海外僑校教育輔導書刊，研議華僑文教會議有關教育部主管業務各案之處理，會同有關機關審核僑生補助金等等。並能與相關機關單位工作密切配合。〔註 38〕

〔註 34〕張其昀：《暨南大學五十週年紀念》，《教育與文化》第 12 卷第 8 期，1956，第 16 頁。

〔註 35〕陳月萍：《美援僑生教育與反共鬥爭（1950～1965）》，南投：國立暨南大學歷史系碩士論文，2004 年 9 月，第 54 頁。

〔註 36〕陳雯登：《華僑教育委員會》，《教育與文化》復刊臺版第八卷第七期，1955，第 20～21 頁。

〔註 37〕張其昀：《最近四年之華僑教育──民國四十七年四月七日在僑團講話》，《教育與文化》第 173 期，1958，第 18～19 頁。

〔註 38〕陳雯登：《華僑教育委員會》，《教育與文化》復刊臺版第八卷第七期，1955，第 20～21 頁。

（二）僑教工作小組

爲加緊推動僑教計劃，國民黨政府於 1954 年初成立中美華僑教育委員會，從事制定教育援助方案的基本政策，由中華民國行政院院長任該會主席。該委員會成立次年經常召開會議，稍後逐漸將僑教問題移交中美僑教工作小組委員會負責。〔註39〕

按照臺灣方面的說法，傳播中華文化是國民黨政府推展華僑教育的主要目的。透過文化傳播，可以維繫海外僑民與臺灣的關係，擴大國民黨政府的影響力。然而，海外華僑與臺灣的淵源很少，只有通過華僑教育的方式，一方面以文化傳承維繫華僑與政府間的聯繫；另一方面以招收僑生去臺灣就學的方法，達成國民黨政府爭取僑胞支持「反共國策」的目的。〔註40〕並聘任安全分署教育組白朗博士、美國大使館惠波女士、美援運用委員會邵副秘書長、臺灣省教育廳劉眞廳長等爲委員，定每周三舉行會議一次，由教育部長主持，討論有關學校僑生增班、美援經費的支配運用等事宜，每次各單位相關人員都要列席參加。除積極推進業務外，針對現實情況，經常集會討論有關發展僑教工作的設施與改進，以期提高僑教工作效能。〔註41〕

在僑教方案開始之初，美國大使館及所屬的新聞處雖然同時參與其事，但該計劃之業務與經費之美援部分，則由美國安全分署負責。美援款項下約 3/5 的設備費使用在興建僑生宿舍、餐廳及其它建築物。其餘 2/5 則作爲充實圖書、加強娛樂和社交活動設施，補充實驗室、教室、教職員宿舍及教學設備。至於美援的分配和運用則視各校僑生名額的多少，而非作爲新設學校之用。〔註42〕該小組自 1954 年後半年開始，經常召開會議討論有關僑教的事情，歷年的僑教擴充計劃均由該小組討論決定，並隨時檢討、力求改進。〔註43〕

〔註39〕 朱敬先：《華僑教育》，臺北：中華書局 1973 年版，第 42 頁。
〔註40〕 周陸僑：《僑生回國升學概論》，臺北：僑務委員會研究發展考覈處 1972 年版，第 19～20 頁。
〔註41〕 《美援有關教育計劃實施報告，1953～1957》，臺北：國立教育資料館 1957 年版，第 54 頁。
〔註42〕 《美援有關教育計劃實施報告，1953～1957》，臺北：國立教育資料館 1957 年版，第 54～55 頁。
〔註43〕 蘇順權：《歸國僑生教育之研究》，臺北：政大教育研究所碩士論文，1961，第 31～32 頁。

（三）駐外使領館

　　駐外大使館、公使館、總領事館等，是中華民國的駐外機構，辦理各駐地兼轄區僑民教育行政事宜。1954 年 2 月 23 日，僑務委員會修正會令公佈了《駐外使領館派員視導轄區僑民文化教育辦法》，其中第三條第三項的第五點為「僑民文教活動與僑胞生活聯繫之指導」，第六點為「僑生回國升學之指導」。〔註44〕同年 4 月 19 日，僑務委員會、外交部、教育部三個單位又會同公佈了《駐外使領館辦理僑民教育行政規則》，其中第二條第八點就明確指出，領事館辦理僑民教育行政的範圍包括「鼓勵僑民子女回國就學事項」。〔註45〕

三、實施效果

　　為了因應當時港澳僑生和各地僑生回臺升學，1950 年 8 月間頒佈了《僑生投考臺省專科以上學校優待辦法》，規定海外僑民中學畢業生的申請，僑務委員會保送教育部分發各專科以上學校免試入學；其自行申報者，則享受從寬錄取之優待。〔註46〕為了適應實際需要，又訂定了「四十年度暑期保送華僑學生升學注意事項」。

　　1951 年，國民黨政府為了便利僑生回臺升學，訂頒《海外僑生保送回國升入大專學校辦法》，一方面在海外各地採取保送方式，同時在港澳採取考選方式。〔註47〕1951 年，原定招收大專名額為 100 名，實際由海外保送回來的有 21 名，港澳考取的有 85 名，共 106 名；到了 1953 年，海外地區中學青年請求回臺升學人數增加，因此訂立了《海外僑生保送回國升入中等學校肄業辦法》。從這年起，海外地區同時招收大、中學生，港澳仍繼續招收大專學生。以下兩個表格可以大致表明當時的情況：

〔註44〕《駐外使領館派員視導轄區僑民文化教育辦法》，《立法院公報》第十四會期第七期，臺北：立法院，1955 年 2 月 1 日，第 236～237 頁。

〔註45〕《駐外使領館派員視導轄區僑民文化教育辦法》，《立法院公報》第十四會期第七期，臺北：立法院，1955 年 2 月 1 日，第 235～236 頁。

〔註46〕張正藩：《華僑文教發展史略》，臺北：張正藩，1956，第 18 頁。

〔註47〕《僑生回國升學概況》，《僑務月報》第 78 期，1958 年 12 月 31 日，第 27～31 頁。

表 3.2：1951 至 1953 年僑生來臺就學途徑統計

選送方法 \ 年份	1951	1952	1953	合計 人數	合計 百分比
保送	21	40	217	288	23.04
考選	856	227	660	962	76.96

資料來源：國史館藏，外交部檔，《僑務統計要覽案——民國四十三年 1、2 月》

檔　　號：172-4/0627

表 3.3：1951 至 1953 年僑生來臺就學學校統計

分發學校 \ 年份	1951	1952	1953	合計 人數	合計 百分比
臺灣大學	38	43	98	179	14.32
省立各學院	42	85	157	284	22.72
省立各專科學校專修班	15	85	322	422	33.76
國防醫學院	11	34	36	81	6.48
軍警學校	-	20	108	128	10.24
普通中學	-	-	103	103	8.24
師範學校	-	-	20	20	1.60
職業學校	-	-	12	12	0.96
其他	-	-	21	21	1.68
總計	106	267	877	1250	100.0

資料來源：國史館藏，外交部檔，《僑務統計要覽案——民國四十三年 1、2 月》

檔　　號：172-4/0627

　　從以上表格可以看出，當時僑生來臺以進入大專院校爲主，而且是公立學校；當時臺灣本地學生能進公立學校者，也是數量有限——可見政府對於僑生的重視。海外華僑青年來臺升學在這三年裏是大幅度上升的。但由於國民黨政府遷臺後經濟困難，相對於大陸，回臺灣的僑生人數仍然不算多。根據統計，自 1949 年 10 月至 1953 年上半年，回到大陸的僑生共達一萬多人。〔註48〕

〔註48〕中國教育年鑑編輯部：《中國教育年鑑，1949～1981》，北京：中國大百科全書出版
　　　　社 1984 年版，第 648～654 頁。

　　為加緊推動僑教計劃，應付大批來臺求學的海外青年，1955 年春，國外業務總署特邀美國雪城大學（*Syracuse University*）副校長克雷格博士來臺，考察臺灣教育設施情形，並研究如何擴充改進。在報告書裏，他主要建議調查東南亞各國的職業需要，以配合人才的培養。另外，認爲臺灣大專學校的設備應大量擴充，才能適應僑教計劃的需要。

　　根據以上建議，國外業務總署數次派遣美國顧問赴東南亞各國實地調查，並訪問當地的美國機構，研究僑教計劃。當時，大多數的華僑青年很難有機會進入東南亞各國的大學深造，爲此常感到惶惶不安。1956 年國外業務總署和美國顧問第一次訪問東南亞各國時，很多的華僑青年正返回中國大陸。第二次訪問的目的是初步調查各種行業人才的需要情況。第三次訪問，由美國國務院的代表擔任，他除了加強瞭解以往兩次調查的各項問題外，還使得駐東南亞各國的美國機構產生了對僑教計劃的興趣。所謂「自由中國」的僑教計劃，是由「教育部」、僑民教育委員會、亞洲協會和國外業務總署聯合推動的。僑民教育委員會主持僑生的保送、計劃行程和抵臺後的各種生活照顧；「教育部」負責分發僑生入學、施教及輔導工作；亞洲協會在僑教計劃實施之初，協助很多，供給一部分海外學生的旅費和生活費；僑教計劃的大部分經費由國外業務總署負責，包括建築校舍、擴充設備、購買書籍，以及供給僑生旅費、生活費、醫藥費等。〔註49〕

　　同時，國外業務總署又先後派僑生教育部門的安全人員共同主持其事。1955 年 6 月前，僑務方案由國外業務總署教育組組長布朗博士（H. Emmett Brown）兼任策劃工作；後來譚普敦（Payne Templeton）受任爲該組華僑教育顧問。1956 年 9 月，美國圖書館專家費士卓（William A. Fitzgerald）來臺，輔導各校圖書館設備及管理事項。同年 11 月，吉勃生（James B. Gibson）先生來臺，輔導各校僑生課外活動及指導工作。〔註50〕至此，美方人員逐漸充實。

　　1961 年時，國民政府教育部公佈的僑生數量總數達到 8218 名，其中大專院校在校生有 5804 名，中學在校生有 2414 人。不完全統計如下表：

〔註49〕《七年來的中美教育合作》，臺北：國立教育資料館 1959 年版，第 57 頁。
〔註50〕蘇順權：《歸國僑生教育之研究》，臺北：政大教育研究所碩士論文，1961，
　　　　第 34 頁。

表3.4：僑生就學人數統計

大專院校	人　數	中　學	人　數
高雄醫學院	6	臺中高工	24
藝術專校	30	臺北護校	24
東海大學	25	嘉義中學	28
國防醫學院	218	臺北女師	91
護理專校	31	臺北師範	81
海事專校	6	員林實驗中學	25
臺北工專	46	臺中女中	20
法商學院	66	臺中一中	46
農學院	102	師大附中	66
師範大學	1206	北二女中	136
成功大學	880	北一女中	98
政治大學	819	新竹中學	209
僑大先修班	42	建國中學	266
臺灣大學	2315	道南中學	243
總　　計	5792	華僑實驗中學	802
		總　　計	2159

資料來源：《中央日報》，1961年8月9日。

　　從1954到1965的十二年間，僑民教育委員會和教育部共接受美援新臺幣3億1000餘萬及美金100餘萬元，平均每年近3000萬元。以1958年為最高峰，以後則逐年減少。〔註51〕

　　教育部歷年接受美援僑生教育計劃的臺幣部分，總數達2億餘元，分配各校後，各校將金額的90%以上用於學校建築及設備，如宿舍、教師、活動場所等。餘款則作為充實圖書，加強社交活動設施，補充實驗室、教室、教職員宿舍以及教學設備等。

〔註51〕　《中美合作經援概要》，臺北：行政院美援運用委員會1956年版，第20頁。

表 3.5：1954 至 1965 年教育部接受美援僑教臺幣運用情形（新臺幣）

年　度	建築設備	輔導活動	會議講習	翻譯印刷	其他特案	合　計
1954	8,622,000					8,622,000
1955	9,446,800					9,446,800
1956	41,023,349					41,023,349
1957	39,751,325	60,000	99,842	767,491		40,678,668
1958	43,619,584	753,846	297,975	1,878,417		46,549,822
1959	20,946,929	1,204,360	505,926	1,444,638	1,883,820	25,985,673
1960	7,951,998	1,502,725	630,771	1,098,326	243,784	11,427,604
1961	9,736,488	1,886,800	804,200		415,000	12,842,488
1962	1,392,034	1,168,600	615,000			4,175,634
1965	1,124,645					1,124,645
合　計	183,615,162	6,576,331	2,953,714	5,188,872	2,542,604	200,876,683

資料來源：《僑生教育計劃運用美援成果檢討》，臺北：行政院國際經濟合作發展委員
　　　　會 1966 年版，第 18 頁。

　　另有小部分援款是贈送的教育器材和用於在僑教計劃下出國進修人員。

表 3.6：美援僑教器材採購及顧問人員費用　　　　　　　　　　（美元）

年　度	教育器材	運送出國	顧問專家	其　他	合　計
1955	12,258		3,669		15,927
1956	56,128	15,635	20,966	45,476	138,205
1957	50,632	6,560	32,041	121,969	211,202
1958	78,101	24,405	44,470	160,814	307,790
1959	41,884	22,210	34,497	102,210	200,801
1960	15,475	5,500	36,082	96,175	153,232
1961			30,279		30,279
合　計	254,478	74,310	202,004	526,644	1,057,436

資料來源：《僑生教育計劃運用美援成果檢討》，臺北：行政院國際經濟合作發展委員
　　　　會 1966 年版，第 19 頁。

　　僑民教育委員會所接受的美援款項，支付對象為僑生本身，項目以升學之津貼和雙程的旅費補貼占最大比例。〔註52〕此補助款均經「海外僑生補助委員會」核定，以分發學校總人數大專 3/4、中學 4/5 之比例為基準；而當時實到人數少，所以每一名來臺的僑生都可以獲得補助的機會。每名僑生來臺平均須負擔新臺幣 3 萬 7 千元。〔註53〕這項計劃預定於 1962 年結束，但僑務委員會呈報行政院，請求將當時留臺尚未畢業的僑生繼續予以補助到畢業為止；奉准後，將補助舊僑生計劃延展至 1965 年為止，但 1963 年及以後來臺的僑生則不再給予補助。未用餘款，經特准以五百萬元作新建大專畢業僑生活動中心。〔註54〕

表 3.7：1956～1965 年僑務委員會接受美援僑教臺幣運用情形（新臺幣）

年　度	津　貼	旅　費	宿舍建築	其　他	合　計
1956	688,650	517,278	577,123	727,517	2,510,568
1957	2,032,079	1,798,116	203,320	1,595,548	5,629,063
1958	3,649,459	4,456,232		718,616	8,824,308
1959	6,604,460	3,597,477	414,823	1,849,420	12,466,180
1960	6,349,918	4,117,829		1,388,671	11,856,418
1961	3,719,000	4,078,838	700,000	1,237,000	9,734,838
1962	7,300,000	8,457,679		1,405,000	17,162,679
1963	5,421,360	7,055,500		1,084,500	13,561,360
1964	4,024,000	9,788,000		1,083,010	14,895,010
1965	4,235,511	9,388,000	5,000,000	1,978,020	20,601,531
合　計	44,024,437	53,254,954	6,895,266	13,067,302	117,241,955

資料來源：《僑生教育計劃運用美援成果檢討》，臺北：行政院國際經濟合作發展委員會 1966 年版，第 17 頁。

〔註52〕 「津貼」包括僑生在臺的生活費、醫藥費和旅費補助，占美援款項的 80% 以上。其他的支付項目則有：僑生助學金、僑生通訊經費、國際學社補助費、僑生宿舍建築費、新生入學訓練費、僑生畫報出版費、僑生刊物補助費等等。
〔註53〕 包括來回旅費 1 萬 6 千元，一次返僑居地之來回旅費 1 萬 3 千元，及在臺四年的生活費用津貼等約 8 千元。參見鄭彥棻：《一年來之僑務》，《僑務月報》第 46 期，1956 年 4 月 30 日，第 6～17 頁。
〔註54〕 《僑生教育計劃運用美援成果檢討》，臺北：行政院國際經濟合作發展委員會 1966 年版，第 16～20 頁。

　　1954 到 1960 年間，由於美援經費的幫助，僑生回臺升學教育得到大幅度的擴充和發展，也使得這幾年的僑生回臺人數激增。〔註 55〕這段期間，僑生就讀學校大多是臺灣的優質大學，以臺灣大學招收僑生最多，師範大學次之，成功大學第三。

　　臺大的僑生，就入學情況來說，分為兩種，一是教育部依照《華僑學生優待辦法》分發來校的各地華僑學生，二是教育部從 1953 學年度起，每年在港澳招收的高中畢業生中分發而來的。因為僑生人數的增加，原有的教室、實驗室、宿舍和圖書設備都不夠使用，所以從 1954 學年度起，用美援的補助，添置所需的圖書儀器和添建房舍。臺大鑒於來校的僑生中部分學生的程度較差，不能隨班聽課，在 1954 年設立了補習班。科目分為必修和選修，必修科目包括公民、國文、英文、數學，選修科目包括歷史、地理、生物、化學及物理。為輔導僑生的學業和生活，從 1954 年起，又特別成立了「僑生輔導委員會」，設委員 10 到 15 人，除教務長、訓導長、總務長外，其餘委員皆從教授中聘請。其中心工作主要有學業的輔導、生活的指導、國情的講解、課外活動的輔導等等。〔註 56〕

　　僑生在師大除就讀一般科系外，還有一個專門為僑生設置的僑師科。教育學院的華僑師資專修科，是為專門培養海外僑校師資而設立的，這在當時臺灣高校中是一個創舉。因該科僑生受僑居地區簽證限制，必須一年內返回僑居地，所以三學期的課程要在一年內修完，課程以教學學科和中華文化為主。另有一年時間，回到原僑居地區實習，期滿成績合格即算畢業。該科的僑生入學資格，也與師大其他科系不同，都是由中華民國派駐在各國的使節團或當地僑領，透過教育部及僑務委員會免試保送來的。師大在 1955 年 10月成立了「臺灣省立師範大學僑生輔導委員會」，其主要工作有三類：思想輔導、學術輔導和生活輔導，在各個方面給予僑生很大的幫助。因此，師範大學的任務不只是要為臺灣培養中等學校的師資，而且要為海外僑校儲備優良的師資。

　　為培養充實海外僑報教育人才，提高海外新聞從業人員的技能，特在臺灣省立師範大學內設置華僑新聞教育專修科一班，由各地僑團保送現在海外

〔註 55〕《僑生教育計劃運用美援成果檢討》，臺北：行政院國際經濟合作發展委員會 1966 年版，第 32～34 頁。

〔註 56〕錢思亮：《國立臺灣大學之僑生概況》，《教育與文化》，第 12 卷第 9 期，第 2 ～3 頁。

報刊服務的從業人員，和海外有志於從事海外社教工作及新聞事業的高中以上學校畢業生，共 50 名來臺深造。修業年限定爲兩年，在校實習一年，在僑居地報刊實習一年。這些學生在學期間，可以享受全公費的待遇。而來臺的往返機票，則由政府發給。〔註 57〕

與此同時，爲使僑教有一個完整的系統，國民政府於 1955 年創設了國立僑生大學先修班和國立華僑實驗中學，以接納更多的僑生入學；並籌備恢復僑民教育函授學校，輔導海外優良僑校高中增設師範班以及籌辦專科學校，以提高華僑教育水準。〔註 58〕

1961 年開始，美援僑教經費逐漸減少，於是國民政府一方面自行籌措僑生教育經費，另一方面積極改進僑生教育，主要包括：增設各項僑生獎助學金，增辦專爲僑生而設的技術教育和語文教育，增加招收僑生的學校，建立僑生保健制度，加強畢業僑生的輔導等。美援方面，學校建築及中等學校僑生的補助，自 1961 年停止；添置學校設備的補助費，自 1962 年起停止；僑生旅費、生活費及課外活動的補助則逐年減少，至 1965 年完全停止。〔註 59〕但因此前的款項並未用盡，1963 年後，餘款特准建大專畢業僑生活動中心，即僑光堂。建築費 438 萬 8 千元，設備費 61 萬 2 千元。美方同意 1965 年的援款延長使用至 1966 年 10 月底爲止。〔註 60〕（參見附錄四）

教育部於 1962 年 7 月 28 日派戴行悌爲國立僑生大學先修班主任，積極籌劃該班開辦事宜，並決定在 1962 年秋季正式開班上課。僑生大學先修班成立後，原來臺大、政大、師大、成大等校的僑生先修班，均予以停辦。

僑生回臺升學大專院校是政府的主要政策，中學畢業生也以升學大專爲目標，屬於普通教育範疇。但 1963 年後，僑生教育擴大了範圍，增辦了兩種專爲僑生而設的教育。其一是「海外青年技術訓練班」，是僑委會爲培養海外青年獲得實用知識和生產技能，發展工農商業，促進當地繁榮爲宗旨；同時依照職業分類原則，將所有訓練科目課程，以適應各行業的實際需要爲主，

〔註 57〕《一年來海外文教之重要措施及今後工作展望》，《僑務月報》第 50 期，1956年 8 月 31 日，第 19～27 頁。

〔註 58〕《一年來海外文教之重要措施及今後工作展望》，《僑務月報》第 50 期，1956年 8 月 31 日，第 19～27 頁。

〔註 59〕張希哲：《僑生教育之檢討與改進》，臺北：行政院國際經濟合作發展委員會1966 年版，第 1～5 頁。

〔註 60〕《僑生教育計劃運用美援成果檢討》，臺北：行政院國際經濟合作發展委員會1966 年版，第 16～20 頁。

學科與實習並重。當時招收了海外華僑及華裔青年 200 入班，接受了爲期一年的基本技術訓練，1965 年第一屆畢業，返回僑居地後，可以本其所學，從事農工實務工作。〔註61〕其次爲「語文教育」。爲方便海外未諳中國語文的華裔青年來臺研習，僑委會讓師範大學附設的「國語訓練中心」予以訓練，後於 1964 年起請臺灣省立國語實驗小學附設中國語文研習班，鼓勵僑胞回臺訓練。該班分爲一年兩期，訓練學生達到對中國語文的熟練運用，及明瞭中國歷史地理概況。輔仁大學國語中心也有類似的訓練。

第三節　科學計劃：富國強兵的有利武器

在現代社會，科學技術是一個國家或地區發展強大的關鍵。根據國民政府審計部的統計，1951～1961 年間，美國對臺灣技術援助的金額總計達 1721.8 萬美元。

表 3.8：各行業所獲金額與比例〔註62〕：

類　　別	到達金額	百分比
農業	3616	21%
工礦業	819	4.8%
交通	359	2.05%
公共衛生	1645	9.6%
教育	5122	29.7%
公共行政	828	4.8%
勞工	19	0.1%
社會福利	8	0.05%
其他	4802	27.9%
總計	17218	100%

單位：千（美元）

〔註61〕梁樹聲：《僑生教育政策及其實施》，《教育與文化》，第 326 期，1965 年 1 月 25 日，第 22～23 頁。

〔註62〕《美援技術協助計劃檢討報告》，臺北：中研院近代史研究所檔案館藏檔案：B64-24.1。轉引自杜繼東著：《美國對臺灣地區援助研究（1950～1965）》，南京：鳳凰出版社 2011 年版，第 114 頁。

　　20 世紀 50、60 年代，臺灣在大力發展科技的時候，得到了美國的援助與指導。「美國對臺灣教育的影響，尤其是科學教育方面，則在美援結束後的數十年間不斷地呈現在臺灣的學校教育中。」〔註63〕直到 1979 年臺灣教育部成立「科學教育指導委員會」進行新教材編寫之前，臺灣中等學校使用的自然科學教科書多是譯自美國所研發的教科書，且幾乎是全盤採用美國 1960 年代開發的科學教材。〔註64〕例如 PSSC 物理高中教科書、CHEMS 化學教科書以及 BSCS 生物教科書等都是翻譯自美國的教科書。市面上一些通俗性科學讀物也有不少翻譯自美國出版的科普書籍。大學中許多自然科學方面的教師，通過許多不同方式，自美國取得學位回臺；實驗室的器材也多由美國進口。

一、高等科學教育計劃

　　這裡的「高等科學教育」指的是與臺灣利益密切相關的高科技發展計劃。1953 年美國艾森豪威爾（Eisenhower）總統在聯合國提出「原子和平用途」，期望與國際共同分享原子科學技術知識，並建立國際性的科學合作關係。於是教育部立即對海外華人科學家的研究情況進行調查並請求美國支持原子科學技術。1954 年 5 月 14 日外交部收到美國政府的「中美民用原子能協定」（Sino-American Civic Atomic Energy Cooperation Agreement）草約。當時教育部長張其昀與國防部長俞大維均主張應設立一專職機構負責原子能計劃。同年 6 月 2 日原子能委員會成立，由張其昀兼任主委，7 月簽訂了《中美民用原子能協定》，美國原子能委員會同意負擔一半經費在臺灣建立原子反應堆。當時清華基金也準備清華大學在臺復校工作，且根據蔣介石在 1955 年 8 月在國防會議上的決定，將原子反應爐設在剛剛復校的國立清華大學校園內，屬清華大學原子研究所，1960 年 12 月落成。1957 年 11 月清華大學校長梅貽琦赴美洽購清華大學研究用原子反應器，在 1958 年 3 月和奇異公司簽訂價值 70 萬美元的池式原子反應器的購買合約，同時聘得多位留美以及外籍科學家次年來臺講學。

　　這期間臺灣的科學研究與國防之間的連結逐漸形成，在急需原子能科學人才，而臺灣在短短數年間來不及培養足夠人才的情況下，政府意識到這個問

〔註63〕傅麗玉：《美援時期臺灣中等科學教育發展（1951～1965）》，《科學教育學刊》第十四卷第三期，2006，第 333 頁。

〔註64〕吳大猷：《我國科學教育的回顧與前瞻》，收錄於《教育問題》，臺北：遠流出版1984 年版，第 129～136 頁。

題，於是決定由教育部出面向海外延攬科學人才。1958 年 7 月同時兼任清華大學校長的梅貽琦就任教育部長不久，受到蔣介石召見；蔣期望通過他在短期內招募海外科學家來臺，以利於推動美援項下的科學相關計劃，尤其是與國防相關的原子能計劃。梅也是剛上任就明確宣示，中小學科學教育的規劃執行由省政府負責，使政府的執行能夠更切合地方中小學科學教育的需要。〔註65〕

中華民國政府在 1949 年遷臺時最重要的目標在於光復大陸，在經濟拮据和國防危機的情況下，學術研究無法得到政府的重視，更談不上對科學教育的重視。1950 年代初期在臺灣的科學界學者已意識到有必要集結力量提倡科學與科學教育。1951 年 5 月 6 日，由周鴻經、鍾盛標、李國鼎、陳可忠、戴運軌、沈濬、潘璞、沙學俊與管公度九位不同科學領域的學者籌備成立中國自然科學促進會（Chinese Association for the Advancement of Natural Science，簡稱 CAANS）。CAANS 的會員涵蓋不同領域的科學家，包括數學、天文、物理、化學、生物、地質、氣象等，其成立宗旨在於加速科學發展與科學普及化，使本土學者與其它國家科學界保持互動。

1953 年一次立法院院會中，立法委員回應當時中央研究院院長朱家驊，請他直接向美援求助，改善中央研究院的研究環境和人員待遇，但並未獲得美方支持，最後朱家驊和董作賓聯名向中基會董事胡適求援，使得中研院得以在南港興建房舍，也促成胡適後來對臺灣學術研究與科學教育的投入。1957 年 4 月吳大猷在中研院士會議中建議政府擬定國家長期發展學術研究計劃，但無具體決議。1957 年 9 月教育部通知 CAANS 擬訂「初步研擬中國學術發展綜合性長期計劃草案」，該草案在 1957 年 11 月 CAANS 年會討論時通過。1958 年胡適函請在美國的吳大猷草擬國家長期發展學術具體計劃，1958 年 4 月胡適將該草案帶回臺灣。〔註66〕

臺灣政府因經費拮据而將該計劃擱置，經過胡適和梅貽琦不斷奔走取得美方支持，直到 1958 年 4 月胡適先生回國後，與梅貽琦、吳大猷等學者積極研擬「國家長期發展科學計劃」，取得行政院長陳誠的支持，且獲得美援機構 ICA 的認可，加上梅在該年 6 月接任教育部長，以科學教育為其施政重點，該計劃才有大幅進展。

〔註65〕《梅貽琦謁總統》，《聯合報》1958 年 7 月 25 日，第三版。
〔註66〕中國自然科學促進會：《一年來之會務消息》，見《科學教育》第三卷第六期，1957b，第 81～82 頁。

　　行政院在 1959 年 1 月 8 日通過《國家長期發展科學計劃綱領》（參見附錄五），並在 2 月 1 日由教育部和中央研究院共同成立「國家長期發展科學委員會」（簡稱長科會），專責執行該計劃，胡適擔任主席、梅貽琦擔任副主席。長科會下分設三個專門委員會：數理科學、生物科學和人文社會，各設召集人與專門委員，負責審定各機關學校填送的科學研究設備需求申請和研究人員的研究補助費，再送美國相關部門審核。〔註67〕「國家長期發展科學計劃」為期五年（1959～1963），長科會最初幾年的經費來源於國營事業、美援的科學教育計劃、中基會及亞洲基金會，主要掌握科學研究事務。而高中科學教育、大一大二的科學教育提升，以及研究所需儀器設備採購則由教育部與長科會協調處理。〔註68〕

　　針對科學教育計劃，美方先後派兩位顧問到臺灣負責執行計劃。第一位顧問 Berkebile 博士於 1959 年 7 月 10 日抵達臺灣，任期從 1959 年 7 月到 1961 年 7 月，負責 A、B 兩項計劃。1960 年 6 月 12 日第二位顧問 Byerly 抵臺後，化學專長的 Berkebile 主要負責 A 分項計劃，物理背景的 Byerly 主要負責 B 分項計劃，尤其是協助清華大學原子反應器工作。兩位顧問都曾與聯合國教科文組織（UNESCO）的科學教育顧問 Saint-Rossy 合作。具備流利英語溝通能力的嚴慶潤是科學教育計劃中美雙方溝通的重要橋梁。他從 1952 年開始任職於 UNESCO 顧問室，協助 Overend 博士成立省立師範大學的視聽教育館，並曾任教於該大學；後來任職於安全分署協助外籍教育顧問推動科學教育計劃長達十多年，幾乎參與了整個美援的科學教育計劃工作，走訪了全臺灣各級中小學校，將外籍顧問帶入教學現場和教師進行面對面交流，但美方科學教育顧問通常只提供建議咨詢但不主導決策。〔註69〕

　　臺灣方面認為，政府遷臺後，科學教育機構先後成立，大力推廣科學教育，成效極大。1954 年成立科學教育委員會，負責推行科學教育工作；1962 年國立臺灣科學館改名為國立臺灣科學教育館，負責推行通俗科學教育；1967 年成立「國家安全會議科學發展指導委員會」，同年「行政院國家長期發展科

〔註67〕《長期發展科學專門委員人選確定》，《中央日報》1959 年 6 月 14 日，第五版。
〔註68〕 Yen Johnson C. *The road to tomorrow: a progress report of United States technical cooperation education projects in the Republic of China, 1952～1959*. Taipei: National Educational Material Center, 1959, p.20.
〔註69〕傅麗玉：《美援時期臺灣中等科學教育發展（1951～1965）》，《科學教育學刊》第十四卷第三期，2006，第 345～346 頁。

學委員」會改組爲「國家科學委員會」，這兩機構均負起規劃與策勵有關科學教育的部分責任。〔註70〕

二、中等科學教育計劃

1951 年臺灣教育部要求聯合國教科文組織提供技術訓練、科學教學、基礎教育、專家來臺、獎學金以及科學圖書資料等多項援助，尤其是科學技術方面。但由於經費問題，僅同意補助基礎教育部分，由聯合國教科文組織派駐臺灣的美籍顧問 E. F. Overend 博士負責。他將基礎教育計劃的重點放在改進國民小學教學環境與教材，尤其是視聽教育方面；在三年任期內引入「五機」，包括電影機、幻燈機、投影機、實物投影機以及錄音機，同時在臺灣師範大學教授視聽教育課程，也與教育廳合作辦理在職人員講習，辦理公費留學考試。〔註71〕雖然因爲經費拮据，聯合國教科文組織遲遲無法補助科學教育，但 1956 年仍然派遣科學教育顧問 Saint-Rossy 到臺灣協助推動科學教育。雖然他的工作推展規模較小，但其辦公室設在教育部內，與部內人員互動非常頻繁，經常協助教育部及提供資源辦理大眾科學活動。Saint-Rossy 在臺任期長達七年（1956～1963），參與許多科學教育相關計劃；尤其在 1959 年美援科學教育計劃推動後，他先後與 ICA 和 AID 駐臺的科學教育顧問經常共同參與科學教育相關的計劃會議、課程修訂、研討會、觀摩會、座談會、教師研習活動，甚至爲中等學校教師授課演講。他在這些方面很具有影響力。

在《國家長期發展科學計劃綱領》公佈之前，CAANS 在 1957 年 11 月第六屆年會決議與省教育廳合作擬訂《發展臺灣省中小學校科學教育具體計劃》，在合約中特別強調該計劃遵奉蔣介石「科學第一」及「科學建國」的訓示而訂定。1958 年 9 月教育部中等教育司擬訂《發展中等學校科學教育計劃大綱》，最後透過 1959 年 2 月正式通過的《國家長期發展科學計劃綱領》，美援科學教育計劃正式啓動，中等科學教育得以納入美援科學教育計劃。由行政運作角度來看，美援中等教育計劃是配合《國家長期發展科學計劃綱領》，在美國國防科學外援政策的局面下，胡適等學者將長期發展學術的目標包裝在主政者蔣介石對於科學的期望之下，加以國防與科學聯結所凸顯的人才

〔註70〕魏明通：《科學教育》，見郭爲藩主編：《中華民國開國七十年之教育（上）》，臺北：廣文書局 1981 年版，第 978 頁。
〔註71〕陳梅生口述：《陳梅生先生訪談錄》，臺北：國史館 2000 年版，第 15 頁。

荒，因而促成 1959 年 2 月該綱領的實施。〔註 72〕

　　美援中等科學教育計劃分爲 A 分項計劃和 B 分項計劃。A 以教學相關事項爲主，涵蓋中小學科學課程與教科書的改編、省立臺灣師範大學的職前科學教師訓練、在職科學教師訓練研習、實驗學校、各年段公立學校設備以及中等學校科學館的建築。B 以研究相關事項爲主，包括實驗室與研究中心的建築、訪問教授宿舍、實驗室設備添購補助、科學人才赴美訓練、科學刊物出版、科學研究參考資料添購補助等。就經費的比例而言，以研究爲主的 B 分項計劃均高於以教學爲主的 A 分項計劃約 1.5 倍至 3 倍之間。〔註 73〕其經費分爲兩部分：美元款項是美國政府的援助，臺幣是中美雙方政府共同支配的款項。從 1959 到 1963 年，美援科學教育計劃美元援款部分，占整個 14 項美援教育計劃金額的 19.43%，僅次於工職教育計劃；而美援科學教育新臺幣援款部分，占整個 17 項美援教育計劃新臺幣援款的 21.36%，僅次於僑生教育。〔註 74〕

　　1958 年 9 月「教育部」中等教育司依據《國家長期發展科學計劃綱領》第六條，擬定《發展中等學校科學教育計劃大綱》，定位中等科學教育的任務爲「注重自然科學，培養科學基礎」、「提倡應用科學，適應生活需要」、「啓發科學興趣，發揮科學精神」，以及「運用科學方法，增進工作效能」。〔註 75〕而發展中等科學教育的目標與實施要點則爲「調整課程教材」、「培養優良師資」、「改進教導方法」和「充實教學設備」。〔註 76〕（具體工作過程見附錄六）

　　1961 年在美援計劃下撥列經費，編輯初級中學數學等實驗教材、教師手冊各 15 冊，計 30 本。該項實驗教材之特色，數學方面係將初中算術、代數、幾何各科混合編輯；初中自然，係將初中博物、理化、生理衛生各科混合編輯。而教材內容，仍依照課程標準編輯，僅編排方式有所不同。〔註 77〕1962 年 11 月成立教育部高級中學數學科和自然學科教材研究編輯委員會，下設數學、物理、化學、生物等四科小組，研究分析美國各科新教材、教師手冊、實驗手冊

〔註 72〕 林宗熙：《臺灣科技政策的歷史研究》，新竹：國立清華大學歷史研究所碩士論文，1989，第 22 頁。

〔註 73〕 傅麗玉：《美援時期臺灣中等科學教育發展（1951～1965）》，《科學教育學刊》第十四卷第三期，2006，第 344 頁。

〔註 74〕 趙既昌：《美援的運用》，臺北：聯經出版公司 1985 年版，第 34 頁。

〔註 75〕 《中華民國科學教育概況》，臺北：教育部中等教育司 1961 年版，第 1 頁。

〔註 76〕 《中華民國科學教育概況》，臺北：教育部中等教育司 1961 年版，第 1 頁。

〔註 77〕 教育部教育年鑒編纂委員會：《第四次中華民國教育年鑒》，臺北：正中書局 1974 年版，第 943 頁。

等資料。〔註78〕科學設備的充實與否對發展科學教育的成敗影響很大。政府有鑒於此，從 1959 年至 1962 年間，在美援協助下，各公立中學先後興建科學館 40 座，科學實驗室 73 間。1963 年起在政府預算中逐年增加編列科學教育經費，補助各校興建科學館、自然科實驗室，充實實驗教學所需設備。〔註79〕

　　到了美援後期，國民黨政府方面的自主性得到了提升，但仍需要美國方面的指導。1964 年 3 月，教育部擬定《發展中等教育六年計劃》，其主要內容為增設初級中等學校、增加國民學校畢業升學機會。本項計劃因涉及籌措財源問題，曾請行政院國際經濟合作發展委員會洽商美援經費協助辦理。〔註80〕1964 年美援運用委員會曾設立學校建築小組，出版《初中校舍建築設備圖說》，並決定了實用、安全、經濟、美觀等原則，分送有關機關參考。後於 1965 年 10 月，邀請聯合國教科文組織學校建築研究中心專家威克瑞博士（Dr. J. D. Vickery）及蘇蘭若博士（Dr. Soriano）來臺考察並舉辦研習會三周。〔註81〕

　　綜觀以上兩個方面，美國援助的確甚是可觀。與之相應的，技術人員也紛紛赴美進修，以下是一份統計表格：

表 3.9：美援資助技術人員出國研習人數（1951～1965）

類　別	人　數	百分比
農業	692	25.6
工礦	656	24.2
交通	141	5.2
公共衛生	202	7.5
教育	477	17.6
公共行政	262	9.7
大眾傳播	208	7.7
軍協	48	1.8

〔註78〕魏明通：《科學教育》，見郭為藩主編：《中華民國開國七十年之教育（上）》，臺北：廣文書局 1981 年版，第 1003 頁。

〔註79〕魏明通：《科學教育》，見郭為藩主編：《中華民國開國七十年之教育（上）》，臺北：廣文書局 1981 年版，第 1006 頁。

〔註80〕方炎明：《國民教育》，《各級各類教育之發展》之四，見郭為藩主編：《中華民國開國七十年之教育（上）》，臺北：廣文書局 1981 年版，第 400 頁。

〔註81〕蔡保田：《學校建築》，見郭為藩主編：《中華民國開國七十年之教育（上）》，臺北：廣文書局 1981 年版，第 758～759 頁。

| 其他（勞工、社會、福利、投資貿易） | 20 | 0.07 |
| 總計 | 2706 | 100.0 |

資料來源：Taiwan Statistical Data Book，1985 年，第 249 頁。

　　然而，1961 年後美國政府重新整頓援外計劃，美援教育援助計劃轉向非正式教育、婦女教育、鄉村與都市貧民教育，對於學校體系的教育援助大幅度降低。〔註 82〕美援科學教育計劃初期以「創造一個符合臺灣實驗室與研究單位最起碼的高級科學家團隊」以及提供實驗室、研究與教學單位必要設備為目標，1961 年後逐漸轉變成為以培訓臺灣的工農業發展人才與設備，使臺灣經濟自足為目標。〔註 83〕同時在因應美國援外政策再次轉變，並加強爭取開發基金貸款的情況下，所有美援教育計劃都必須密切配合四年經建計劃內的教育計劃。因此，1959 年開始原訂為期六年（1959～1964）的美援科學教育計劃，因美援政策改變，在 1963 年教育計劃款項就已經急速縮減到美金八萬元。〔註 84〕

第四節　高等院校：合作交流的資源渠道

　　筆者所認為的美援高等院校教育包括兩個部分：資助臺灣高等院校的發展；資助臺灣學生赴美高等院校留學。

一、美援臺灣高等院校

　　臺灣高等院校包括「國立」和「私立」兩種類別，在此，各列舉多所院校與美援相關項目進行分析。

（一）國立臺灣高等院校

　　國立臺灣大學是美國援助的重中之重。中央研究院院長胡適曾經說道，「集中全力發展一校（以前是北大，當前是臺大）以為學術研究的重心，是胡適推

〔註 82〕Method Francis J. ＆ Shaw Saundria Kay: *AID Assistance to Education: A retrospective study*（prepared for the Development Support Bureau, office of Education, U.S. Agency for International Development）, Washington D.C.: Creative Associates, Inc., 1981, p.30.

〔註 83〕Berkebile J.M.: End-of-Tour Report, air gram of ICA（International Cooperation Administration）, Taipei, Taiwan, August 4, 1961.

〔註 84〕《國家長期發展科學委員會年報》，臺北：國家長期發展科學委員會 1963 年版，第 40 頁。

動學術獨立事業一貫的策略。」〔註85〕1945 年時該校僅有學生 585 人，其後逐年增加。自 1954 學年度起，海外僑生回臺人數眾多，該校僑生人數比例也隨之提高。自 1952 到 1962 年度，十年中用於臺大之美援經費達 2 億 7237 萬 2 千元（包括美金款折成新臺幣與農復會補助經費在內），幾乎與政府在該時期內所撥給該校經費（新臺幣 2 億 8651 萬 5 千元）相等，爲臺灣接受美援最多的學校。美援的協助不僅使臺大在教學、實驗與研究等各方面獲得改善，促成此一最高學府之現代化；並因學生和教職員宿舍的不斷興建，校區道路、煤氣、水電等公共設施的改良，使臺大能容納較未接受美援時一倍以上的學生。臺大對於美援經費運用的最大效果，使得臺大有能力從事各項高深科學之研究、培養優秀人才。〔註86〕「胡適在美國經常代表臺大與美國各大學，例如哥倫比亞大學醫學院、康乃爾大學農學院等，商洽與臺大合作的可能性。」〔註87〕

臺大教師赴美進修人數最多，例如，1954 年國立清華大學以基金利息項下資送臺大教師「出國」，待遇與中基會補助者相同。此外，由本校直接選送或推薦出國進修、研究與考察的人數非常多。如美援技術項下之資送，國際原子能總署之資送，「國家科學委員會」（及其前身「國家長期發展科學委員會」）之資送，美國在華教育基金會之資送，世界衛生組織之資送，中華醫藥董事會之資送，亞洲協會之資送，以及美國哈佛燕京社設置之訪問學人計劃（Visiting Scholar Program），文學院與美國華盛頓大學合作計劃，農學院與美國加州大學及密西根州立大學合作計劃，均先後由本校選送教員或職員出國進修。〔註88〕1967 年左右，臺大經濟系全系 29 名教員，就有 7 位曾得到富布萊特獎學金的資助赴美進修，另外還有兩位當時正在美國進修。〔註89〕

臺大與美國高校開展了廣泛的農業合作。從 1954 年 10 月 27 日起，農學院與美國加州大學合作開展爲期三年的合作，至 1957 年 10 月 26 日期滿；在

〔註85〕楊翠華：《胡適對臺灣科學發展的推動：「學術獨立」夢想的延續》，《漢學研究》第 20 卷第 2 期，2002 年 12 月，第 333 頁。

〔註86〕參見《臺灣大學歷年來接受美援運用成果檢討》，臺北：行政院國際經濟合作發展委員會 1966 年版，第 17 頁。

〔註87〕楊翠華：《胡適對臺灣科學發展的推動：「學術獨立」夢想的延續》，《漢學研究》第 20 卷第 2 期，2002 年 12 月，第 330 頁。

〔註88〕國立教育資料館主編：《中華民國大學暨獨立學院簡介》，臺北：大聖書局 1973 年版，第 3 頁。

〔註89〕*Ten Years of Educational Exchange* ,Taipei: United States Educational Foundation in the Republic of China, 1967, p. 14.

合作期間，先後由加州大學選派顧問共九人來校，同時依約由臺大農學院分期選送教員出國進修。〔註90〕1960 年 7 月 25 日起，本校農學院及省立臺中農學院（現爲中興大學農學院）與美國密歇根州立大學開始合作，合作期限原訂三年（1963 年 7 月 31 日止）；其後經協商將合作期限延長一年，至 1964 年 7 月 31 日；1966 年起，臺大與該校進行了全校性的合作。〔註91〕在專業領域方面，臺大也得到了美國專家的指導。以經濟部和該大學合辦漁業生物試驗所爲例。1953 年間，美國國外業務總署駐華分署派漁業顧問李奇博士（Dr. W. H.Pick）來臺考察漁業狀況及漁業教育，曾就考察結果提出報告，認爲臺灣漁業前途遠大，應訓練漁業生物人才以供目前需要，經教育部、經濟部、臺灣大學及有關方面商討，同意在臺灣大學動物學系設置漁業生物組，經濟部爲求集中人力，將該部漁業善後物資管理處研究室經費和設備移送臺灣大學，合辦漁業生物試驗所，於 1954 年 8 月正式成立。〔註92〕另外，在語言應用方面，雙方也有交流，美援技術協助委員會原設之英語中心改組爲語言中心後，自 1965 年 1 月 1 日起，由臺大與行政院國際經濟合作發展委員會合辦，以臺大爲主辦機關。〔註93〕

　　國立清華大學與美援的關係主要在於科技方面的合作與交流。1955 年臺美雙方訂立原子能和平用途協定，國民黨政府決定設立原子科學研究機構。12 月行政院組設清華大學研究院籌備委員會，勘定校址於新竹，籌劃復校，創辦原子科學研究所。1961 年 4 月，經過兩年半時間，興建具有 1500 瓦功率的水池式核子反應器（原子爐）一座，完成初步臨界運轉；經過 6 個月多次各項性能測試，於該年 12 月正式舉行落成典禮，開始作業。〔註94〕美國原子能委員會爲推進中美原子能科學研究合作事宜，特由阿岡國家研究所加速器部主任鄧昌黎博士等一行五人，於 1965 年 2 月間來臺，就該校對原子能和平

〔註90〕國立教育資料館主編：《中華民國大學暨獨立學院簡介》，臺北：大聖書局 1973 年版，第 64 頁。

〔註91〕國立教育資料館主編：《中華民國大學暨獨立學院簡介》，臺北：大聖書局 1973 年版，第 64 頁。

〔註92〕教育部教育年鑒編纂委員會：《第三次中國教育年鑒》，臺北：正中書局 1957 年版，第 639 頁。

〔註93〕國立教育資料館主編：《中華民國大學暨獨立學院簡介》，臺北：大聖書局 1973 年版，第 65 頁。

〔註94〕國立教育資料館主編：《中華民國大學暨獨立學院簡介》，臺北：大聖書局 1973 年版，第 126 頁。

用途之推廣、對外技術服務、該校有關原子能合作研究人事經費等具體技術問題交換了意見，經協定合作研究為期一年。對該校的研究工作頗有裨助。同年秋，美國原子能委員會主任委員薛保格博士等一行訪臺，來校考察合作研究，對績效深表滿意，特再延續合作。〔註95〕

國立政治大學也獲得了多項的美國援助。首先是與美國大學的合作，1962年1月，本校與美國密歇根大學合作，於臺北市金華街設立公共行政及企業管理教育中心，舉辦公共行政及企業管理教育與在職訓練。〔註96〕合作期間，美國密歇根大學先後派遣有關公共行政及企業管理的學者專家，於中心成立顧問團，協同策劃有關研究、教學及在職訓練等工作。同時，該校設立規劃委員會，負責審議及規劃中心工作。該中心設立於臺北市金華街，臺灣政府動用美援相對基金，先後興建大樓三座，以供辦公、舉辦在職訓練，從事教學、研究、咨詢服務，及設置專業圖書館之用。並於合作期間，陸續選送教員24人赴美國密歇根、匹茲堡、哈佛大學進修或考察，回國後在政大任教。設備方面，中心設有IBM電子資料處理機器全套，及美國ETL電子語言教學設備等，專供輔助教學及供應之用。另於正規教育方面，該校並先後設立公共行政，企業管理學系及研究所，並積極推行政府及工商企業機構在職訓練。合作約於1965年6月底屆滿，雙方對合作成果均深感滿意。〔註97〕藏書方面也得到了美國方面的饋贈，1955年復校一年時，圖書激增，一方面是在臺和到境外選購的結果，另一方面為境外各大學和機關的贈送。關於後者，由於該校過去曾與美國各大學及各學術機關密切合作，一經復校，各方即紛紛贈書，美國密蘇里大學和亞洲協會贈送書籍達千餘冊，美國國會圖書館將1948年以來之官文書一百餘箱，運送該校存用，嗣後之新資料每月約有三、五箱陸續運來，估計至1965年7月止，圖書約達三萬冊。〔註98〕

國立臺灣師範大學，前身為臺灣省立師範學院，成立於1946年6月5日。後各科系不斷成立，1953年2月，增設工業教育學系，同年8月增設

〔註95〕 教育部教育年鑑編纂委員會：《第四次中華民國教育年鑑》，臺北：正中書局1974年版，第787頁。

〔註96〕 國立教育資料館主編：《中華民國大學暨獨立學院簡介》，臺北：大聖書局1973年版，第84頁。

〔註97〕 教育部教育年鑑編纂委員會：《第四次中華民國教育年鑑》，臺北：正中書局1974年版，第782頁。

〔註98〕 教育部教育年鑑編纂委員會：《第三次中國教育年鑑》，臺北：正中書局1957年版，第532頁。

家政教育學系。該兩系與美國賓州大學簽訂了合作計劃。在美援協助下，設備日臻完善。〔註99〕「其所需經費，由美國國外業務署駐華共同安全分署，在技術援助項下補助。」〔註100〕師大歷年來的經費多用於建築物的增建和設備的添購。〔註101〕美援為該校科系的發展做出了很大的貢獻。改設體育衛生教育學系，「該校體育系於四十三學年度改為體育衛生教育學系，分為體育及衛生兩組，由學生分別選定主修學組。美援計劃方面，自1956會計年度起，兩年內將有美國教師兩人來華協助指導衛生教育設施及教學，並將選派二人赴美進修研究。另由安全分署撥助教學設備及圖書，約值美金五千元。」〔註102〕「該校家政學系為謀改進教學，曾擬訂計劃與美國賓州大學合作，約定互派教員考察及授課，該項計劃刻正進行磋商中，近期內當可簽訂合作合約。另安全分署為協助該校充實該系教學設備，曾於相對基金項下補助專款，作為該系購置教學設備之用。此外並劃撥美金一萬元，充作該系教員赴美研究基金。」〔註103〕另外就是增進該校的學術資源。例如設置「教育資料館」，該館由教育部、臺灣省教育廳及美國國際合作總署中國分署共同策劃，設置於校內。該校為加強語文教學，並鑒於美國近年來英語教學方法之進步，經與美國「自由亞洲協會」合作，在該校新校園內，建立「英語教學中心」一處。該項計劃於英語系一年級設一實驗班，採用美國最新之語音教學法，每周集中授以20小時的基本訓練課程。「如有成效，即為逐漸推廣，以期英語教學在我國能有重大之改革。」〔註104〕

　　以上是臺灣幾所主要的國立高等院校接受美援的情況。此外還有如國立成功大學與美國普渡大學合作，「四十二年六月，前工院得美國援外總署之協

〔註99〕　國立教育資料館主編：《中華民國大學暨獨立學院簡介》，臺北：大聖書局1973年版，第173頁。

〔註100〕教育部教育年鑑編纂委員會：《第三次中國教育年鑑》，臺北：正中書局1957年版，第558頁。

〔註101〕參見《國立師範大學歷年來接受美援運用成果檢討》，臺北：行政院國際經濟合作發展委員會1964年版，第42頁。

〔註102〕教育部教育年鑑編纂委員會：《第三次中國教育年鑑》，臺北：正中書局1957年版，第559頁。

〔註103〕教育部教育年鑑編纂委員會：《第三次中國教育年鑑》，臺北：正中書局1957年版，第559頁。

〔註104〕教育部教育年鑑編纂委員會：《第三次中國教育年鑑》，臺北：正中書局1957年版，第559頁。

助，與美國以工科著稱之普渡大學合作，交換教授，增添設備，擴建校舍。數年以來，顯有進步。原有設備已配合各學科，充分運用。美援所增之儀器設備及參考書籍，陸續運到，學生實習設備，益見充實。」〔註105〕這項合作至1961年12月底止，前後計八年六個月，美金160萬元，新臺幣4000萬元，對於該校之進步，助益甚大。〔註106〕國立交通大學工學院電子研究所，分爲碩士班和博士班，「博士班有研究生11人，博士班師資除利用各種講座延聘國際知名學人返國指導研究，並利用美國國際基金會捐贈購置器材設備俾利研究外，研究生在修業期間，並可派往美國著名大學及公司如麻省理工學院，貝爾電話公司等研習一年，以完成有價值及原始創造性之高水準博士論文。」〔註107〕等等合作項目，在此就不再贅述了。

（二）私立臺灣高等院校

與美國相似的是，臺灣有不少知名的、學術實力雄厚的私立高等院校，它們在戰後也得到了數量可觀的美國援助，得到了大力發展。其中最著名的要屬東海大學和輔仁大學。

東海大學爲基督教在臺創辦的高等院校。國民黨政府遷臺前，基督教曾在大陸創辦過好幾所大學，如燕京大學、東吳大學等；遷臺後，1950年在臺的教會人士和海外華僑，根據需要，向設在美國的基督教大學聯合董事會，申請於臺灣重新設立一所大學，以延續基督教在華的教育工作。〔註108〕這項提議經過董事會的研究，於1953年6月撥款作爲籌備費用，並推葛蘭漢博士來臺主持其事，當即成立籌備處。10月正式奉准成立董事會，推選杭立武博士爲首任董事長，並積極著手選擇校址、擬訂方針。經數次勘察與考慮後，決定接受臺中市政府邀請，以該市西屯區之大度山作爲校園，定校名爲「東海大學」。同年11月11日，適值美國副總統尼克松夫婦來臺訪問，邀請其主持本校破土典禮。後來葛蘭漢博士回美，聯合董事會改推該會執行秘書芳衛廉博士來臺主持建校工作，芳衛廉在臺數月，到1954年春回國。改由陳錫恩

〔註105〕國立教育資料館主編：《中華民國大學暨獨立學院簡介》，臺北：大聖書局1973年版，第228頁。

〔註106〕教育部教育年鑒編纂委員會：《第四次中華民國教育年鑒》，臺北：正中書局1974年版，第788頁。

〔註107〕教育部教育年鑒編纂委員會：《第四次中華民國教育年鑒》，臺北：正中書局1974年版，第806頁。

〔註108〕國立教育資料館主編：《中華民國大學暨獨立學院簡介》，臺北：大聖書局1973年版，第409頁。

博士來臺代表聯合董事會繼續籌劃。〔註 109〕可見，東海大學在臺復校有著與美國密不可分的關係。座落在該校的路思義教堂，位於整個校園的中心，是東海大學的校園象徵；其獨特的造型、簡潔的線條，令人印象深刻。該教堂是美國的《時代雜誌》、《生活》雜誌創辦人亨利‧魯斯爲了宣揚基督教並紀念父親而捐款與建造的，於 1963 年完工，亨利魯斯基金會共撥款 166000 美元。〔註 110〕

　　國民政府在大陸執政時期，1925 年天主教人士在北京創立了輔仁大學。國民黨政權遷臺後，1956 年 7 月，輔大在臺校友會成立，上書教廷呼籲復校。1959 年教宗若望二十三世應各方請求，捐款美金 10 萬，任命于斌總主教爲校長，負責籌備。1960 年 4 月，于斌返臺成立董事會，推樞機主教田耕莘爲董事長，正式向教育部申請，於 4 月 25 日核准。1962 年 1 月設立籌備處，同年九月先成立文學院哲學研究所。〔註 111〕後各系所陸續建立。1967 年 6 月，大學本科第一屆學生畢業，共計 429 人。畢業典禮中，蔣夫人宋美齡女士接受出任本校名譽董事長。7 月董事長田耕莘逝世，12 月耶穌會之徐匯神學院附設於本校，12 月董事會改選，聘宋美齡爲董事，並公推她爲董事長。〔註 112〕輔仁大學新莊校舍，佔地 30 餘甲，1963 年先建有文學院、外語系、法學院、家政學系及理學院男生宿舍五大樓，後來又陸續興建了文、法學院男生第一（忠孝學苑）、第二（仁愛學苑）宿舍，第一、二女生宿舍，理學院大樓、法、理學院辦公大樓、圖書館、綜合教室、社會科學、人文科學圖書館，及理學院之餐廳等大樓。1970 年圓形體育館落成，蔣介石題辭「中美堂」，並由董事長蔣夫人主持剪綵啓用。〔註 113〕由於蔣夫人的美國教育背景和她家庭的基督教背景，被視爲中美文化交流的標誌。〔註 114〕這也賦予了輔大這一層面的內涵。

〔註 109〕國立教育資料館主編：《中華民國大學暨獨立學院簡介》，臺北：大聖書局 1973 年版，第 409 頁。

〔註 110〕Walter Guzzardi Jr., *The Henry Luce Foundation: A History, 1936～1986*, The University of North Carolina Press, 1988, p.27.

〔註 111〕國立教育資料館主編：《中華民國大學暨獨立學院簡介》，臺北：大聖書局 1973 年版，第 430 頁。

〔註 112〕國立教育資料館主編：《中華民國大學暨獨立學院簡介》，臺北：大聖書局 1973 年版，第 431 頁。

〔註 113〕國立教育資料館主編：《中華民國大學暨獨立學院簡介》，臺北：大聖書局 1973 年版，第 431 頁。

〔註 114〕參見石之瑜：《蔣夫人與中國的國家性質——後殖民父權文化的建構》，中央研究院近代史研究所：《近代中國婦女史研究》，第 4 期，1996 年 8 月。

上述兩校外，東吳大學也得到了美方學校的圖書贈送。「美國洛杉磯之加州大學，復與該校訂有贈書合約，隨時將複本圖書選贈該校，其有關美國聯邦與加州近年法院判決之個案研究，均已盡量網羅，堪爲研究英美法之難得資料。」〔註115〕私立中原理工學院也與美國基督教關係密切。1954年春，美籍牧師賈嘉美博士倡議在臺灣創設基督教大學，以基督愛世救人的精神，培養科學與工程人才，以應對國家社會的需要。經臺灣熱心教育的基督信徒鈕永建、張靜愚等先生規劃籌度之後，本院於1955年5月成立。初設化學工程等四系，後經不斷增設擴張，規模日益擴大。〔註116〕總體來說，私立高等院校受援規模不及國立高等院校。

二、臺灣學生赴美高等院校留學

20世紀50、60年代，臺灣學生赴美留學人數眾多，途徑也各有差別，有公費的，有自費的；有公派，有自我申請等等。在這裡，筆者將美援計劃內的留學生和拿到美國政府、大學、基金會贊助的臺灣學生都置於此項的研究範圍，自費留學和資助來源與美國無關的則不作探討。

（一）概況

1949年國民黨政府遷臺後，爲了培養人才，積極辦理留學教育。1948年美國天主教大學欲贈予臺灣高中畢業生全額獎金，由於事實需要，自1950年起，決定凡高中畢業而獲得國外大學四年全部獎學金，並經留學考試及格者，得以出國留學。1950至1955年，每年舉辦高中畢業生留學考試，共錄取655人。1956至1988年因政策改變而停辦。1989年《國外留學規程》修正，資格放寬，高中畢業生也可以出國留學，1990年4月公佈廢止《國外留學規程》，使臺灣留學教育更加開放。〔註117〕大概有以下幾種途徑：

1、高中畢業生留學考試

1950年起，根據事實需要，決定凡是高中畢業，獲得外國大學四年全部獎學金，須經教育部留學考試合格後方准出國。於是當年8月10日舉行第一屆高中畢業生留學考試，錄取了29名學生。後來於1951年4月3日、7月

〔註115〕教育部教育年鑑編纂委員會：《第四次中華民國教育年鑑》，臺北：正中書局1974年版，第804頁。

〔註116〕國立教育資料館主編：《中華民國大學暨獨立學院簡介》，臺北：大聖書局1973年版，第509～510頁。

〔註117〕《中華民國教育統計》，臺北：教育部統計處2006年版，第22頁。

30 日、7 月 31 日，1952 年 6 月 9 日，1954 年 7 月 20 日，1955 年 6 月 18 日、19 日分別舉行第二到第六屆高中畢業生留學考試，錄取了 30、62、109、190、235 名學生，先後赴美入學。

1955 年，于斌總主教與美國醫護學校協商，獲得了 100 名獎學金，其中 10 名給了僑生，剩下的 90 名給了臺灣高中畢業的女學生。教育部於 1955 年 5 月 28 日和 29 日考試，錄取了 180 名，送由美方學校核定 90 名。當年，西班牙政府及天主教道明會也贈予了獎學金 52 名，教育部於 1955 年 10 月 6 日舉行了西班牙獎學金考試，規定高中或專科程度者均可應試。報考者 76 人，錄取了 52 人，先後赴西班牙留學。日本政府自 1954 年起，每年也贈送臺灣獎學金兩名。由於時間倉促，不能夠單獨舉辦考試，於是從第五次高中畢業留學考試中錄取留日學生兩人。第二年也是類似的做法。後來，日本政府贈送的獎學金仍然繼續辦理，除增加名額外，也提高了入學程度，以大專畢業生為限。

2、公自費留學考試

公自費留學考試，指的是專科以上學校畢業的學生，參加自費或者政府公費的留學考試。國民黨政府遷臺後，社會安定後，於 1953 年起恢復這類考試。該年 7 月 15、16 兩日舉行自費和獎學金考試，共 38 門課。每門均須考普通科目四種及專門科目二種。結果除了統計和數學兩門無人合格外，其餘及格者男生 180 名，女生 52 名。

「中央政府遷臺後，公費留學於民國 44 年恢復。初撥專款，並動用清華大學基金部分利息，選送 18 名學生赴美留學；至 49 年始正式編入預算，每年選送公費留學生 10 名出國留學，公費留學自此正式成為國家長程之政策制度。」〔註118〕公費留學考試，遷臺前舉辦過，教育部經行政院核准，自 1955 年國際文教事業和留學經費項下提撥專款，並撥用清華大學基金部分利息，於該年 6 月 18、19 兩日與大專自費和高中獎學金留學考試同時舉行。由於工、農、醫科學生出國機會較多，這次招收的是人文學科和自然科學類的學生。當時報考的有 791 名學生，除地理學、動物學和美術三科考生成績沒有達到標準外，其他各科共錄取了 17 名學生，先後赴美留學。從此以後，公自費留學，每年定期舉行一次。

自 1953 至 1975 年曾舉辦大學畢業生自費留學考試，計錄取 25130 人。因 1969 和 1976 年間，大專畢業生自費留學透過兩種不同方式：其一為根據

〔註118〕《中華民國教育統計》，臺北：教育部統計處 2006 年版，第 22 頁。

《國外留學甄試辦法》，免試出國；其二則爲參加教育部舉辦的自費留學考試，形成機會的不平等。1976 年修正發布《國外留學規程》，廢止自費留學考試及《國外留學甄試辦法》，之後凡合乎《國外留學規程》所訂各項資格者均可申請出國留學，不必經過統一考試。自費留學人數因此有逐年增加，1990年 4 月公佈廢止《國外留學規程》，從此出國留學無需向教育部申請，留學政策全面開放。〔註 119〕

直到 1976 年，教育部認爲自費留學考試已經失去了選拔精英的功能，於當年 2 月 25 日修正公佈《國外留學規程》，廢止自費生留學考試。至於公費留學考試，則變通原有辦法，分爲一般公費留學、國內研究所學生公費出國留學和專題研究公費留學三類。

3、免試與甄試出境留學

國民黨政府遷至臺灣後，積極培養「復國建國」人才，原有《國外留學規程》已經不能適應現實需要。爲適應發展的需要，應當修改留學規程，對出國留學給予便利。1961 年 8 月，在陽明山召開了會議，與會的文教人士對於留學政策的改進有著一致的要求。陳兼院長在該次會談綜合結論中，指示道：今後留學政策，要注重切合「建國」的需要，注重學科與地區的選擇，並以公費留學政策，培養基本科學研究人才；同時根據國家和社會的需要，對自費留學予以補助與獎勵。現行自費留學考試辦法，可以研究改善。留學的青年應在臺灣接受完高等教育，並對外國語文有相當基礎。國民黨當局實施了以上的相關留學政策，便於廣大學生出國留學，赴美留學成爲了其中最重要的組成部分。

（二）人數

「從 1957 年至 1966 年十年中，臺灣每年大學畢業的人數，幾乎增加四倍，出國留學者增加得更快。」〔註 120〕綜合 1950、1960 年代，美國留學生人數佔了當時主要留學國的留學生的 82%以上。這項數據很能反映出美國在各項條件的優越性，她吸引了眾多的臺灣留學生到該國去。「七十、八十年代，每年留學美國的人數更是屢屢打破五、六千人，更是形成美國留學人數獨霸的局面。」〔註 121〕

〔註 119〕《中華民國教育統計》，臺北：教育部統計處 2006 年版，第 22 頁。
〔註 120〕曾萍萍：《噤啞的他者——陳映眞小說與後殖民論述》，臺北：萬卷樓圖書股份有限公司 2003 年版，第 144 頁。
〔註 121〕蔡雅薰：《從留學生到移民——臺灣旅美作家之小說析論（1960～1999）》，臺北：萬卷樓圖書有限公司 2001 年版，第 6 頁。

有學者無奈地感歎道，「據 1968 年行政院主計處統計提要亦可得知：就整個六十年代而言，有將近五分之一的大學生出國留學。雖然出國留學的人口多，回來的人少，而且在美國的生活艱苦，並且將導致家人長期離散，還是有許多人拼命想出去。」〔註122〕下表顯現了當時臺灣留學形勢之昌盛：

表 3.10：核准出國留學人數

年　份	總　計	美　國	日　本	加拿大	德　國	法　國	西班牙
1950	216	213	1	2	0	0	0
1951	340	332	0	7	0	0	0
1952	377	360	0	7	0	2	1
1953	126	120	2	3	0	1	0
1954	399	355	18	14	0	1	9
1955	760	626	97	15	6	0	13
1956	519	410	21	33	3	0	51
1957	479	400	40	18	13	2	0
1958	674	570	68	9	11	1	1
1959	625	521	77	13	4	3	0
1960	643	531	90	10	2	3	0
1961	978	733	186	15	23	8	2
1962	1833	1387	273	78	43	14	9
1963	2125	1685	225	129	33	15	10
1964	2514	2026	267	125	34	12	2
1965	2339	1843	281	111	39	14	2
1966	2189	1696	220	164	24	30	6
1967	2472	2047	167	144	29	21	8
1968	2711	2272	199	107	31	27	17
1969	3444	3015	122	58	54	66	36
總　　計	25763	21142	2356	1062	349	223	167
比　　率	100%	82.06%	9.14%	4.12%	1.35%	0.87%	0.65%

《中華民國教育統計》，1997 年版，第 60～61 頁

〔註122〕曾萍萍：《喑啞的他者——陳映眞小說與後殖民論述》，臺北：萬卷樓圖書股份有限公司 2003 年版，第 143 頁。

　　從以上表格可以看出，臺灣出國留學的學生中，絕大多數是赴歐美發達國家（90%以上）；當然，由於日本與臺灣地理位置接近，又存在特殊的歷史關係，赴日留學的人數也不在少數。其中，赴美留學的人數占到 80%以上，除了美國自身的強大對臺灣學生的吸引力之外，還有美援的相助，解決了留學生經濟來源問題，使得赴美留學的幾率大大增加。而另外幾個發達國家的留學狀況就相對呈現較為低迷的狀態。

表 3.11：1950～1979 學年度留學與返臺就業人數統計表

年度＼別人數	1950	1951	1952	1953	1954	1955	1956	1957	1958	1959	1960
留學生人數	216	340	377	126	399	760	519	479	674	625	643
返臺就業人數	6	17	16	16	21	34	67	62	91	70	47
百分比	2.78	5.00	4.24	12.69	5.26	4.47	12.90	12.94	13.50	11.20	7.31

年度＼別人數	1961	1962	1963	1964	1965	1966	1967	1968	1969	1970	1971
留學生人數	978	1833	2125	2514	2339	2189	2472	2711	3444	2056	2558
返臺就業人數	52	63	95	96	120	136	153	184	226	407	362
百分比	5.31	3.44	4.47	3.81	5.13	6.21	6.19	6.79	6.56	19.80	14.15

年度＼別人數	1972	1973	1974	1975	1976	1977	1978	1979	合　計		
留學生人數	2149	1966	2285	2301	3641	3852	4756	5801	57218		
返臺就業人數	355	445	486	569	722	624	580	478	6600		
百分比	16.52	22.63	21.27	24.73	19.88	16.20	12.19	8.24	11.38		

資料來源：郭為藩主編：《中華民國開國七十年之教育（下）》，臺北：廣文書局 1981
　　　　　年版，第 719～720 頁。

　　相對的，這份表格反映了在臺灣學生積極留學行為之下，返臺就業形勢的慘淡景象；「回國」與「出國」人數的比例基本都是在 1/5 以下，很多年份還不及 1/20，總的比例才 1/10 多點，可謂「有去無還」。

第五節　民間援助：官方援助的補充擴展

美援是全面的，「對於在臺灣六十年代以前出生的人來說，五十年代的美援與中美合作的各種計劃應該都是記憶中，美國人在臺灣的腳印。」〔註123〕美國學者羅伯特・沃爾特斯認為，「如果從受援國的經濟和政治發展受到的影響這個角度來看」，對外經濟援助就是指「通過各種渠道，將一個國家的資源包括資本、技術和人力資源移交給另一個國家」的行為。根據這個定義，官方和私人資源的移交不論其條件如何，都屬於援助之列。〔註124〕筆者在緒論部分也探討過這個問題。前節的主要討論對象是官方美援，本節探討的是民間形式的援助。民間贈予物資始於 1952 年，當時的捐贈主體是天主教會和基督教會，捐贈進口的物資包括豆類、奶製品、麵粉、大米、棉花等，由教會申請和發放，手續上不需要政府參與，發放對象和數量全權由教會團體處理，較為簡單。〔註125〕

涉及到教育援助方面，細細看來，其內容也頗為廣泛，這裡試舉出具有代表性的例子。

一、亞洲協會

近代以來，人類的組織按照功能劃分：首先是政府組織，維持社會的治安與法律，使得社會得以強制或非強制運作；其次是營利組織，主要生產財富，以維持社會必要的生存條件；最後是不屬於前兩者的第三部門，擔負著截長補短和潤滑的作用，完成以上兩部門剩下的工作。美國擁有多種多樣的基金會。在廣泛的意義上來說，基金會是私人財富為大眾福利支出的機構。根據美國最早研究基金會的學者之一愛默生・安德魯斯的觀點，「基金會可以被定義為擁有自身資金的、非政府的、非福利性的組織，被董事和經理所經營，其建立的目的是援助社會的、教育的、福利的、宗教的或者其他為公共福利服務的活動。」〔註126〕

〔註123〕王世榕：《美國亞洲協會與臺灣》，高雄：財團法人亞太綜合研究院 1997 年版，「序文」。

〔註124〕（美）羅伯特・沃爾特斯著，陳源、范塤譯：《美蘇援助對比分析》，北京：商務印書館 1974 年版，第 71 頁。

〔註125〕杜繼東：《美國對臺灣地區援助研究（1950～1965）》，南京：鳳凰出版社 2011 年版，第 97 頁。

〔註126〕F. Emerson Andrews: *Philanthropic Foundations*, New York: The Russell Sage Foundation, 1956, p.11.

　　亞洲協會是一個以捐助款爲主的美國基金會，並以亞太地區爲其活動範圍。自 1954 年在亞太各國設立分會以來，對各該國的政治、經濟、社會與文化的發展有相當大的貢獻，而對臺灣各方面的發展也發揮了一定的影響力。亞洲協會的活動既爲美國對臺援助（民間）活動的一環，因此研究臺灣在六十年代經濟起飛的前後許多不同因素中，亞洲協會的活動也是值得探討的重要研究課題。〔註 127〕亞協自 1954 年於美國加州成立以來，一直堅持自身的宗旨。首先它確認一個自由民主和繁榮的亞太，是亞太地區國家和人民所應追求的目標。美國應該有著責任協助推動此一亞太社區的建立。鑒於美國在第二次世界大戰後，在經濟、科技發展等方面的世界領先地位，「以亞協來協助亞太地區之成長，乃是亞協的使命與責無旁貸之責任。尤其自韓戰開始，冷戰局勢宣告成立，一個自由繁榮的亞洲，也正是抵擋共黨赤化的最佳防禦武器。」〔註 128〕

　　亞協的捐贈者不只是美國的官方組織如國會和美援開發總署，還包括大大小小的企業、個人和基金會，以及外國的官方和非官方機構。「由於捐贈者不同，個別計劃之執行時間和人力有別，因此，亞協就如同律師事務所一樣，必須針對某一個案（工作計劃）詳細列出何人在該案花去多少時間。」〔註 129〕總體說來，亞協與美國之國際援外性的贈款基金會並無很大的不同，一樣地以提供贈款來協助各地的開發；一樣地以教育，人才的培育，社會科學和法制的推動爲其重點工作方向；一樣地重視持續性、發展性，有秩序地和以法制之建立和機構之建立爲工作之方法和策略。〔註 130〕亞洲協會是通過與當地的政府或基金會合作來參與工作的，「這也正是六十年代國際援助形態中『自助人助』的另一種翻版。亞協認爲，所有的計劃，理應在實際上都應由當地人士或機構開發和推動，這是當地的計劃，亞協只是適時地敲敲邊鼓而已。」〔註 131〕

〔註 127〕王世榕：《美國亞洲協會與臺灣》，高雄：財團法人亞太綜合研究院 1997 年版，「序文」。

〔註 128〕王世榕：《美國亞洲協會與臺灣》，高雄：財團法人亞太綜合研究院 1997 年版，第 40 頁。

〔註 129〕王世榕：《美國亞洲協會與臺灣》，高雄：財團法人亞太綜合研究院 1997 年版，第 121 頁。

〔註 130〕王世榕：《美國亞洲協會與臺灣》，高雄：財團法人亞太綜合研究院 1997 年版，第 43 頁。

〔註 131〕王世榕：《美國亞洲協會與臺灣》，高雄：財團法人亞太綜合研究院 1997 年版，第 43 頁。

　　1954 到 1965 年是亞洲協會在臺灣工作的第一階段。此階段的工作主要集中於人力資源和教育發展，以期建立現代社會的基本架構。亞協支持的對象內容繁多，如資助大學教授和政府公務員到美國進修。許多年輕的科學家也在此期間到美國參加科學基金會辦的研究計劃。例如，國立清華大學爲了推廣原子能和平用途，分期舉辦各種短期訓練班，亞協也活躍於其中。「第二屆保健物理短期訓練班——五十一年七月間舉辦，由有關機構選派學員三十人（其中並有七人，係經由亞洲協會自香港地區選介前來參加者），接受爲期四周有關放射線防護及原子能應用常識之訓練。」〔註132〕對政治大學新聞系和臺灣大學圖書館系均予以了大力資助。這段期間亞協也開始資助企業管理項目，並爲所有的企管研究提供了起步幫助。〔註133〕「亞協所資助的對象或項目，率多在人才之培育，創新計劃和新制度之設立，因此，這些『軟體』工程之資助，對於爾後臺灣在各方面爆發自立和創新的發展，有著不可忽視的力量。」〔註134〕

　　根據王世榕書中的研究，筆者將 1954 到 1965 年前後亞洲協會教育方面的資助項目列表如下：

表 3.12：亞洲協會對臺教育資助項目

項　　目	年　　限	金額（美元）	內　　容
中央研究院	1954～1979	145,000	協助創立史語所、經濟研究所、民族所、近代史所和美國研究所
財政部	1956～1973	91,000	協助財政部創立賦稅改革委員會和推動有關人才之培訓
家庭計劃與健康教育	1960～1981	85,500	資助師大學校衛生系所，省婦幼衛生所機構
科技教育	1960～1970		資助發行科學月刊，大眾科學月刊等刊物和其他科學教學之工作
社會學發展	1960～1981	62,000	資助設立和推展臺大社會系，東海社會系所和東吳社會所

〔註132〕教育部教育年鑒編纂委員會：《第四次中華民國教育年鑒》，臺北：正中書局1974 年版，第 786 頁。從第一屆到十多屆原子能和平用途短期訓練班中，亞洲協會都經常參與其中，選拔人員或提供資助。

〔註133〕王世榕：《美國亞洲協會與臺灣》，高雄：財團法人亞太綜合研究院 1997 年版，第 60 頁。

〔註134〕王世榕：《美國亞洲協會與臺灣》，高雄：財團法人亞太綜合研究院 1997 年版，第 64 頁。

臺大農推系所	1960～1979	88,000	主要資助臺大農推系所和省農會，教職和推廣人員到海外進修與短期訓練和考察
國際學舍	1954～1956	63,000	資助建造國際學舍以及資助職員赴美考察與進修
科學教育計劃	1960～1965	50,000	提供部分贈款，資助中學理科教師赴美進修
家庭計劃協會	1960～1971	47,600	資助該會於臺北地區舉辦的貧戶家計教育計劃及其他海外考察計劃
中央圖書館	1958～1971	31,700	提供外籍顧問，圖書館人員國內外訓練計劃
中國輔導學會	1960～1972	39,000	資助該會舉辦臺灣輔導人員訓練計劃

當然，亞洲協會並非美國基金會援助的特例。在中國，早期燕京大學接受魯斯基金會（Luce Foundation）捐助，中國基督教大學聯合會（The United Board for Christian Colleges in China）協助大陸各學院和大學；1949 年後，聯合會再度協助臺灣的東吳、中原和東海三所大學。而早期美國傳道團體和洛克菲勒基金會全力協助中國醫藥衛生和醫院之設立，戰後協助臺灣醫學院的重建，醫師在職訓練等等，〔註 135〕這些都是美國基金會對中國的援助。福特基金會重點扶持的是臺灣的校際語言培訓專案，並在幾個亞洲國家設立了有關「中國研究」的獎學金。〔註 136〕

對於這樣一類組織，該作出何等評判呢？有一種對基金會的批判，集中於其海外援助的工作。認為基金會是配合政府的外交政策，是政府的另一隻手臂，與政府唱雙簧。基金會這種對第三世界的援助，這種軟性的訴求和文教方面的援助，根本是在充當美國文化帝國主義的先鋒隊。〔註 137〕

另外一種看法較為相反，凸顯了基金會作用的正面意涵：

> 我個人的看法是，這種說法只有百分之十的正確性。那就是當
> 國外（特別是美國）的基金會伸出援手，願意提供各種赴美國考察

〔註135〕王世榕：《美國亞洲協會與臺灣》，高雄：財團法人亞太綜合研究院 1997 年版，「前言」。

〔註136〕張楊：《冷戰共識——論美國政府與基金會對亞洲的教育援助項目（1953～1961）》，《武漢大學學報（人文科學版）》，第 66 卷第 3 期，2013 年 5 月，第 65 頁。

〔註137〕王世榕：《美國亞洲協會與臺灣》，高雄：財團法人亞太綜合研究院 1997 年版，第 9 頁。

和進修的機會，普通的第三世界「受援」國家，由於貧窮兼一切落後（特別是知識和科技的落後），的確不太可能拒絕這種「好意的幫忙」。可是接受人家「點滴」之「恩」，接受基金會協助的人，難道就一定會被美國社會或文化，或該基金會之「毒化」，因為成為人家的傀儡，或成為乖乖牌？從各國實例來看，結果剛好相反。因此這百分之十的正確性，還得再打個大大的折扣，我個人倒認為這種論點百分之九十是錯誤的。理由是，接受「援助者」，有權拒絕。再者接受「贈款」，也不太可能是該國的最高首長。因此，「學術」或「考察」歸國者，所能發揮的力量有限，怎可能就在思想上或行政上「淪亡」而成為國外基金會的「傀儡」，再說，在一個民主政治的社會，就算最高權力的首長接受贈款，就算他不幸被塑造成「傀儡」，然而，只要該國勵行民主法治，先不說貴為首長每數年要接受選舉的考驗；平時，政府自有制衡之機置，以及民間輿論之監督，「做怪」的可能性是非常低的。以上攻擊，的確誇大了國外基金會的影響力，同時低估了人性和本國人士接受贈款之操守，有點「門縫裏看扁人」的味道。〔註138〕

　　筆者認為，就援助臺灣教育來說，美國基金會的確是做了不少實事，成效也可以看得見，補充了很多官方美援所忽略之處。從美國針對亞洲開展的教育援助項目來看，基金會具有官方機構無法企及的優勢。它擁有相對充足的、可以靈活使用的資金；它可以對內整合知識群體和教育資源，對外使用與受援國長期建立起來的「信任」關係；更重要的是，基金會可以使海外教育項目避開「美國官方介入」的嫌疑，從而推動專案的順利實施。〔註139〕

　　美國推行海外教育項目必須利用美國知識界和教育界的各類專業人員。然而，美國大學中的教育者對於政府控制或政府指導都較為反感，但對接受基金會的資助卻沒有心理障礙。基金會在對外聯絡和溝通方面，也比官方機構更具優勢，能夠為官方教育援助項目提供廣泛接觸受援國私人組織和個人的溝通管道。另外，美國在亞洲地區推行教育援助專案容易引發當地政

〔註138〕王世榕：《美國亞洲協會與臺灣》，高雄：財團法人亞太綜合研究院 1997 年版，第 10 頁。

〔註139〕張楊：《冷戰共識——論美國政府與基金會對亞洲的教育援助項目（1953～1961）》，《武漢大學學報（人文科學版）》，第 66 卷第 3 期，2013 年 5 月，第 66 頁。

府和民眾對於美國官方援助的反感和懷疑。由於教育援助項目的特殊敏感性，特別是在 1950 年代的時代背景下，亞洲絕大多數國家奉行「中立」外交路線，試圖擺脫大國的控制與操縱，對美國官方以任何形式介入當地教育領域都表示懷疑。因此，能否獲得當地政府信任，進而被允許在當地實施相應的教育項目，就成爲美國教育援助項目成功與否的關鍵。在與受援國建立信任關係方面，美國政府對基金會和其他私人志願組織的依賴幾乎是「絕對的」。〔註140〕

二、富布萊特計劃

此項計劃不是完全的民間性質，與美國政府有著密切的聯繫，但顯然不屬於戰後美國對臺灣的官方援助，它直到現今還在運行之中。所以，這裡把它歸類到此部分來論述。

富布萊特計劃是一項國際教育交流計劃，根據時任美國參議員的威廉·富布萊特（共和黨，阿肯色州）的提案於 1946 年設立。這個提案主張將美國政府在海外的二戰剩餘物資就地變賣兌換爲當地貨幣並用來資助美國與當地的教育交流計劃。富布萊特希望通過教育交流促進世界和平、增進相互瞭解，他認爲這將成爲個人、研究機構以及未來領袖之間相互瞭解的必要手段。該計劃是世界上聲譽最高的國際教育交流計劃之一，中國是最早參與富布萊特計劃的國家之一，美國大使司徒雷登於 1947 年 11 月 10 日與當時中華民國外交部長王世杰簽署了協議書。1949 年中華人民共和國成立後，富布萊特計劃停止了在中國大陸的項目，直至 1979 年中美邦交正常化後恢復。1957 年 11 月 30 日該計劃在臺灣恢復，由「美國在中華民國教育基金會」（1979年更名爲「學術交流基金會」）負責運作。

從 1952 年起到 1957 年富布萊特計劃在臺灣重新開始爲止，美國在臺灣的教育交換活動主要是透過史墨法案運作。其主要目的是維持臺灣人民與美國人民的互相瞭解與友善交往，讓臺灣更瞭解美國。對象分成學生、中學教師（teachers）、研究學者（research scholars）、大學教授（lecturers）、專家（specialists）、領袖（leaders）等六類。但是實際上，史墨法案主要是以「專

〔註140〕張楊：《冷戰共識——論美國政府與基金會對亞洲的教育援助項目（1953～1961）》，《武漢大學學報（人文科學版）》，第 66 卷第 3 期，2013 年 5 月，第66～67 頁。

家」、「領袖」的交換活動爲主。1958 年富布萊特計劃在臺灣開始運作之後，屬於教育、學術性質的交換活動，就由富布萊特計劃取代；1962 年以後，兩法案的交換計劃合併。在史墨法案安排下，從 1952 到 1961 年底臺灣共有 198 人前往美國，而美國則有 38 人來臺灣。這些數字不但顯示出當時的交換計劃規模之袖珍，也可反映出美國在臺灣的教育交換活動雖然旨在增進「互相」瞭解；但國民黨政府希望影響臺灣領袖與精英分子、青年對美國的看法，還是多過於美國希望瞭解臺灣。〔註 141〕

表 3.13：史墨法案之交換教育人數（1952～1957）

年 份	學 生		中學教師		研究學者		大學教授		專 家		領 袖	總 數	
	美	臺	美	臺	美	臺	美	臺	美	臺	臺	美	臺
1952	-	5	-	10	-	-	1	-	-	-	4	1	19
1953	-	-	-	3	-	-	-	-	-	-	1	-	4
1954	-	-	-	4	-	-	1	-	1	1	3	2	8
1955	-	-	-	4	1	1	3	-	3	1	4	7	10
1956	-	-	-	2	-	1	1	-	2	4	2	3	9
1957	-	-	-	3	-	1	3	-	2	2	2	5	8
總 計	-	5	-	26	1	3	9	-	8	8	16	18	58

資料來源：趙綺娜：《美國政府在臺灣的教育與文化交流活動（1951～1970）》，《歐美研究》第 31 卷第 1 期，2001 年 3 月，第 126 頁。

　　1957 年「美國在華教育基金會」〔註 142〕成立後，其主要活動就是執行富布萊特教育交換計劃，分成「美國計劃」、「中國計劃」、「其他計劃」三部分。在「美國計劃」部分，它安排美國學者、學生來臺灣學習或研究中國歷史、文學、藝術、哲學等。基金會也提供經費邀請美國教授來臺在各大學教授各種不同的課程。「中國計劃」部分，則是資助大學教授、研究學者、研究生及中學教師等四類人士赴美進修。此外，基金會提供一小部分經費讓臺灣的教

〔註 141〕趙綺娜：《美國政府在臺灣的教育與文化交流活動（1951～1970）》，《歐美研究》第 31 卷第 1 期，2001 年 3 月，第 97 頁。

〔註 142〕美國在華教育基金會於 1979 年 5 月改名爲「學術交流基金會」（Foundation for Scholarly Exchange）。該基金會也代理美國民間團體及一般大學的獎學金在臺灣的甄選工作，例如 Eisenhower Fellowship, Southern Methodist University 的 Graduate Law Fellowship Program, American Association of University Women, Vanderbilt University, Purdue University 等等。

授赴美講授有關中國研究,或是自然科學的課程。在「其他計劃」部分,基金會提供一些臺灣非學術性專家赴美訪問的旅費。

　　到了 1965 年,因為不少臺灣學生得到富布萊特獎學金赴美進修後,滯美不歸,同時,基金會也想有系統地提升臺灣各大學的學術水準,於是決定以包裹計劃(package programs)的方式,整合美國與臺灣計劃的教育交換活動。所謂「包裹計劃」,就是基金會根據臺灣的大學人力所需,選定若干學科為重點學科,然後再從臺灣各大學就這些重點學科所提出為期不超過三年的申請計劃中,擇優補助。每一項計劃包含一位自美來臺授課的大學教授,以及 1 到 2 位臺灣同一學門的大學教授、講師,甚至助教。在美國教授來臺授課之同時,臺灣的大學教師前往美國進修同一學科,待該美國教授在臺授課期滿離開時,臺灣的年輕教授就可以回臺接手。但是 1969 年尼克松總統上臺後,美國政府的教育交換經費大幅縮減,此計劃也只進行到第二梯次結束就無法繼續。不過 1965 年以後,美國在華教育基金會不再對外徵選一般研究生赴美進修,赴美學術交換活動只限於參加富布萊特計劃的大專院校教師。從 1958 年到 1967 年,總共有 92 名臺灣的大學教師與研究學者、168 名學生赴美進修。從美國到臺灣教書的美國大學教師有 132 名,美國學生 142 名來臺讀書。〔註 143〕

表 3.14:富布萊特教育交換計劃(1958～1968)

時　間	大學教授			研究學者		中學教師		學　生			專　家	總　計
	美	美*	臺	美	臺	美	臺	美	臺	臺*	臺	
1958～1959	2	1	-	-	3	-	5	-	-	2	2	15
1959～1960	9	6	6	1	8	-	4	3	4	20	1	62
1960～1961	6	11	-	2	6	-	2	4	1	9	-	41
1961～1962	7	9	4	3	7	2	3	3	5	6	-	49
1962～1963	10	7	4	4	4	-	2	5	3	12	-	51
1962	11	-	-	-	-	-	-	30	-	-	-	41
1963～1964	8	2	3	3	11	-	2	7	4	6	2	48
1963	9	-	-	-	-	-	-	23	-	-	-	32

〔註143〕趙綺娜:《美國政府在臺灣的教育與文化交流活動(1951～1970)》,《歐美研究》第 31 卷第 1 期,2001 年 3 月,第 98～100 頁。

1964～1965	8	2	3	2	8	-	2	6	4	6	-	41
1964	5	-	-	-	-	-	21	-	-	-	26	
1965～1966	7	2	4	3	6	-	5	10	4	3	2	46
1965	3	-	-	-	-	-	-	-	-	-	3	
1966～1967	9	-	3	1	3	-	5	11	7	4	43	
1966	6	-	-	1	-	-	20	-	-	-	27	
1967～1968	10	-	3	1	7	-	5	10	-	36		
總　　計	110	40	30	21	63	2	25	48	48	71	11	469

注：1. 美*指經由 Inter-Country Exchange Program 來臺人數。

　　2. 臺*指只獲得旅費補助赴美人數。

　　3. 1962、1963、1965、1966 等單年數字為來臺參加短期講習的美籍師生人數。

資料來源：趙綺娜：《美國政府在臺灣的教育與文化交流活動（1951～1970）》，《歐美研究》第 31 卷第 1 期，2001 年 3 月，第 126 頁。

三、宗教援助：天主教于斌和毛振翔

　　戰後臺灣的留學教育中可以看到不少宗教人士活動的身影，以天主教人士于斌和毛振翔為例分析。

　　于斌（1901～1978）生於黑龍江，少年時一家人接受了天主教的洗禮。〔註144〕1919 年五四運動時期，由於帶領學生運動，為當局所忌，決定棄俗修道，隨即在吉林神羅學院、上海震旦大學受教。後被派往羅馬新成立的傳信大學深造，取得哲學博士、神學博士學位。1928 年晉升神父，並擔任傳信大學的中文教授和梵蒂岡圖書館的中文圖書管理員，此階段又取得一個政治學博士學位。1933 年 11 月，于斌以公教進行會總監督的身份返國；1936 年被任命為南京代牧區的主教。在大陸解放前夕，于斌於 1948 年 12 月 14 日抵達梵蒂岡，向教皇庇護十二世「報告中國戡亂中在共產黨進攻下之天主教情勢」後，「乘機赴美」。〔註145〕1959 年 11 月，天主教輔仁大學在臺北復校，任命于斌為校長。1960 年初，他從美國回到臺灣。1969 年 3 月被提升為「樞機主教」。1978 年參加教皇保祿六世葬禮時，猝死於羅馬。毛振翔出身天主教世家，先後獲得羅馬傳信大學神學博士、法國里昂大學哲學博士、美國芝加哥蒂葆

〔註144〕于斌：《一條大路通羅馬》，《中國時報》，1978 年 4 月 27 日。

〔註145〕「法新社梵蒂岡訊」，《益世周刊》1949 年 1 月 30 日，轉引自顧裕祿：《中國天主教述評》，上海：上海社會科學院出版社 2005 年版，第 145 頁。

大學法學博士。精通英文外，兼通法、拉丁、意大利、西班牙等文，為天主
教著名神父。

自抗戰時期開始，于斌已經在美國從事協助中國留學生的工作，轄下的
毛振翔、周幼偉神父也在美國從事華僑傳教工作。1942 年，毛神父在華盛頓
特區成立于斌辦事處，從事各種正式或非正式的活動。于斌在第三次訪美時，
覺得有必要擴大中美人民的交流，特別是以其主教身份，強調文化的交流。
經過一番籌備之後，1944 年 5、6 月間，他在華盛頓特區成立了「中國文化學
院」（Institute of Chinese Culture）。中國文化學院日常的業務為舉辦各種有關
中國文化的講座，也辦理協助中國留學生來美及申請獎學金事宜。從其歷次
理事會紀錄看，這個團體的社交性很強，和美國政要之間接著活動、餐會、
書信往來，建立了相當頻繁的聯繫；杜魯門擔任副總統時，也曾數度造訪。
其舉辦的「文化講座」對於溝通中美兩國人民間的瞭解，作出了一定的貢獻。
該學院實際上成了非正式外交的重要機構。

大約從 1942 年以後，毛振翔以于斌代表的身份，即經常從事協助留學生的
工作；1944 年「中國文化學院」成立後，為中國留學生申請獎學金，成為該學
院正式的工作項目，而執行者則為毛振翔和周幼偉兩位神父。但由於對選派留
學生的認知不同，教廷駐華公使黎培理在 1950 年解除了毛振翔、周幼偉、陳之
祿等人在美為中國留學生服務的職務。〔註 146〕這個舉動主要是表明了不贊成在
于斌主持之下，以往那種不分宗教信仰，為中國留學生服務的方式。

于斌 1950 至 1952 年的工作重心仍在華盛頓特區，但是華人主要聚集在
紐約，所以在紐約應成立一個機構，才能名正言順地為華人服務。要成立這
個機構，對于斌而言，經費的問題不大，因為他的人際網絡也就是最好的募
款管道，美籍友人的捐款，是他得以持續在美活動的支持。1950 年于斌剛到
美國時，中國難民問題已經成為美國華人圈中的憂慮，主要原因是國民黨政
權敗退到臺灣，數千名在美留學的中國學生頓失經濟來源，並有傳聞說美國
將遣送這批學生回到中國大陸。當時毛振翔神父尚未被黎培理解除職務，於
是找麥考邁克求助。後來，據說麥考邁克聯合了參議員曼斯斐德（Michael
Mansfield）等親國民黨的議員，為中國留學生籌集了千萬美元的經費，協助
數以千計的中國青年完成了學業。〔註 147〕

〔註 146〕毛振翔：《孤軍奮鬥記》，臺北：三民書局 1986 版，第 167 頁。
〔註 147〕毛振翔：《我這半生》，臺北：東大圖書有限公司 1982 年版，第 295 頁。

1952 年 5 月 20 日，中美聯誼會（Sino-American Amity）成立。〔註 148〕于斌幫助該會成立的目的是聯絡與臺灣友好的美國人，在一些需要的項目上予以協助。其中最重要的，是為從臺灣來美的學生提供獎學金，目標是一千人。除了經濟援助外，他也準備在身體及心靈上對這些來自臺灣的學生給予援助。1952 年到紐約後，即使沒有正式辦公的地方，但于斌的留學生工作已經正式展開了。他率領陳之祿神父自六月開始，每個周末為在紐約附近的青年男女舉行晚會。除了聯誼活動外，還為他們舉辦信仰講座。其中 1953 年 1月至 5 月的講演內容經余葆樂記錄，被保存下來，結集成書。〔註 149〕1953 年11 月，中美聯誼會遷入在紐約河邊道八十六號的新址，該地是紐約安良工商總會所擁有稚暉學校的舊地，安良工商總會以一年四百美金的租金象徵性的租給了中美聯誼會。〔註 150〕1955 年中美聯誼會正式買下了這棟美輪美奐的建築，此後于斌在紐約有了正式的基地。

由於當時美國護士奇缺，因此申請念護士學校的獎學金很容易取得，於是，于斌、陳之祿、李善修等人就積極建議赴美留學的女留學生選擇護理，並代為申請。另外臺灣方面的出國手續也因審查嚴格，造成準留學生不少的困擾，他為此也向時任國民政府教育部長的張其昀寫信，陳說應放寬留學限制。後來張採納了他的意見，放寬了臺灣的留學尺度。

為留學生服務是于斌一生事業中的一個方面，他是從信仰的角度來認識這項工作的價值的。于斌在 1951 年最困窘的時候曾致函毛振翔：「我在華府之講道，一兩人來聽是常事。我們播種，別人灌溉，天主使之成長！堅持下去，主道昌明，樂也何如。」〔註 151〕他在 1953 年寫信給吳漪曼，「次日為父親節，很多青年要我和他們一起出遊，一起吃飯，他們說這是『您的日子』，爸爸的日子也是女兒的日子，那天……你們為我祈福，我同樣為你們祝禱。將是愛情的交流，一直流到天堂和天父的心相契合。」〔註 152〕他將留學生視

〔註 148〕鍾徽橋：《無限懷念于樞機主教》，收錄於《典型常在》，南加州：于斌樞機主教紀念委員會 1998 年版，第 302 頁。

〔註 149〕參見余葆樂：《于斌總主教對留美學生演講集》，香港：友聯出版社 1953年版。

〔註 150〕毛振翔：《我這半生》，臺北：東大圖書有限公司 1982 年版，第 325 頁。

〔註 151〕《于斌至毛振翔函》，1951 年 4 月 22 日，轉引自毛振翔：《我這半生》，臺北：東大圖書有限公司 1982 年版，第 97 頁。

〔註 152〕吳漪曼：《慈暉永沐》，《于斌樞機紀念文集》，臺北：康寧雜誌社 1981 年版，第 97 頁。

爲兒女，而這正是他得以持續工作的動力。在 1955 年留學生服務工作已經完全走上軌道後，他給另一位樞機主教寫信稱，爲能協助中國留學生而感到光榮和驕傲，因爲致力於實現自身信仰的力量。

毛振翔神父之所以被尊稱爲「留學生保姆」，因爲他從 1944 年起，不斷跑遍美國 264 座天主教大學院校，一院一校的爲中國窮苦留學生先後爭取到二千餘名全費獎學金。他常年以一襲長袍、滿頭白髮、四處奔波，做到了許多人都認爲極不可能的事，有著驚人的信心與毅力。「而今全球各地都有毛神父保送出國的留學生，其中頗多卓然有成的才俊之士。」〔註 153〕他在自傳中說道：「我一生爲留美學生、華僑付了不少心血，也爲國家做了不少外交工作。我並不希望得到任何回報，我只希望大家發揮互愛精神，互相幫助，共同建立我們的國家，這是我這一輩子的願望。更深入地說，我是爲耶穌基督而愛大家，並不是爲個人的名利。」〔註 154〕

對於臺灣留學生的獎學金問題，神父們幫助甚多。對於獲得美國大學獎學金的窮苦中學生出國深造，其獎學金幾乎全部是天主教方面贊助的。于斌主教、毛振翔神父、麥克魁安神父都在爲優秀臺灣學生們的赴法、意、美深造奔走。「據說，毛振翔神父是最熱心的一位人物，他特別注重自由職業者子女的挑選，許多醫生、工程師、農藝家、新聞專業者的優秀子女都得到他的選拔而赴海外求學。教育部對於這一批宗教方面的熱心人物的成就是時刻加以配合與協助。臺灣方面一位著名的龔神父就常常爲了獎學金學生出國手續去找張仁家處長幫忙，他們已經能合作無間。」〔註 155〕當時的報紙常報導說，「于斌主教在美國，經常往來紐約華盛頓之間，致力於國民外交，傳教。附帶看顧直接間接由他設法接渡到美國的留學生們。」〔註 156〕「在國外因他老人家的關係和領導，由毛振翔神父、陳之祿神父等通力合作，保送獎學生來美深造，爲數無止數千，而今成家立業，在社會上頭角崢嶸者比比皆是。」〔註 157〕

〔註 153〕聞見思：《毛振翔這位可敬的神父》，《中央日報》，1983 年 1 月 6 日。

〔註 154〕毛振翔：《我是依然苦鬥人》，臺北：東大圖書股份有限公司 1990 年版，第 360 頁。

〔註 155〕邵君燕：《儲備回大陸的教育人才》，《新聞天地》，第 145 期，1950 年 11 月 25 日，第 6 頁。

〔註 156〕姜學新：《于斌在美國》，《新聞天地》，第 155 期，1951 年 2 月 3 日，第 11 頁。

〔註 157〕薛光前：《宏教行道愛國濟世的偉人——敬悼于野聲樞機主教》，《傳記文學》，第 33 卷第 4 期，1994 年，第 33 頁。

對於于斌主教，後來的臺灣學者有如下的評論：

　　樞機看到中西文化交流的重要，他培植人才，送往美歐留學。
他到處找獎學金，無論是美國或是歐洲。幾十年來送出去的留學
生，也有五、六千人。僅美國就有四千多人，這是因爲樞機認爲
二十世紀是太平洋的世紀，而太平洋世紀的重心在美國。這些留
學生中，有多半均爲非天主教徒，可見樞機造就人才是爲國家、
爲民族，是大公無私的。這些留學生目前無論在國內或國外，均
已有好的成就。樞機的理想，要在戰後，建立一個富強康樂的新
中國，一定要有各種人才，而這些人才，一定要有良好的品德和
堅定的信心。〔註158〕

對於毛振翔神父，「毛神父對國家的貢獻，我們都很欽佩，尤其他照顧了
很多留學生，而這些人在美國都很有成就。今天雖然有很多留學生沒有來，
透過報紙，看到毛神父的談話以後，他們應該知道怎樣來回饋我們的國家，
爲我們國家講話，爲我們國家做事，這樣才不辜負毛神父過去對他們的培植。」
〔註159〕

自近代中國開港以來，就有大量的宗教人士進入中國，在教育傳播方面
發揮了相當的功用，實現了中西文化的交流。對於戰後臺灣學生赴美留學，
他們也起到了一定的作用，並爲貫徹自身的宗教理念努力實踐著。但是，我
們不能只看到事物的一個方面，要從援助動機來分析相關行爲背後隱含的深
層意涵。筆者認爲，宗教與政治在某種程度上是不可分的。宗教人士雖然常
常將自身行爲的理由上升至信仰層面，但實質上是爲統治集團的政治利益服
務。于斌和毛振翔等人積極幫助留學生，一則爲國民黨政府培養「反攻復國」
的人才，二則拉攏國民黨政府和美國的關係，更好地幫助天主教的傳播和發
展。「六七百天主教留美學生如果要集體做點表現，卻也是不可小視的一股智
慧集團的力量呢。在國際政治上正醞釀姑息妥協等逆流時，毛振翔神父不辭
勞苦去奔走全美，訪問這六七百由他保送赴美的留美學生，也不失爲我國公
民爲祖國奮鬥的一項英勇愛國行爲。」〔註160〕可以看出，他們也不甘寂寞地
涉入政治領域，並希望借助留學生的力量，爲自身的目的出力。

〔註158〕張興唐：《于斌樞機傳》（三），《中外雜誌》，第 24 卷第 6 期，1990 年，第 25 頁。
〔註159〕毛振翔：《我是依然苦鬥人》，臺北：東大圖書股份有限公司 1990 年版，第
　　　　23 頁。
〔註160〕付琰：《毛振翔訪美》，《新聞天地》，第 379 期，1955 年 5 月 21 日，第 25 頁。

第四章　影響闡釋：美援對臺灣社會變遷的影響

　　論及「影響」，指的是以各種方式來作用或改變人或事的行爲、思想或性質，包括及時的和長遠的。本章按照性質劃分爲經濟、政治、文化、心理效應四個方面，需要指出的是，這種分法不是絕對的，這些效應有時往往會相互交織。

　　本章的論述中，會運用案例分析的方法，並貫穿以人物研究。傳記被認爲是「書寫一個人的歷史」，具有強烈的主觀性；對關鍵人物的個案研究，具有典型性和直觀性的特點，但也常常具有偏見性和記憶錯誤的缺點。〔註1〕無論如何，對於個案的研究能夠更生動地對理論性進行闡發。臺灣學者在《美援下的衛生政策》一文中，認爲大多數研究美援的著作都有個明顯的共同缺陷，「這些研究在質疑美援的政治與社會意義時，大多只引用統計數據與整體政策分析，缺乏更深入的個案研究與分析」。〔註2〕所以，本章的寫作中對這一方法的運用，也不失爲一種探索和嘗試。

〔註1〕Wei-Der Shu, *Transforming National Identity in the Diaspora: An Identity Formation Approach to Biographies of Activists affiliated with the Taiwan Independence Movement in the United States*, Dissertation, Ph.D in Sociology, Syracuse University, August 2005, pp. 114～130.

〔註2〕郭文華：《美援下的衛生政策：1960年代臺灣家庭計劃的探討》，《臺灣社會研究季刊》第32期，1998年12月，第42頁。

第一節　經濟效應：人力資源，獲得還是流失

一、爲臺灣工農業發展提供人才

　　國民黨政權敗退臺灣後，需要大力發展經濟建設，因此就需要物質資源和人力資源兩個方面的補充。美援恰好做到了這一點。

　　　　影響經濟發展的因素不僅有物資資本，而且也有人力資本，即對現代化所需要的人才的培養與訓練。這一點現在已爲越來越多的發展經濟學家所認識。隨著時間的推移，人力資本對經濟發展的決定性作用愈益清楚地顯示出來。然而在很長一段時間裏，這一點並未被大多數發展中國家所認識，它們重視並全力發展的是機器、設備、工程、建築等項物質資本，卻忽視了人力資本對經濟發展的關鍵性作用，將其僅僅視爲文化教育事業的一部分。

　　然而，人力資本這個被許多人所忽視的因素，早在五十年代美國對臺灣經濟援助中即被給予了很大重視，構成了美援的一個重要內容。〔註3〕

　　人才是國家建設必不可少的關鍵性因素，而通過高等教育或職業教育培養出的人才，不僅僅在技術上有利於臺灣建設，在思想觀念層面也使教育建設有所創新。「美援支助我國大批人員赴美留學、接受訓練、從事研究，共計有數萬人之多，參加訓練的計劃達數百種。由於接受了美國的新觀念、新科技，如此我國原有文化的優點才能與現代市場經濟的觀念緊密的接合於一處，這是吾人創造經濟奇跡的主要原因。如果吾人研究經濟只注意統計數字，而忽略了這種潛在的、無形的力量是很可惜的。」〔註4〕以上言論可以看出，臺灣教育建設中美援的運用使得其培養出了大量人才，並進一步促進臺灣經濟社會的發展。

　　美援臺灣教育很大程度上是爲了培養工農業建設人才。「美援對臺的教育援助計劃主要目的在於協助臺灣發展工業與農業的潛力，以促進建設並振興社會經濟。尤其是 1960 年代中期以前，美援的目標都是鎖定在經濟社會重建與經濟自足。」〔註5〕

〔註3〕張健：《美援與臺灣經濟發展》，收錄於資中筠、何迪編：《美臺關係四十年，1949～1989》，北京：人民出版社 1991 年版，第 250 頁。

〔註4〕顏子奎：《美援對中華民國經濟發展之影響》，《問題與研究》1990 年第 11 期，國立政治大學國際關係研究中心，第 97 頁。

〔註5〕傅麗玉：《美援時期臺灣中等科學教育發展（1951～1965）》，《科學教育學刊》第十四卷第三期，2006 年，第 369 頁。

當年臺灣省林產管理局組長徐學訓在美國受訓的經歷讓我們大致瞭解到技術人員的培訓情況。徐於 1956 年 6 月初抵達華盛頓，先到國際合作署（ICA）報到，商談訓練計劃與各項事務聯繫，再到國際中心參加為來自世界各地受訓人員所開辦的講習班，然後到美國農業部林務局參加專業的課程講習。6 月底到 9 月初，在美國國有林第九林區（轄威斯康星、密歇根兩州）考察實習兩個半月，然後在密歇根大學進修四個多月。2 月以後分別在國有林地南部、東南部林區實驗所，喬治亞州水土保持管理處等地研習考察，5 月下旬回到華盛頓。除了到 ICA 會談、報告並辦理歸臺手續外，並至林務局與「國外」農業局會談討論本次訓練成果及應改進事項，還應教育福利部的邀請，前往「美國之音」作錄音訪問。〔註6〕美國受訓的經驗，在當事人的回憶中常常強調個人「精神收穫不在技術收穫之下」，知識和技能的增長，固然有助於回臺後的工作表現，但改革或改進的意見，往往「不能取得其上峰之瞭解與同情」。早期所選派的參加者多為技術專家，「貢獻雖然甚大，但未能發揮最高效能」，只有在機關中上下通力合作的情況下，才能達到技術合作所求的多方進步的目的。因此他們回臺後的建議常是：「今後之中美技術合作似應一改過去偏重技術專家之方式，而多邀請管理之主管參加，其收效或將較目前更為宏大也。」〔註7〕總體來說，參加人員對赴美受訓的成效是相當肯定的。

臺灣電力公司是接受美援技術協助最多的單位，所派遣的赴美受訓人員，大都以技術部門負責實際工作的中級幹部為主體，多為工程單位副主持人以上或部門主管。他們受訓返臺後參加了美援協助的各項工程，如霧社大壩、谷關水力發電、龍澗水力發電、深澳火力發電等，成效顯著，在他們的眼中，「美援技術協助對臺電的貢獻，實深且巨」。〔註8〕

美援單位除了在乎參加人員能運用所學、發揮所長之外，更重視與鼓勵「其用各種文字或口頭方法，將新學識介紹於其他技術人員」，包括演講、寫文章、上廣播電視講談等，也就是說技術知識與技能的傳播是他們的重要任務。他們的努力在美援單位看來，也有助於「促進美國援外政策與運作的瞭

〔註6〕徐學訓：《美國一年》，《中美技術》，第 2 卷第 1 期，1957 年 4 月，第 63～68 頁。

〔註7〕黃人傑：《中美技術合作之我見》，《中美技術》，第 1 卷第 1 期，1956 年 4 月，第 48～49 頁。

〔註8〕黃輝：《美援技術協助對於臺灣電力公司》，《中美技術》第 2 卷第 4 期，1957 年 7 月，第 4～13 頁。

解，達到非技術性媒介之目的」。〔註9〕美援技術委員會幫助他們組織了「中美技術合作研究會」（Sino-American Technical Cooperation Association，簡稱SATCA）。該會於1955年由美援技術協助計劃項下的返臺人員發起，「以交換學術技術，聯絡感情，促進國家經濟、社會、文化建設事業爲宗旨」。〔註10〕其中有不少部會和機關首長，如孫連璿、陶聲洋、高玉樹、劉眞、薛人仰等。該會成立的最初十年活動積極頻繁，經常舉辦座談演講會，並定期出版《中美技術》季刊，內容「偏重於技術性建設文字之介紹，尤注重於國外技術運用於本國成果之檢討，期能在學術上收激揚相勵之效」。《發刊辭》經由美國國際開發總署的散發，使得該刊成爲臺灣少數在國際上發行刊物之一。至1964年，每期的發行量已達2000份，會員則約有1800人。

1963年美國駐華公署署長白愼士（Howard L. Parsons）說道，綜觀過去十餘年美援的助益與臺灣各方面的成長（尤其是工業方面，平均每年的成長率都超過12%），認爲他們已經邁入經濟自足的階段。經濟成長的基本因素在於「人力是自由中國最大的一項資源」，人力、技術所奠定的基礎，令許多外國投資者對潛在的投資機會感到興趣，下一步臺灣社會應該重視的是管理人才的培養。〔註11〕駐華大使賴特（Jerauld Wright）也指出臺灣經濟的未來有賴於「人力資源」的成長。〔註12〕

可見，美援在幫助戰後臺灣建設創造人力資本方面發揮了很大的作用，這些人投入臺灣工農業建設，在專業領域做出了自身的貢獻，爲臺灣經濟發展添磚加瓦。

二、臺灣人才的流失：美援與援美

美援臺灣教育造成了臺灣人才的「入不敷出」。「臺灣在1960年代開放留

〔註9〕 楊翠華：《美援技術協助：戰後臺灣工業化開端的一個側面》，收錄於陳永發主編：《兩岸分途：冷戰初期的政經發展》，臺北：中央研究院近代史研究所2006年版，第282頁。

〔註10〕 楊翠華：《美援技術協助：戰後臺灣工業化開端的一個側面》，收錄於陳永發主編：《兩岸分途：冷戰初期的政經發展》，臺北：中央研究院近代史研究所2006年版，第282頁。

〔註11〕 楊翠華：《美援技術協助：戰後臺灣工業化開端的一個側面》，收錄於陳永發主編：《兩岸分途：冷戰初期的政經發展》，臺北：中央研究院近代史研究所2006年版，第286頁。

〔註12〕 Jerauld Wright, "Sino-American Cooperation Basis for Progress and Friendship"，《中美技術》，第8卷第4期，1963年12月，第1～6頁。

學大門之際，正是美國全力向外吸收人才之時」，1968 年，聯合國發表世界各國和各地區人才外流統計，顯示臺灣人才外流人數高居世界首位，因此學者們將 1960 至 1970 年這段時期，稱爲臺灣的「人才外流時期」。〔註13〕第三章反映戰後臺灣學生留學與返臺的兩個表格，也充分說明了這個問題。

　　由於當時的臺灣留學生大部分留在了美國，造成了人才的大量流失。「國家科學委員會」的美國主要顧問之一 Joseph B.Platt，在 1965 年 3 月的一次會議上提交了一份報告，名爲「學者的移民和臺灣的發展：中美合作」。Platt 指出，臺灣的工資水平低且學術研究環境差，因而留學生回去的人數少也是不難理解的。

　　　　最優秀的畢業生，學術上看，都得到了出國留學的獎學金，無論是來源於政府還是國外的學校。現在，大約每年有 2000 名學生出國接受研究生教育。進一步説，大多數留在了國外。完成研究生學業後回臺灣的數目不能確定，大約在百分之五左右。臺灣最有能力的年輕人將科學和技術人力資源奉獻給了其他國家，主要是美國。這種智慧人才的流失顯示了一個嚴峻的問題。我們可以理解他們不回臺灣的原因。擁有博士學位的年輕人如果進了臺灣某所大學的研究機構，他每月可以拿到 50 到 100 美元的薪水，包括了所有的福利。他在香港和新加坡可以獲得大約五倍的薪水，在美國可以達到十倍。更重要的是，在美國他擁有儀器和同事，並且可以和自己領域最新的發展保持一致。然而在中國，如果他試圖獲得上述的薪水，他至少需要持有兩份工作，並且一周要教書 18 個小時。〔註14〕

　　當時的臺灣學生們爭先恐後地申請到美國去，將其想像成烏托邦的聖地，並作爲自身價值判斷的標準。「未到過美國的人，以爲美國是天堂，尤其是年青一代，都以留學美國爲最高志願。」〔註15〕與之相對應的現象是留學生回臺的比例很低。在 1957 到 1963 年出去的學生中，只有 7% 的人在 1964 年前回到臺灣。〔註16〕有學者感慨道，「臺灣的這種教育，是在爲外國儲才，是向外國作無窮無盡『捐

〔註13〕黃光國：《臺灣留學生出國及返國服務之動機》，《民族學研究所集刊》，第 66 期，1987 年 8 月，第 136～138 頁。

〔註14〕Joseph B.Platt, "Emigration of Scholars and the Development of Taiwan : Chinese-American Cooperation" ,*Development Digest*,April 1966,p.43.

〔註15〕郁克定：《留美學生生活》，《新聞天地》，第 413 期，1956 年 1 月 14 日，第 8 頁。

〔註16〕J. Megan Green, *The Origins of the Developmental State in Taiwan: Science Policy and the Quest for Modernization*, Cambridge，Massachusetts: Harvard University Press, 2008, p65.

血』的政策，而非留學政策。」〔註17〕當時有記者在美國觀察到，「這裡的中國留學生，根本沒有看中文報紙的習慣」，一年到頭也絕不會主動去臺灣駐美領事館，更加令人感慨萬千的，是他們說「我不想回臺灣」這樣的話語。〔註18〕以至於到了1960年代末、1970年代，臺灣試圖發展高新科技的時候，出現了「智識枯竭」的困境，因為回臺的科技人才太少，難以形成群體性的力量。

當時即有人認識到，「我們留外的人才儘管很多，但有些時候會使我醒悟，原來我們只是在為人家作育人材」。〔註19〕幾十年後當學者們反思美援對臺灣社會的影響時也感歎，「過去令吾人感到十分遺憾的是美援是引起我國人才外流的原因之一，在美接受教育訓練的人滯留於美國。」〔註20〕

1960年代的時候，臺灣有大學教授意識到美援是手段，而援美才是結果。

> 頃閱臺北報載立法委員董正之引用美教授「美援即援美」的妙論，對於我們所謂人才外流的憂慮應當得到一些寬慰。據稱立委董正之，日前對行政院施政方針提出質詢時指出：「美援實際上即是援美」。他說：春節中我見到交通大學研究所李恒鉞教授，他告訴我，他與該所美籍教授閒談中，談到美援問題，李教授說：今天台灣的教育發達與經濟建設，皆得力於美援，但該美籍教授頗不以然，且持相反的意見，認為美援的結果，實為援美。他並非故意幽默，更非違心之論，他的解釋是「中國政府全國優秀學術人才隨政府遷到臺灣，培植了下一代優秀學生，升入大學及專門學校，考上留學，又經美國大使館甄別，試驗其語文，選上了最優秀的，送到美國去研究深造，下幾年的苦功，取得碩士博士學位，以後服務美國。這批學生原是中國的人才，他們學成以後，留在美國服務，發揮他們最高的智慧，對美國的太空科學與國防建設，貢獻很大。你看美援的結果，豈不是援美麼。」〔註21〕

〔註17〕陳昭瑛：《臺灣文學與本土化運動》，臺北：正中書局1998年版，第301～302頁。

〔註18〕譚真情：《留美學生有苦難言》，《新聞天地》，第501期，1957年9月21日，第8頁。

〔註19〕陳賢文：《感歎來自加州》，《新聞天地》，第510期，1957年11月23日，第10頁。

〔註20〕顏子奎：《美援對中華民國經濟發展之影響》，《問題與研究》1990年第11期，國立政治大學國際關係研究中心，第97頁。

〔註21〕傅啟仁：《中國學者專家在美國》，《新聞天地》，第840期，1964年3月21日，第16頁。

學者們痛心地發現，「人才外流的嚴重是 1960 年代臺灣科學發展所面臨的重要問題」〔註22〕美援成了援美，這種弔詭的歷史現象也許恰好反映了美援的根本目的，打著高尚利他的幌子，但實質上為自身利益服務。

三、美援對臺灣教育的影響

（一）發展變遷

光復後臺灣經濟社會的發展除了自身因素外，離不開美援的大量投入。臺灣經濟的迅速發展離不開教育，而教育的發展又依賴於經濟。〔註23〕學者多從人力資本理論（human capital theory）或現代化理論（modernization theory）出發來討論教育改善人力素質對經濟成長的貢獻。〔註24〕且看以下表格臺灣教育的發展：

表 4.1：臺灣地區教育成長指標

學年	學校		教師		學生		平均每千方公里校人數	平均每位教師任教學生數	每千人口學生數
	所數	1950學年=100	人數	1950學年=100	人數	1950學年=100			
1950	1,504	100	29,020	100	1,054,927	100	41.65	36.35	139.64
1956	2,321	154	45,093	155	1,678,788	159	64.27	37.23	177.71
1961	3,095	206	71,098	245	2,540,665	241	85.71	35.73	226.64
1966	3,457	230	93,232	321	3,253,636	308	95.73	34.90	249.02

資料來源：節選自臺灣教育部：中華民國教育統計指標，1989；轉引自羊憶蓉：《教育與國家發展：「臺灣經驗」的反省》（賴澤涵、黃俊傑主編：《光復後臺灣地區發展經驗》，中央研究院中山人文社會科學研究所，1991）一文，第 140 頁。

〔註22〕楊翠華：《胡適對臺灣科學發展的推動：「學術獨立」夢想的延續》，《漢學研究》第 20 卷第 2 期，2002 年 12 月，第 346 頁。

〔註23〕兩者的關係問題已有不少學者探討，例如認為「經濟成長可能是教育擴張的原因而非結果」。見瞿海源：《社會心理學新論》，臺北：巨流出版社 1989 年版，第 191～193 頁。

〔註24〕參見 Schultz Theodore: "Investment in Human Capital", *American Economic Review*, 51, 1961, p.1～17.和 Inkeles, Alex and David H. Smith *Becoming Modern*, Harvard University Press,1974 兩文的論述。

從以上表格可以看出，美援期間，臺灣的學校、學生、教師等教育指標都有了較大的增長，雖然不完全是美國援助的功勞，但美援也發揮了相當大的作用。

戰後的 1950 到 1960 年代，美蘇兩個超級大國在世界範圍內爭霸，美國積極培植和聯合第三世界地區親西方的本土資產階級精英，以美國社會作爲現代化模板，打造一個在政治、經濟、軍事、文化、意識形態等諸領域都高度依附於自身的社會結構。美國在臺機構不斷利用美援教育機制，以人員培訓、人才交流等名義培養在臺代理人及其政策執行者。

美國積極地對臺灣高等教育進行改造，引進美國學制與教科書，廣泛設置獎學金吸引臺灣學生赴美留學，培養了一代又一代親美派的資產階級知識精英。正如一位臺灣學者所描述的那樣，「美國新聞處」成爲現代派文學與藝術重鎮，《學生英文雜誌》成爲中等學校以上學生必讀的課外讀本，「美國之音」是學習美語和接觸美國通俗文化的重要園地，中文版的《今日世界》以極其低廉的價格散佈在臺灣社會的各個角落，成爲在窮鄉僻壤打著赤腳的孩子們接觸美式現代化生活的窗口。〔註 25〕美國的影子鐫刻在那個時代臺灣人的歷史記憶中，如烙印般揮之不去。

潛移默化之中，美國援助影響了臺灣的教育體制。臺灣作家陳映眞闡述道：文化上，美國在戰後根本改造了臺灣的教育結構，透過教科書、派遣研究人員、到美留學，完成了臺灣教育領域——特別是高等教育領域——中的美國化改造。美國新聞處、好萊塢電影、美國電視節目、美國新聞社的消息，基本上左右著臺灣文化，並且持續、強力地塑造著崇拜美國的意識。在 1960 年代，美國自由主義被當時『進步』知識分子奉爲經典，美國的流行音樂、美國的抽象主義、超現實主義藝術和文學支配臺灣的文藝界達十數年之久。大量的留學生從 1960 年代起湧向美國，並滯留不歸。甚至在臺灣的英語教育，也是純粹的美國腔調。〔註 26〕

臺灣教育體制的改變極大地影響到了知識分子的態度，形成親美的傾向

〔註 25〕王梅香：《肅殺歲月的美麗／美力？戰後美援文化與五、六〇年代反共文學、現代主義思潮之關係》，臺南：成功大學臺灣文學研究所碩士論文，2005 年，第 36 頁。

〔註 26〕陳映眞：《美國統治下的臺灣——天下沒有白喝的美國奶》，原文發表於《夏潮論壇》雜誌，1984 年 6 月，收錄於陳映眞：《陳映眞作品集 13・美國統治下的臺灣》，臺北：人間出版社 1988 年版，第 11～12 頁。

性。美國文化和意識形態的侵蝕，臺灣的知識分子已對美國失去了抵抗力和批判力了。繼日據時期臺胞的民族認同遭殖民化的扭曲之後，又經過了「將臺澎與中國大陸隔絕」的美國對臺政策的扭曲，青年一代的臺胞已發生了「民族認同的異化」。他們竟然否認自己的民族出身，而以帝國主義對祖國的侵略為拯救自己的救生圈。「朝野政客更是可以對一個美國議員來臺而倒屣相迎，並爭相隨著美國對臺政策宣傳的旋律起舞。於是，臺灣政界和學界瀰漫著美國所製造的分離主義的氣候而喪失了中國立場。」〔註27〕教育是一個國家建構國民性的基礎，有著十分重要的意義，影響到人們尤其是年輕一代的世界觀、人生觀。

國立清華大學傅麗玉教授研究臺灣科學教育，她認為從 1959 到 1965 年美援科學教育計劃在臺推動期間，整個美援中等科學教育的推動無法脫離臺美雙方主政者的國防軍事考量，加以美援的教育計劃基本上係以改善受援國經濟為目標，使得當時臺灣中等科學教育的發展是站在美式科學教育與當時臺灣本土的教育體制、升學主義、學校生態文化、政經環境、社會價值觀以及不同群體對科學本質的不同認知的複雜關繫上。但是，美援臺灣中等科學教育計劃在戰後基礎設施建設極度艱難的情況下，使臺灣中等科學教育在 1960 年代逐漸具備基本硬體設施，同時引入科學實驗操作教學，其功不可沒。其深層的意義在於使科學內化為臺灣社會文化與價值。科學教育的發展與提升係植基於科學在整體教育體制與社會價值觀的定位，從中確立整體社會對科學的核心價值與理念，據以進行長期規劃，確保長期發展的方向與目標。〔註28〕綜觀美國對臺灣的教育援助，都滲入了美國的理念。作者以科學教育為例，認為美援的深層意義在於「使科學內化為臺灣社會文化與價值」。

（二）缺陷

美援雖然使臺灣教育得到了發展，但也存在著諸多的缺陷。美國學者 Jacoby 檢討美援的教育計劃，認為其最主要的缺失是教育政策，雖然各項教育計劃均有正面的成果，但在重要教育政策層面並未產生影響力。美援科學

〔註27〕 王曉波：《重建臺灣人靈魂的工程師——論陳映真中國立場的歷史背景》，見陳映真：《陳映真作品集 13・美國統治下的臺灣》，臺北：人間出版社 1988 年版，前言部分第 31～32 頁。

〔註28〕 傅麗玉：《美援時期臺灣中等科學教育計劃之形成與實施年表（1951～1965）》，《科學教育學刊》第十四卷第四期，2006，第 461 頁。

教育計劃在中小學部分有相當高的比例投入學校建築物與硬體設備，而不是教育本身的改革。Berkebile 曾提到當時臺灣相關人員不斷強調改進教學設備、增建科學館，爲的是達到等同美國學校所呈現的學校硬體規模，因而大量美援科學教育計劃經費主要投入到擴增學校建築和硬體設備中。而美籍的科學教育顧問卻不斷強調如何構思教材教法，運用簡單的教材教具加強教學。例如，Berkebile 經常背著一個航空旅行袋到全省做示範實驗，說道：「示範科學實驗未必需要花許多錢，科學原理的呈現也未必需要高級的設備。」〔註29〕成功大學物理系顧問 R.W. Lefler 在 1958 年中國物理學會成立大會發表演講時指出，臺灣中等學校的物理教學，應該讓學生自製簡單儀器進行實驗。〔註30〕

然而當時影響科學教育發展最重要的基本教育體制問題，如學生的科學學習需求、升學考試、師資培育制度等反而未得到應有的經費補助，只是有科學實驗室、科學設備，學生仍然無法得到正常的學習機會。在 1960 年代初期，國際合作總署駐臺分署曾建議進行最根本的教育改革，改變臺灣中小學長久以來以升學爲主導、重學歷而輕技能的教育理念，以幫助臺灣發展，但未被教育部接受。Jacoby 將這種結果歸因於美國派任的教育顧問多是科學專長、不具足夠的教育專業背景，以致無法深入到教育政策面發揮功能。〔註31〕主要的缺失有以下幾個方面：

1、援助偏重基礎設施建設

學校主管感受到，如果只是將經費投入基礎設施建設，是無法確實改善當時臺灣的教育問題的。時任省立新竹中學校長辛志平於 1962 年奉派考察美日中學教育後，曾爲文檢討當時本省中學教育問題，建議校舍設備運用應廢除普通教室的編制，因爲當時每校每班都有一間班級教室，也就是所謂的普通教室。此外，還有各科特別教室和科學館。他發現：當特別教室和科學館增加的時候，普通教室的閒置時間也日漸增加。他以當時美國一般中學可以五間教室辦八個班爲例，建議廢除普通教室，全部採用分科教室，並加強各

〔註29〕 傅麗玉：《美援時期臺灣中等科學教育發展（1951～1965）》，《科學教育學刊》第十四卷第三期，2006 年，第 362 頁。

〔註30〕 胡希明譯：《臺灣之物理教育工作》，《科學教育》，第四卷第五期，1958 年，第 28～29，60 頁。

〔註31〕 Jacoby Neil H., *U.S. Aid to Taiwan: A study of Foreign Aid, Self-Help and Development.* New York: Praeger, 1966, p.30.

分科教室所需設備。〔註32〕新竹中學實施了「流動教室制」，平均每班分配不到一間普通教室，學生背著書包在校園中隨著課堂科目換不同的專科教室，無形中也增加了學生彼此的互動。〔註33〕

　　美援教育計劃提升了臺灣的識字人口數量，在升學考試的壓力下，學生的學習偏重於記憶和反覆學習，使得學校的教學品質難以有效提升。雖然，美援教育計劃的推動，引入美式的研究和教學方法，美籍科學教育顧問以及大量的進口科學設備，短時間內促成一些學校科學設備水準的提升，但也使得年輕一代認識到外國的科學研究水平遠超臺灣，加速造成人才外流的現象。

2、單一的科學師資培育機構缺乏競爭力

　　Berkebile 在任務完成報告中，檢討整個科學教育計劃的缺失和問題。他認為臺灣對於師資培育往往著眼在美援經費的多少，而不是從教育和師資培育的目標進行整體規劃，例如未來入學學生數的教育統計、臺灣的經濟人力需求、師資培育機構的招生人數、教室與實驗室的使用情形。Berkebile 認為應當在當時既有的一般大學廣設教育系或再設另一師資培育機構，以激發師資培育課程活動的改進，有效解決中等學校合格師資嚴重不足的問題。此外，他也建議科學教師的在職培訓應有其他機構參與，不只是將經費集中由一個機構（省立臺灣師範大學）負責。尤其是應該多設置科學教學的咨詢服務機構，由其他教育相關機構或大學負責；這樣可以讓機構之間彼此進行競爭，提升工作品質和人員素質。〔註34〕

3、美援經費核撥制度與人員編制無法配合執行

　　由於公文流程冗長、關卡重重，加以會計制度無法配合科學教育計劃各項活動的進度，導致美援經費核撥遲緩，每一個會計年度的經費往往必須耗費九個月的時間。經常是在會計年度即將結束時才核撥經費，而又必須在最後三個月內結案核銷經費。這些影響到各項計劃活動的進度和品質。例如 1960 年暑假完成規劃且在 1961 年寒假完成辦理的教師研習，直到 1961 年 6 月仍未核撥經費；即使該款項已經在 2 月正式核定給省立師範大學，但在款項未核撥前，師範大學仍然無法支付款項，使得參與的人員和教師感到相當不悅

〔註32〕辛志平：《本省中學教育的幾個問題》，《中央日報》1963 年 9 月 28 日，第九版。
〔註33〕《辛志平校長紀念文集》，新竹：辛志平校長獎學金基金會，1992，第 40 頁。
〔註34〕Berkebile J.M.: End-of-Tour Report, air gram of ICA（International Cooperation Administration），Taipei, Taiwan, August 4, 1961.

而影響士氣。計劃進度拖延的問題嚴重，尤其是當每一位美援工作人員手上有越多的計劃同時進行時，進度拖延的狀況就越嚴重，顯現美援的教育計劃顧問人手相當不足。〔註35〕

4、城鄉教師人力素質分佈不均

科學教師人力素質分佈十分不均勻，優良的科學師資大多集中在大都市的省立中學。整個科學教學相關計劃推動的過程中，教育部、省教育廳以及安全分署人員經常不定期地訪視學校科學教育的狀況，到 1963 年已經實地訪視接受美援補助的高、初中共 113 所。最後教育部、省教育廳以及駐臺分署人員共同評定，一致認為初中部分的績效太差，因此在 1962 年 7 月召開會議，會同四所實驗中心高中的代表，共同討論如何在下一年度採取措施解決初中的科學教育問題。會議決定由四所實驗中心高中為初中教師辦理研習會示範教學，並到初中進行實地訪視，輔導初中學校教師如何使用設備進行實驗室教學。最後受輔導的初中學校教師的反應顯示，初中教師只願意單向地接受輔導人員的教學示範，最容易接受研習會的示範教學，最不願意接受到校訪視。初中教師對於到校訪視的排拒，使得訪視工作難以發掘校內的實際教學問題，使得教師人力素質分佈不均所導致的城鄉師資落差與高初中師資落差的問題更為惡化。在教師專業團體互動尚未成形的環境下，難以發揮督導功能；加以學校與學校之間是站在同等的地位，實驗學校對於其它學校的輔導功能非常有限。

第二節　政治效應：親美政治群體的形成

一、親美派知識官僚的塑造

教育與政治兩者處於互動關係之中。就戰後臺灣來說，「政治影響教育」的例子不勝枚舉，例如：從小學、初中、高中到大學的政治課程（生活與倫理、公民與道德、三民主義、軍訓、國父思想等）；教科書中的政治意識形態；政黨及軍方對教育的影響；濫用行政權力對學生限制等等。「教育影響政治」主要表現在：教育對臺灣民主和政治穩定的影響；教育在培養政治精英方面的功能，為部分人提供向上社會流動及獲得政治精英地位的途徑，更主要的

〔註35〕Berkebile J.M.: End-of-Tour Report, air gram of ICA（International Cooperation Administration）, Taipei, Taiwan, August 4, 1961.

是以高學位將那些原先出身精英背景的政治權利合法化。〔註36〕臺灣國民黨當局就運用教育貫徹自身的執政綱領，並讓領會其教育理念的人充當社會的執政者和參政者。美援對於他們來說，是按照自身需要加以運用的工具，充分表現了他們的意志。

臺灣是受美國影響十分嚴重的地區，表現在社會的各個方面。「從五十年代到八十年代的今天，親美、揚美、依美成為臺灣三十年來主要的政治、經濟和文化政策。」〔註37〕美援的實際效果是，「1950 年，美國對國府恢復軍經援助的同時，主動、連帶地執行著臺灣政權的親美化改造政策。」〔註38〕美援在臺灣民間無形培植親美勢力，造成崇洋心理，更在臺灣形成親美技術官僚，透過軍事、外交、文化、新聞、經濟等管道對臺進行的協助與掌控，造成臺灣社會對美國文化、政治的絕對崇拜。〔註39〕美國的高等教育非常發達，「她的大學吸引來自全球的知識分子，世界上不論富國貧國，都有受過美國大學、研究所、研究機構訓練的知識分子，位居政、經、學、商和軍界要津。」〔註40〕冷戰時期的臺灣就是一個典型例子，許多留美學生回臺佔據了各領域的要職。

臺灣當局所實施的符合實際的經濟政策與發展戰略配合了美援的運用。美援投入於許多國家和地區，效果大不相同，基本成因在於受援地區是否有與之相配的經濟政策和發展戰略。美援正是在這一內因基礎上發揮作用的，如在穩定中求發展；以農業培養工業，以工業發展農業；以非耐用消費品生產為中心的進口替代戰略；基礎設施先行，重視人力資源開發等等。「與此相聯繫，擁有一批幹練的美援運用人員，是美援得到有效利用的重要原因。隨著國民黨政府遷臺，有一大批經濟管理人才集中到臺灣，他們多數曾在美

〔註36〕 具體參見羊憶蓉：《教育與國家發展：「臺灣經驗」的反省》，收入賴澤涵、黃俊傑主編：《光復後臺灣地區發展經驗》，中央研究院中山人文社會科學研究所 1991 年版，第 154～159 頁。

〔註37〕 陳映真：《美國統治下的臺灣——天下沒有白喝的美國奶》，原文發表於《夏潮論壇》雜誌，1984 年 6 月，收錄於陳映真：《陳映真作品集 13・美國統治下的臺灣》，臺北：人間出版社 1988 年版，第 10 頁。

〔註38〕 陳映真：《美國統治下的臺灣——天下沒有白喝的美國奶》，原文發表於《夏潮論壇》雜誌，1984 年 6 月，收錄於陳映真：《陳映真作品集 13・ 美國統治下的臺灣》，臺北：人間出版社 1988 年版，第 14 頁。

〔註39〕 游勝冠：《臺灣本土論的興起與發展》，臺北：前衛出版社 1996 年版，第 157 頁。

〔註40〕 陳映真：《美國統治下的臺灣——天下沒有白喝的美國奶》，原文發表於《夏潮論壇》雜誌，1984 年 6 月，收錄於陳映真：《陳映真作品集 13・美國統治下的臺灣》，臺北：人間出版社 1988 年版，第 7 頁。

受教育，與美國的一套比較合拍，成爲在臺灣運用美援的骨幹力量。另外，國民黨政權出於本身的生存需要，不得不聽從美國進行了一些過去在大陸未敢進行的改革，這也是美援成功的一個因素。」〔註41〕這在無形中改變了國民黨政府的官僚結構。爲了配合美援的有效運用，許多留學美國的技術官僚回臺得到重用，參與到政權中來。蔣介石將經濟決策權交給美援所支持的親美技術官僚，美援開創了技術官僚的問政空間。

美國援助是通過美援機構這個渠道來進行溝通和實現的。「廣義的美援機構，除屬美國國防部管轄的美軍顧問團，美援總署管轄的駐臺分署之外，尚包括指揮前兩機構之美國大使館。國府約聘之懷特公司雖非美國官方機構，但對臺灣有關經建計劃的援款運用負審核、監督之責。」〔註42〕駐臺分署的業務、組織、編制，不但發揮臺灣和美國之間經濟關係的媒介作用，也是美國控制臺灣的情報樞紐。尤其是駐臺分署署長對臺灣發展策略的方向和計劃安排的先後次序，有著重大權力。〔註43〕美援顧問對國府的政策態度及執行措施上，確有明顯的影響。〔註44〕鑑於大陸援助失敗的教訓，美方並不信任國民黨政府運用美援的能力，於是，美援會、農復會、經安會等運用經援的機構、預算，均獨立於國民黨政府的一般行政之外，可以免於立法監督，不必依循文官制度常規，可以高薪〔註45〕聘請有能力的幕僚。這些制度設計可以有效隔絕國民黨傳統官僚對美援的運用，甚至經濟決策的干預。由於美援不僅提供高薪和權位，還包括合作決策的組織空間；美援會等美援所支持的機構，就成爲培養技術官僚的搖籃。

史墨法案中「領袖」與「專家」計劃目的在通過雙方的政治、社會精英分子，在臺灣社會傳播美國文化，甚至東南亞海外華人社區。美國大使館挑

〔註41〕 張健：《美援與臺灣經濟發展》，收錄於資中筠、何迪編：《美臺關係四十年，1949～1989》，北京：人民出版社，1991，第 257 頁。

〔註42〕 文馨瑩：《經濟奇跡的背後——臺灣美援經驗的政經分析（1951～1965）》，臺北：自立晚報社文化出版部 1990 年版，第 222 頁。

〔註43〕 Jacoby Neil H., *U.S. Aid to Taiwan: A study of Foreign Aid, Self-Help and Development*. New York: Praeger, 1966, p. 57.

〔註44〕 Galenson Walter ed. *Economic Growth and Structural Change in Taiwan: The postwar Experience or the Republic of China*. Ithaca: Cornell University Press, 1979, p. 268.

〔註45〕 美援機構待遇爲同級公務員的 4～8 倍，如特任官部長月薪 1400 元新臺幣，農復會主委則高達 10500 元新臺幣。參考香港《自由人》1957 年 7 月 2 日，第 2 版。

選訪美人士的重點在於他們回臺後是否能可靠、有效地對臺灣人民說明美國的情況。以「領袖」身份訪美時間是兩個月，「專家」則是四個月，兩者的差別在以「領袖」身份受邀者，多半是各國政要，或負有重任之領導人物，因爲不能久離職守，所以訪問時間僅爲兩個月。當時受邀者多是臺灣的黨、政決策者（如中央、地方政府高層官員、國民黨高層幹部）和社會上的意見領袖（如新聞記者，企業、婦女、文化界領袖人物，以及大學教授）。因爲他們回臺之後，不但有機會直接向執政當局和其他高層官員報告他們在美國的見聞，也可以通過著書、演講等方式，對學生或社會大眾傳達他們對美國的印象。受邀者返臺之後，美國新聞處會爲其舉辦公開演講，談論其旅美見聞。1961 年在臺灣的美國新聞處還將過去兩年內重要的遊美演講紀錄彙集成冊，書名爲《美國印象》（*American Impressions*），由美國新聞處出版。除了 2000本供應臺灣市場之外，美國新聞處買下 3000 本，送到東南亞華人社區，以廣爲流傳。受邀人自己所寫有關旅美見聞的書籍，美國新聞處有時也會斟酌需要，購買一批，供應東南亞華人讀者。利用史墨法案「外國領袖」或「外國專家」交換計劃名義，邀請赴美訪問的人，在 1950 年代有時任國防部總政治部主任的蔣經國、中央通訊社社長曾虛白、新聞局副局長朱新民、畫家藍蔭鼎、臺灣水泥公司董事長林柏壽、國民黨中央委員會設計考覈委員會主席崔書琴、省政府民政廳長連震東、臺大法律系教授桂裕、英文中國日報（The China News）資深編輯鄭南渭等。在 1960 年代則有臺灣省主席周至柔、監察委員蕭一山、救國團副主任李煥、婦女反共聯合會會長皮以書、聲樂家申學庸、臺北故宮博物院的那志良、譚旦冏、李霖燦諸人與作家林海音、陳紀瀅〔註 46〕等，可以說囊括了臺灣黨、政、文化界的精英人士。〔註47〕

　　美國政府希望派到外國的美國專家、學者、顧問成爲美國的「文化大使」，宣揚美國文化、民主制度；而得到美國政府經費補助來到美國進行教育交換活動的外國人士，能夠瞭解美國制度、技術、價值與生活方式、思想模式，進而對美國產生好感。美國政府期望他們回國以後，利用他們的社會影響力，傳播對於美國的好感，甚至可以把美國的制度、價值、生活方式介紹到各自的國家。

〔註46〕陳紀瀅：《美國訪問》，臺北：重光文藝出版社 1965 年版。共 3 冊，詳細記載了他在 1962 年以「專家」的身份，受邀訪美四個月的行程與見聞。

〔註47〕趙綺娜：《美國政府在臺灣的教育與文化交流活動（1951～1970）》，《歐美研究》第 31 卷第 1 期，2001 年 3 月，第 100～101 頁。

美援塑造的技術官僚們對國民黨政府的決策發揮了很大的影響力。「這種『技術官僚』規劃經濟、領導工業化進程的模式，在海峽兩岸都屢見不鮮。在臺灣的情形尤其明顯，技術官僚或中級幹部的背景，常與美援技術協助脫不了關係，甚至曾任中華民國總統的李登輝、臺北市市長的高玉樹、臺灣省衛生處處長的許子秋等，都有赴美國受訓研習的經驗。二千多名從美國受訓回來的技術人員，不但是引進技術、提升工業化的基層幹部，也是推動美式技能、傳播知識的主要媒介。」〔註48〕隨美援而來的大批美國駐台官員和專屬顧問，與主持臺灣經濟發展的技術官員群體結成了親密的合作關係。美國一般把技術官員（經濟官員）群體視為國民黨政權中的「健康成分」，一向予以支持和扶持。技術官員對國民黨政權內部許多人熱衷於擴充軍隊、發展軍事工業的做法一般持消極態度，他們主張臺灣應首先立足于發展「民生經濟」，美國各駐台機構也以遏制蔣介石集團「反攻大陸」、防止臺灣經濟的軍事化為其工作的基本目標，因此雙方在這個關鍵點上有不謀而合之處。臺灣的經濟官員群體以其經濟實用主義理念、利益中立的地位、專業化和技術化的工作作風，以及歐美教育的背景，很容易與美國援助官員和專家建立親和感，形成密切的合作關係。這種關係，連同美國依靠援助施加壓力的「杠杆效應」，被美國用以強化其影響力向臺灣內部的擴張。〔註49〕

美援所扶植的技術官僚，並不以在美援相關機構的人員為限，也包括接受技術援助出國受訓的政界人士，或在臺接受各項行政革新計劃所培訓的官僚。通常受訓人員不但在各政府機構有較好的陞遷機會，也可成為發揮美國影響力的媒介。許多當權人士曾因美援在美受訓，有助於美國的價值、標準和經驗深入臺灣，對美國而言是政治的果實。〔註50〕美援所扶植的親美精英群體，是美國在國民黨政府內外所創造的合作機制，如美援會雖然直轄於「行政院」，卻受到駐臺分署的經費控制和政治操縱。這些經濟官僚和技術專家不但代表駐臺分署執行其建議和方案，美方也可借著這些官僚表達不同於保

〔註48〕楊翠華：《美援技術協助：戰後臺灣工業化開端的一個側面》，見陳永發主編：《兩岸分途：冷戰初期的政經發展》，臺北：中央研究院近代史研究所 2006 年版，第 291 頁。

〔註49〕杜繼東：《美國對臺灣地區援助研究（1950～1965）》，南京：鳳凰出版社 2011 年版，第 193 頁。

〔註50〕Jacoby Neil H., *U.S. Aid to Taiwan: A study of Foreign Aid, Self-Help and Development*. New York: Praeger, 1966, p. 165.

守舊官員的意見，潛移默化地灌輸美式行政觀念。

美國對臺灣的教育、文化交流活動的對象中很多是臺灣的黨、政決策者，社會上各種意見領袖及年輕學生，也就是現在或者未來的臺灣領袖人物。他們不但是在臺灣傳播美國文化的主要媒介，也是左右臺灣當前與未來走向的關鍵人物。教育交換不僅可以增進他們對美國文化、制度的瞭解，美國政府也希望他們可以把在美國所觀察、學習到的新知識、方法、理念在臺灣付諸實施。美國駐臺官員認為，一般曾經受邀訪問美國的人的視野，都因為訪美時所獲得的新思想、新觀念而擴大。他們訪美回來後，幾乎都比以前更為瞭解美國事物，對美國、美國制度懷有好感，美國在臺官員比較容易接近他們，有些人甚至成為美國官員與臺灣黨、政高層溝通之管道。

為了培植親美的技術官員群體並使他們做出合理的經濟決策，美國人排除了黨務官僚介入經濟決策的企圖。在美援會、農復會和經安會等運用美援的機構中，都是由技術官員與美方人員配合運作，黨務官僚根本插不上手。很多重要決策的制定，包括土地改革、發展民營工業、外匯改革、獎勵投資等，都有「美援使團」人員參與。當然，黨務官僚因自身專業能力不足和語言障礙，要想介入也比較困難。為方便美國人聽得懂，上述機構開會時，官員們一般都用英語發言。這幾個機構的重要實際決策人物大都擁有美國大學的碩士、博士頭銜。1951～1965 年期間，在美援技術協助計畫下赴美研習的臺灣技術人員，占出島研習總人數的 65%。技術官員的崛起使國民黨的構成發生蛻變。到 1970～1980 年代，無論在基層、中層還是上層，「革命精英」和「軍事精英」都不再居於主流，而是由學有專長的技術精英占居主流。同那些黨務、軍特出身的官僚相比，專家學者出身的技術官員專業知識功底扎實，工作較有效率，為政較為清廉，給人一種清新的感覺。由於他們受過高等教育，視野較為開闊，能夠比較理性地接受民間社會要求政治民主的呼聲，主張採取開明的態度和做法。這個群體與在地方公職選舉中逐步壯大的民選官僚群體形成了國民黨內的開明派或改革派，其力量逐漸大過主張維持現狀的官僚群體的力量，從而為政治領導人選擇政治開放創造了必要的內部組織條件。臺灣政治開放過程表明，這兩種政治力量對比關係的變化及其策略互動，是促成臺灣政治轉型的關鍵性變數之一。〔註51〕

〔註51〕杜繼東：《美國對臺灣地區援助研究（1950～1965）》，南京：鳳凰出版社 2011
　　　　年版，第 193～194 頁。

二、本省籍政治精英的培育

美國人不僅僅滿足於與國民黨政府的合作關係，早就對臺灣本省人進行了援助。王育德在書中寫道：

> 現在已經出現國民政府最優慮的情況。中國人要統治臺灣人，必須團結一致堅如磐石，卻發生分裂，偏偏和臺灣人合作，想建立和國民政府對抗的力量。而且有充分的跡象顯示，美國將把他們看作取代國民政府的新生力量，給予援助。〔註52〕

雖然朝鮮戰爭以後，美國援助臺灣的最主要目標是要穩定國民黨政府在臺灣的統治，但是卻從不放過任何一個可以與占全島人口85%的本省人建立友好關係的機會。美國在臺灣的教育交換計劃就是培養本省人對美國的好感，提高本省人政治、經濟、社會地位的工具之一。臺北的美國大使館員會不定期和本省人、特別是本省人政治家會面，打聽一些政治的情勢。其目的是爲了收集從國民黨、或者從媒體上得不到的信息；並試圖和本省人政治家建立管道，防備若有一天政治局勢的改變。在 1950 年代初期，當中華民國政府遴選美援技術合作計劃資助赴美受訓、進修人選的時候，美國經濟合作總署官員總是要求維持外省籍與本省籍之比例爲 1：3，以培植本省籍親美的技術官僚。不過當時臺灣政府執行這項政策並不容易，因爲在日據時代，受過高等教育、學過英語的本省人有限，在政府部門擔任高級主管的本省人也不多。行政院美援運用委員會秘書長王蓬曾向外交部長葉公超抱怨，由於美國官員對省籍比例的堅持，以致找不到合適人選出國受訓。一直等到王蓬承諾臺灣政府會盡量提供本省人初步訓練，讓更多本省人夠資格參加赴美受訓，美國官員才放鬆他們對省籍比例的要求。根據美國政府的統計，從 1951年到 1960 年，本省籍 788 人，外省籍 1143 人（本省與外省的比例約爲 7：10），得到美援技術合作計劃的補助赴美國或其他國家受訓。夏威夷東西中心的交換計劃的獎學金也考慮到省籍比例問題。例如 1961 年 2 月，東西中心第一學期在臺灣挑選的獎學金候選人總共有 12 人，其中 7 人是本省出生的。

史墨法案中的「領袖」和「專家」計劃是美國政府用來籠絡本省籍精英的重要管道，特別是本省籍的政治精英。美國駐臺灣官員每年挑選赴美訪問的「領袖」和「專家」人選時，總是盡量把本省籍人士納入候選者名單。原

〔註52〕王育德著，黃國彥譯：《王育德全集 1・臺灣・苦悶的歷史》，臺北：前衛出版社 2000 年版，第 184 頁。

則上，每十個名額，要保留一名給本省籍人士。雖然在省政府中，本省籍精英人數已經持續增加，但符合其條件的本省人還是不多。有時候好不容易找到了適當人選，最後入選者卻宣佈放棄赴美訪問的機會，因為他們情願留在其原來的工作崗位，以便未來有更大的發展空間。所以從 1951 年到 1960 年，在臺灣總共有 73 人得到史墨法案的獎助赴美，只有 7 人是本省籍，其餘 66 人都是外省籍。

史墨法案與富布萊特法案合併之後，新富布萊特法案中的「國際訪問者」計劃，成為美國籠絡本省籍領袖人物、或是具有領袖潛力人物的最佳工具。事實上，從 1960 年代中期起，美國駐臺官員就預言，「在未來數年內，國民黨政府將面臨領導繼承之危機，雖然情況尚不明確，但是本省人一定會在未來的政府中，即使不是主要角色，卻可能扮演比現在更重要的角色。」 1966 年美國駐臺官員指出，以後他們將盡量按照年輕人、本省人，和出身於臺北以外地區等標準，來挑選「國際訪問者」的候選人。「國際訪問者」計劃就是利用邀請本省籍領袖人物訪美之機會，以表示美國認知他們的角色，與他們建立溝通管道，因為「讓他們認識美國，而且對美國有好感」，對美國國家利益很重要。另外，美國駐臺官員指出，「不管是自費或公費，本省籍政府官員獲得出國許可造訪美國並不容易，但是他們如果有美國政府邀請，出國就比較方便」。而曾參加過美國的教育交換活動的人，對美國都懷有好感，而且也會期望美國給予指導和協助。美國官員在 1969 和 1970 年度報告中，認為「國際訪問者」計劃是「與本省籍領袖建立友善關係最有效而且主要的計劃」。〔註53〕

可見，美國為了確立和鞏固對臺灣的影響力，始終以自身利益為出發點來實施援助。

三、以連戰為例的分析

連戰，1936 年出生於臺灣臺南，祖籍福建漳州。祖父連橫為清末民初一代大儒，著有《臺灣通史》；其父連震東歷任國民黨黨政要職。連戰於 1953 年考入臺灣大學政治系，1959 年赴美國芝加哥大學深造，1965 年獲政治學博士學位，1966～1967 年在美國任教。1968 年返臺任教，擔任臺大政治系暨政治研究所主任。1975 年步入政壇，歷任國民黨中央青年工作會主任、國民黨

〔註53〕趙綺娜：《美國政府在臺灣的教育與文化交流活動（1951～1970）》，《歐美研究》第 31 卷第 1 期，2001 年 3 月，第 118～121 頁。

中常委、行政院副院長、外交部長、臺灣省政府主席等職務。1993 年當選國民黨副主席兼行政院長。1996 年當選中華民國「副總統」，2000 年 3 月作爲國民黨候選人參與「總統」選舉落選。2005 年被推舉爲國民黨榮譽黨主席。在兩岸關繫上，連戰認同「九二共識」，反對「臺獨」，主張發展兩岸關係，致力臺海和平。他於 2005 年 4～5 月，以國民黨主席身份率團訪問大陸，並與前中共中央總書記胡錦濤舉行會談，就促進兩岸關係改善及兩黨交往事宜廣泛而深入地交換了意見，共同發布了「兩岸和平發展共同願景」，提出堅持「九二共識」、反對「臺獨」、謀求臺海和平穩定、促進兩岸關係發展、維護兩岸同胞利益，成爲了兩黨的共同主張。

連戰是當代臺灣一位政壇活躍人物，美國研究生教育的經歷對他後來的政治理念具有深遠的影響。在美國讀書期間，面對許多新事物，他產生了比較的觀念。回臺大教書時，「自美國帶回很多新知識、新觀念及豐富的新教材，教學時更是全心全意投入，使他的課大受歡迎，每次上課不但教室中坐滿了學生，有時連走廊上都有人站著旁聽」。〔註 54〕在美國所學的知識對他的學術發展產生了很大幫助；他從政之後，也在不知不覺中受到此種影響。

以連戰的某些施政目標爲例。1996 年任「副總統」兼「行政院長」時，他把提高臺灣競爭力當成施政重點之一，爲此他專程禮聘哈佛大學著名管理學大師波特到行政院爲官員們授課。波特提議臺灣可以集中力量建設「科技島」。〔註 55〕的確，臺灣面積狹小、人口眾多，普遍受教育程度較高，當時也有不少科學人才，尤其是從美國留學歸來的高科技人才，對於發展高新技術產業是很有優勢的。

另外，「都市更新」的構想是表現連戰重視生活品質提升的重要方面。許多次他下鄉巡視，走過許多舊市區和擁擠骯髒的地方，就會很感慨地指出，新加坡和日本成功地經由都市更新而達到提高人民生活水平、提升都市形象的目的。有一次，環保署長向連戰提出了「都市更新」構想，連就非常讚許，並說早在他於美國芝加哥大學留學時，美國就已經推動了都市更新。這個概念指的是對城市的衰敗地區進行重新規劃，通過保護、修繕、拆遷或重建，

〔註 54〕林黛嫚：《我心永平——連戰從政之路》，臺北：天下文化出版股份有限公司 1996 年版，第 71 頁。

〔註 55〕李建榮：《連戰風雲》，臺北：時報文化出版企業股份有限公司 1998 年版，第 338 頁。

來改變城市中產業和人口的地域分佈，並使城市的物質環境現代化，從而滿足經濟和社會發展的需要。二戰後美國在聯邦政府統一指導下開展了全國範圍的大規模都市更新改造運動，從 1949 年《住房法》頒佈到 1972 年爲止，長達 20 多年。初期以清理貧民窟爲主，演變成中期以商業性大規模開發爲主，到後期發展爲以城市綜合治理爲主。在這一過程中城市更新的地域由東北部和中西部向西部和南部不斷擴大，更新改造的內容也日益豐富，由單一的清理開發變爲清理開發與修繕保護並重。美國總計有 1100 座城市從事了 2800 項更新工程，所涉及的聯邦撥款達 100 億美元，工程的城市用地達 20 萬英畝，其中 8 萬英畝是清理貧民窟所得。這一美國歷史上規模最爲龐大的聯邦政府更新計劃確實取得了較大的經濟效益和有限的社會效益，爲美國經濟的持續發展注入了活力，並對維護美國的社會穩定和對美國城市的地理分佈及城市化進程產生了深遠影響。〔註 56〕

連戰受美國都市更新的啓發，於 1997 年責成內政部研擬完成《都市更新條例》，包括以下構想：1. 臺北市淡水河以東、建國北路以西、市民大道兩側；2. 臺北市南港經貿園區；3. 臺中火車站地區；4. 高雄多功能經貿園區；5. 國軍老眷村改建地區。這是幾個重要的示範點，改造成功後再推廣向全臺。連戰認爲，此項工作基本上和行政革新及經濟改革的理想相配合，對於提高國民生活品質、改善都市景觀、提高土地利用率和帶動經濟發展等方面都有著巨大的價值。〔註 57〕

以上事例可以看出，連戰的某些執政思想深受美國經驗啓發，當年他留學美國的經歷對其人生影響很大。後來，他一直保持與美國政界及多領域人士的良好關係，經常赴美演講、考察等等，活躍在臺灣政壇。

第三節　文化效應：美式價值觀的傳播

歷來有許多哲學家、社會學家、人類學家曾對「文化」一詞下過各種定義，雖然人們對文化的認識多種多樣，對文化概念本身也很少達成一致，但大多數人會同意文化現象的研究對整個社會科學至關重要。文化的定義相當

〔註 56〕 李豔玲：《對美國城市更新運動的總體分析與評價》，《上海大學學報（社會科學版）》，第 8 卷第 6 期，2001 年 12 月，第 78 頁。

〔註 57〕 李建榮：《連戰風雲》，臺北：時報文化出版企業股份有限公司 1998 年版，第 350 頁。

複雜，其意義的界定往往因研究目的的差異有別，故多爲相對性定義。「文化」並不是一種具有一致性、可掌握性，又可加以硬性塑造的物體，而是由生活中一點一滴逐漸積累下來的價值觀，其間所蘊含的是人們自古至今累積的智慧和經驗，不同的生活環境、不同的民族心靈，經過歷史的淘洗，各自形成其獨特的文化特質。〔註58〕美國文化內涵充分反映在其國民性之上。

在對美國國民性格的探索中，我們發現，個人主義和自由平等這兩種被認爲互相衝突又互相補充的價值，構成了討論美國社會的框架。美國是一個極度崇尚個人主義的國家，它鼓勵通過個人努力來爭取機遇、獲得成功。美國著名社會學家和教育家羅伯特·貝拉認爲，「自由也許是美國人最響亮、最根深蒂固的一種價值。從某些方面來說，自由規範著個人生活和政治生活中一切美好的東西。然而自由在現實生活中的意義卻是不讓別人過問自己的事；不許別人將他們的價值、想法、生活方式強加給自己以及在工作、家庭生活和政治生活中不受獨裁專制的統治。」〔註59〕美國人在政治上極善於吸取經驗、改造自我，在科學上注重實驗和應用，在經濟上追求利潤，就是在文學上也少浪漫主義而多現實主義。

每一種文化都有著特有的世界觀和人生觀，因而也形成了獨特的價值觀。價值觀是社會文化的核心部分，文化的差異在很大程度上可以體現在價值觀的不同上。價值觀是一種信念，它的影響是無形的，卻時時深植於人心底。而其規定性決定了人們不僅會按照價值觀行事，也據此來評價他人的行爲。在個人主義價值觀文化中，每個人應該擁有獨立的人格、權利、思想、個性和自由，包括行爲的獨立和思想的獨立。個人成就被看作是評價一個人的最重要標準。美國文化強調個人主義，個人的權利、個人的自由，一個重要的觀念是一切靠個人奮鬥。因此，美國人表現出重視競爭、敢於冒險的行爲模式。美國人不喜歡借用外在標準衡量事物的價值，只要個人喜歡就是價值所在，審美判斷常常等同於個人喜好。這使得美國文化的獨創性明顯、求新逐異特徵突出，導致了強烈的自我中心主義。講究實干與積極主動是美國人生活中的主導模式。在美國文化中，與實幹觀念相伴隨的是佔優勢的忙碌價值觀，某些與忙碌相近的詞語幾乎可用作讚譽之詞，如積極主動、精力充

〔註58〕杜十三：《文化的產業升級》，《文訊》，第133期，1996年11月，第41頁。
〔註59〕〔美〕羅伯特·貝拉等著，翟洪彪等譯：《心靈的習性：美國人生活中的個人主義和公共責任》，北京：三聯書店1991年版，第33頁。

沛、努力工作、開創進取、講究效率等。

美國文化初期爲英國等歐洲文化的翻版，以後在崛起的新觀念和民族精神的支配下，逐步獨立並有了極大的發展。隨著移民文化的彙聚，在新價值觀和新生活方式支配下逐步形成了一種現代文化。它因個人意志化而被普遍接受、因突出的商業化特色而急劇膨脹、因與媒介的緊密聯姻而迅速推廣，隨著經濟全球化的實現而滲透到世界各個角落。而其他任何傳統文化，由於必須面對生產和生活方式現代化的強大趨勢，都陷落在被裹卷下的分崩離析之中。美國文化在這種不可阻擋的全球趨勢中取得了自己的話語霸權。在商業化的浪潮中，美國文化已經大幅度地商業化了，文化價值顯現爲商品價值。藝術成爲純粹的商品，文化的發展追求的是商業效應。可口可樂、麥當勞、好萊塢電影、迪斯尼、多媒體等成爲 20 世紀最具有象徵意義的美國文化。筆者認爲，文化的核心也就在於生活方式和價值觀。下文將分四個方面，論述美援時期美國文化對臺灣社會產生了哪些影響。

一、留學生文學的盛行

這裡所稱的「留學生文學」或「留學生文藝」，都是指留美學生的小說創作。這些小說在當時帶給讀者新鮮的題材，也頗能滿足對留學嚮往的青年朋友的好奇心理。其內容大抵描述了留學生在留美期間遇到的各種不適與苦惱，如心境的彷徨、文化思想上的震撼等，同時交織著才子佳人般的夢幻與情懷。由於此時期的留學生心態不同於以往的留美者，他們都不約而同地帶著以美國爲人生最終落腳地的移根心態，而非短暫過渡的過客心情，小說主調帶著濃厚的思鄉情與離鄉怨，但不少作者新穎的技巧、深刻的筆觸，刻畫了不只是代表少數知識分子的悲喜，而是整個社會的價值取向；對於生活與生命的追尋歷程，也具有文學的普遍性與獨特的藝術美感。1960 年代的留學生小說的時代性強，就現代文學發展的特殊意義來說，絕對有獨特的價值與地位，因爲此時期的留學生小說背後的場景，是那個時代的民族命運與生活的反映，具有存在的歷史條件與價值。〔註60〕「1950 年以後的臺灣，到美國留學深造成爲青年最高的理想」〔註61〕，1960 年代留美小說作者大都在這股留學熱潮

〔註60〕蔡雅熏：《從留學生到移民——臺灣旅美作家之小說析論（1960～1999）》，臺北：萬卷樓圖書有限公司 2001 年版，第 80～81 頁。

〔註61〕蔡雅熏：《從留學生到移民——臺灣旅美作家之小說析論（1960～1999）》，臺北：萬卷樓圖書有限公司 2001 年版，第 82 頁。

中赴美，其中有於梨華、白先勇、吉錚、孟絲、歐陽子等作家。「『留學生文學』
是二十世紀五、六十年代特定的歷史與政治環境下的特定產物。」〔註62〕

留學生去留問題表層顯現的是人生自我體驗的歷程，在他們難以抉擇去
留的自我選擇與自我追求中，人物性格的深度與心靈的探索價值，已不是純
粹的自我尋找，而是微妙地承載了社會、文化、歷史的深刻意義。留學生們
身上的民族習性、原來社會根植的價值觀、政治變亂的烙印給他們留下了深
深的痕跡，昭示了這一族群在異國承受的心靈創傷和肉體痛苦的不同反應，
顯現了留學生們特有的心靈和人格的種種變化。

留學生小說人物多反映個人存在的虛無感受，因為臺灣留學生對於中國
歷史文化傳統的認知，正處於由全面認同到逐步疏離的內心衝突階段，作為
知識分子，身處美國，面對西方文化的強勢，心中又要堅持中國傳統文化，
兩者強烈衝突而產生了巨大的心理壓力。劉登翰等編著的《臺灣文學史》以
於梨華的作品為例，簡要說明了留學生小說的主題：

> 她的作品中都有一個解不開的，或由陌生感、寂寞感、幻滅感、
> 飄零感等等各個不同側面、角度和層次襲來的「失落」情結。這是
> 那一個世代「既不願意回到中共統治下的大陸，也不願去到人生地
> 不熟的臺灣，其實更不願滯留海外，只因無國可歸，無鄉可奔，便
> 將就地留下來了」的留學生和留學生作家的共同情緒。〔註63〕

1960年代的臺灣留學生普遍以「中國人」為第一和最後的中心價值，而
又身處西方文化為核心價值的社會與信仰中，成為美國社會的邊陲外緣，心
中形成強烈的疏離感和失落感。金耀基的一段話可以很好地描述這種心理：

> 中國知識分子的孤獨感之產生，基本上是因為他們是美國社會
> 的「外員」：他們職業上的成就並不易使美國人對他們產生「我群」
> 意識；而中國的歷史意識也不易使他們放棄對中國的強烈的認同。
> 他們清清楚楚地知道，在第一義與最後義上，他們是中國人。在午
> 夜夢回的時際，他們所看到的是祖國家園親人的面影，在落葉飄風
> 的季節，他們所想到的是祖國田野的阡陌黃花。〔註64〕

〔註62〕叢甦：《沙灘的腳印——「留學生文學」與流放意識》，《文訊》第172期，臺
　　　　北：2000年2月，第49頁。

〔註63〕劉登翰、黃重添等主編：《臺灣文學史》（下卷），福州：海峽文藝出版社1991
　　　　年版，第244～245頁。

〔註64〕金耀基：《孤獨的一群——談在美國的中國知識分子》，《中國現代化與知識分

美籍華裔作家於梨華〔註65〕是其中的代表性人物。她常住美國，作品多以中國人在美國的生活為題材，自稱「無根的一代」，她本身的作品《放逐者之歌》即是如此。其代表作《又見棕櫚，又見棕櫚》（比喻沒有終點的流浪），敘述在美國三流大學當教授的牟天壘，由於對美國社會失望而返回臺灣，但是由於臺灣亦步上美國化，而在去留之間掙扎。另一位女作家聶華苓，是1960年被禁止發行的雷震《自由中國》雜誌中的一位編輯。渡美後，1970年從美國寄回長篇小說《桑青與桃紅》，同時刊載於《聯合報》、《明報月刊》上。桑青與桃紅是同一女性的兩個名字，象徵純真放縱的分裂人格。小說主要控訴了她從大陸至臺灣，再從臺灣至美國的悲慘流亡生活，才造成她這樣的變化。

趙淑俠指出，1960年代臺灣文壇以美國為主的留學生文學盛行，美國成為一種區域性特徵符號：沒到過國外的人寫不出國外生活，而臺灣的留學生主要集中在美國，所以，不單「留學生文藝」裏的男女主角是美國留學生，作者也是美國留學生，故事的發生地當然更是美國。〔註66〕作家叢甦認為，「六十年代文學」在臺灣的文學發展史上佔有一個奇怪的地位。它有閃爍，也有滄桑；有叛逆，也有懷舊；有吶喊，也有喟歎。而當「六十年代」的作家群重新越洋過海「留美」時，他們已是「二度流放」：美國是新土，臺灣已成「故園」。〔註67〕

「六十年代海外留學生作家標誌著『無根的一代』的彷徨，所創作的流放之歌，是六十年代臺灣『留學生小說』悲愴的基調。」〔註68〕楊牧認為，「六十年代的留學生小說為我們勾畫了各種結局，但共同的一個信念是『他生未卜此生休』，從此以後任何笑容都漫著破滅的陰影。」〔註69〕小說中主要的代表人物有於梨華《又見棕櫚‧又見棕櫚》中徘徊去留的牟天磊，白先勇《紐

子》，臺北：時報文化出版公司1994年版，第84頁。

〔註65〕於梨華1931年生於上海，1949年赴臺灣，畢業於臺灣大學，1953年赴美，就讀於加州大學，後在紐約州立大學教授中國文學。

〔註66〕趙淑俠：《從留學生文藝談海外知識分子》，《文訊》1984年8月，第13期，第150頁。

〔註67〕叢甦：《沙灘的腳印──「留學生文學」與流放意識》，《文訊》第172期，臺北：2000年2月，第49頁。

〔註68〕蔡雅薰：《從留學生到移民──臺灣旅美作家之小說析論（1960～1999）》，臺北：萬卷樓圖書有限公司2001年版，第85頁。

〔註69〕楊牧為曹又方《美國月亮》一書作的序，臺北：洪範書店1986年版。

約客》系列中的悲劇人物——如《芝加哥之死》中的吳漢魂,《謫仙記》裏在威尼斯遊河時跳水自殺的「中國公主」李彤等。

1992 年在北京舉行了由中國作家協會和中國社會科學院文學所合辦的「留學生及域外題材創作研討會」,討論到 1960 年代臺灣留學生文學的問題。評論者往往因為意識形態的過於化約,欠缺對於臺灣當時特殊而複雜的社會背景與文化情境的諸多考慮,無法真確地申述臺灣留學生文學在「鄉愁」名下的複雜情結,於是將臺灣留學生文學片面地導向於喪失中國文化母體帶來的無根感受,宣稱「六十年代的臺灣留學生文學是祖國分裂後失落海外的魂魄」〔註70〕,有深入之處,也有見樹而不見林的欠缺。〔註71〕

筆者認為,留學生文學是海外華文文學的一個組成部分,具有該類型文學的普遍性特徵。「漂泊」不只是海外華文文學作品中的重要主題,每一個不同的時代與民族都有它漂泊的歷史與記錄。而身處異國的流放作家與故國的唯一牽繫,常常以自己最熟悉的語言文字,書寫朦朧混沌、又澄明清澈的故鄉心景。「鄉愁」正是旅美作家海外漂泊所引發的心靈震蕩,也是隔著時空與故鄉母土的永恒對話。「漂泊」與「鄉愁」正是整個省思過程在反芻之後,表現在文學精神上的共同性主題。〔註72〕總之,當時的臺灣留美學生是流亡者中的流亡者,他們的文學作品反映了中華民族子孫傳統思維方式在遭遇文化衝突時候的自我反省。

二、對臺灣學術的影響:以李光周「新考古學」為例

美國教育援助的影響深遠且潛移默化,在學術方面,主要表現在對臺灣的學科建設上有所幫助,理論方法上有所改進。而且,這種影響的效應是長時期的,直至今日,臺灣學術界採用了非常多美國學者的研究方法,就是其表現。本小節特以臺灣考古學的變革——李光周的「新考古學」為例加以說明。

李光周是人類學家李濟先生的養子,1967 年畢業於淡江文理學院考古人類學系,1970 年獲得美國康奈爾大學人類學碩士,1982 年獲得紐約州立大學

〔註70〕方道文:《從「無根一代」的煩惱,到「大陸學子」的抗爭——海峽兩岸的留學生文學》,《河北師範大學學報》,1995 年第 4 期。

〔註71〕蔡雅薰:《從留學生到移民——臺灣旅美作家之小說析論(1960～1999)》,臺北:萬卷樓圖書有限公司 2001 年版,第 45 頁。

〔註72〕蔡雅薰:《從留學生到移民——臺灣旅美作家之小說析論(1960～1999)》,臺北:萬卷樓圖書有限公司 2001 年版,第 153 頁。

人類學博士，曾任臺北故宮博物院助理幹事，康奈爾大學考古學實驗室助理，耶魯大學人類學系研究助理，紐約州立大學考古學實驗室助理，臺大人類學系講師、副教授、系主任等職。1987 年病逝於臺北，終年 47 歲。他被譽爲臺灣「新考古學」的播種者〔註 73〕，從美國帶回臺灣的新考古學理論及其實踐對臺灣考古學界震動很大。

在李先生回到臺灣之前，臺灣考古學界一直是傳統考古學的天下。「傳統考古學」是根據古代人類通過各種活動遺留下來的實物，以研究古代社會歷史的一門科學，具有系統的理論和周密的方法。臺灣考古學的溯源便是中國近代考古學，因此繼承了它的學科理論。中國近代考古學從發端開始，便從屬於歷史學。王國維、李濟、傅斯年、夏鼐等涉及考古學的學者，「大抵都把考古學當作歷史學看待」〔註 74〕。在大陸，考古學也長期以來被當作歷史學的二級學科，直到 2011 年考古學才獨立出來成爲一級學科。臺灣著名考古學家李濟、張光直、宋文薰等都是從屬這一學派的。

20 世紀 50、60 年代以來，考古學家採用放射性碳十四測定年代法、統計分析和計算機模擬系統等先進科學方法，發展了一種更加精確的技術，應用於古代人類製品的研究。這些現代技術根本上改變了對歷史證據的看法，標誌著考古學從研究文化史到研究文化發展過程的轉變，這便是「新考古學」。它要求考古學走出年代學和類型學的老路，以研究人類社會發展變化程序爲目的，使考古學成爲社會科學。就理論、方法和目標而言，新考古學完全不同於傳統考古學，自從在美國興起後，波及了整個學術界，在世界考古學界引起了軒然大波。由於美國將考古學劃歸人類學，有學者甚至主張考古學要與以往「歷史取向的考古學」決裂，傾向於投奔人類學。〔註 75〕

李光周先生在美留學期間，曾隨張光直、Fred Plog 和 John Fritz 教授學習考古學，後兩位是當時新考古學代表人物賓福教授的學生，對李尤其欣賞。李回臺後，便將在美所學帶回了臺灣。1974 年他在臺大的《考古人類學刊》上發表了一篇文章《再看鵝鑾鼻：臺灣南端的史前遺址》〔註 76〕，指出墾丁

〔註 73〕 張光直：《臺灣新考古學的播種者——憶李光周先生》，收錄於李光周著、尹建中編：《墾丁史前住民與文化》，臺北：稻鄉出版社 1996 年版，第 1～3 頁。
〔註 74〕 杜正勝：《新史學與中國考古學的發展》，《文物季刊》，1998 年第 1 期。
〔註 75〕 臧振華：《中國考古學的傳承與創新》，《學術史與方法學的省思》，臺北：中研院史語所 2000 年版，第 40 頁。
〔註 76〕 李光周：《再看鵝鑾鼻：臺灣南端的史前遺址》，《國立臺灣大學考古人類學刊》

遺址中的石網墜類型變化很大，表示用它們來捕魚的這個社團中的男子是來自各處的；而同時的陶器變化較少，表示製造它們的女子是本地傳繼的。李利用這個證據，嘗試證明當時的婚後居住規則是夫從妻居的。新考古學的一個重要特點，是運用社會科學或生物學的某些理論來引發關於史前時代或古代社會中的某種一般性法則，然後由這條法則推引出來若干實驗原則，再到實際考古資料裏面去尋求這些原則的實證或反證，最後用這段過程來證明或反證最初提出來的法則。這篇文章用新的方法把臺灣考古的資料激活，爲臺灣的考古學者在研究古人類生活方式上開闢了一條新的途徑。

李的學術思想是繼承美國的，他寫過文章，詳細介紹過美國的新考古學。1960年以來，在北美掀起的一股重新調整考古學步伐的、被稱爲「新考古學」的潮流，強調的取向是人類學，而非歷史學，主張考古學的最高目標並非瞭解歷史，而是像社會人類學家那樣努力闡明和檢驗人類行爲的一般規律。最顯著的特徵在於其研究方法的創新，針對研究問題提出假設之檢定，並以相關資料來做檢定，假設引導了資料搜集、資料分析，以及研究方向。〔註77〕這種類似於胡適所提出的「大膽假設，小心求證」的研究方法對考古學確實是一種巨大的推進。

另外，他也指出了傳統考古學存在的問題，其研究方法是以歸納法爲主。但存在的問題是，觀察了多少例子就能總結出多少結論；然而一旦有情況不同的個例出現，往往就推翻了原先所作的歸納。這也是美國新考古學學者的觀點。〔註78〕因此，新的考學研究資料的出現，就時常改變了學者們歸納的結論。因此，如果根據「有一分材料說一分話」，學者們就很難得到確定的答案。新考古學遵循的是「理」，即科學的解釋和說明、邏輯結構，先提出問題的假設，再搜集相關資料、分析資料，而求證假設是否成立。〔註79〕這種方法就可以避免傳統研究中存在的問題。

李還認爲，北美洲考古學的發展有其背景與條件。綜觀臺灣考古的研究，性質上卻與北美洲有若干相似之處。例如：1. 兩地史前時代的時間深度都淺；

第 35、36 期合刊，1974 年，第 48〜61 頁。

〔註77〕李光周：《考古學對其研究現象之解釋》，《社會科學整合論文集》，臺北：中央研究院三民主義研究所 1982 年版，第 55〜167 頁。

〔註78〕Watson, Patty Jo and Steven A. LeBlanc, Charles L. Redman: *Explanation in Archeology: An Explicitly Scientific Approach.* New York: Columbia University Press, 1971, pp.9〜10.

〔註79〕李光周：《考古學上談事物之「起源」與「時空架構」應用所見的問題》，《思與言》第 18 卷第 3 期，1980 年，第 17〜24 頁。

兩地進入歷史時期的年代也都屬於晚近。2. 兩地在史前時期都屬於外來族群移民之地，原始文化都是從外地移植而來，但在移植地有其發展。3. 兩地都有豐富的土著族資料，從而可以將考古學與人類學相結合。﹝註80﹞他對於新考古學在臺灣的應用發展抱有樂觀的態度。

對於李光周在臺灣考古學界的貢獻和成就，張光直先生讚歎道，「在臺灣的考古學上，有了新考古學所代表的這種有活力的、富疑問的、有想像力的研究方法的擡頭，從古代的遺物中去解釋人的行為，對這門學科的發展更能有所推動、有所刺激。新考古學並不能取代舊考古學，但有它加入了考古學的園地我們就能進入到一個更高的境界。李光周先生回國以後，一方面在墾丁公園地區集中力量做了許多紮紮實實的、有規模的、嚴謹性的考古工作並將成果很快的整理發表，一方面在臺大人類學系教書，給下一代的考古學者以身作則式的熱心教導啟示。以這種方式，李光周先生把臺灣的考古學從五、六十年代由宋文薰先生、我自己、和與我們同時的人所代表的發展階段，又向前推動了一大截。」﹝註81﹞從客觀上來說，李先生對於臺灣考古學的貢獻甚大。

然而，由於學科領域內的爭議性，「新考古學」並不是為全體考古學家所接受的。備受中國新派考古學家推崇的張光直先生似乎也不完全贊同新考古學。張先生更不同意將中國考古學劃歸人類學旗下，「儘管有著這樣新的科學背景而且聲譽日隆，考古學在中國卻依然是歷史學的一種工具，縱使作為工具，它比過去任何時候都更強大。」﹝註82﹞

無論如何，李光周先生通過留學美國，將當時先進的新考古學研究方法帶入臺灣的傳統考古學界，作出了巨大的貢獻。可以說，對臺灣考古學的學科建制和理論方法都產生了深遠的影響。他的英年早逝是學界無法彌補的損失，也令美國同行們扼腕歎息。就在他逝世的當年，Fred Plog 教授原本決定第二年和他一同前往墾丁公園從事研究，並打算幫助臺大人類學系設立全世界排名第二的考古學實驗室，運用新式電子儀器處理標本。﹝註83﹞可見，美

﹝註80﹞ 李光周：《臺灣：一個罕見的考古學實驗室》，國立臺灣大學：《文史哲學報》，第 34 期，1985，第 215～237 頁。

﹝註81﹞ 張光直：《臺灣新考古學的播種者──憶李光周先生》，收錄於李光周著、尹建中編：《墾丁史前住民與文化》，臺北：稻鄉出版社 1996 年版，第 3 頁。

﹝註82﹞ K. C. Chang, Chinese Archaeology since 1949. *Journal of Asian Studies*, Vol 36, Issue 4（Aug 1977），pp.644～646.

﹝註83﹞ 尹建中：《念新考古學開拓者──李光周博士》，收錄於李光周著、尹建中編：《墾丁史前住民與文化》，臺北：稻鄉出版社 1996 年版，第 2 頁。

國願意幫助臺灣發展學術，培養學術人才，李博士作爲曾經留學美國的學者，在其中起到了橋梁性的作用。

三、美國大眾文化的影響

大眾文化主要指的是一個地區、一個社團、一個國家中新近湧現的，被普通民眾所信奉、接受的文化，具有通俗性、流行性、娛樂性、大眾媒介性等特點。當時的美國政府利用教育交換、雜誌、影片、大使館的圖書館、演講，和美國之音等來發展公共關係，宣揚美國的理想、生活方式，爭取外國人民支持美國的外交政策。於是，美國的大眾文化被傳播到臺灣，社會文化的方方面面，如飲食、音樂、繪畫等等，都或多或少的受到美援的影響，以下試舉兩例加以說明。

（一）搖滾樂

搖滾樂是通俗音樂的一種，特點爲明顯且特別加強的節奏，通常以電吉他爲主要樂器。誕生於 20 世紀 50 年代的美國，當時的青少年生活條件優越，沒有像父輩那樣經歷過戰爭和苦難，開始不理解父母們的思維和生活方式，不願意走父母爲自己安排好的道路。搖滾樂簡單、有力、直白，特別是它那強烈的節奏，與青少年精力充沛、好動的特性相吻合；無拘無束的表演形勢，與他們的逆反心理相適應。搖滾樂被賦與其現在所具有的文化意義與樂曲風格是在 1960 年代。在那樣的時空脈絡下，美蘇冷戰的局勢逐漸白熱化，美國派兵參與越戰，美國國內爆發了黑人民權運動、反戰運動與學生運動。青少年文化所具有的反抗色彩，不斷衝撞著由成人世代所組成的國家體制，企圖對抗當時保守的社會體系，以一種自詡爲進步的觀點批判國家種種不公義的行爲。而搖滾樂作爲青少年文化的一個重要部份，由於當時知名的搖滾樂手多是青少年世代的一員，他們的作品之中就不免洋溢著這種對於社會改革所具有的理想與期望。在 1960 年代的社會氛圍之下逐漸發展與成熟，搖滾樂成爲一種具有進步與反抗特質的音樂型態。

而搖滾樂在臺灣的傳播主要是依靠美軍電臺（American Forces Network Taiwan，簡稱 AFNT）這個渠道。1950 年代末冷戰全盛時期，駐臺美軍超過 1 萬人。在臺美軍分兩種，一種是派駐在臺，包括臺北的美軍顧問團、美軍協防司令部等；另一種則爲赴臺休假之駐越美軍。1968 年，駐越南美軍人數達到最高峰，多達 54 萬。這批駐越美軍定期會往東南亞其它駐有美軍的國家休

假，泰國曼谷、菲律賓馬尼拉、臺灣臺北、基隆、臺中、高雄皆為目標。兩批美軍加起來，成就了臺灣某些都市若干街道的繁榮，如臺北的中山北路、臺中的自由路、高雄的七賢三路、基隆的忠一路等。當時的臺灣日本電影、音樂全面禁放，年輕人只有通過接觸美國文化來眺望世界。大學生只能熱衷於辦郊遊、烤肉、家庭舞會，或者逛唱片行，聽熱門音樂。而最受年輕人歡迎的管道，就是美軍電臺。這個電臺，位於陽明山中國文化學院（現在的中國文化大學）對面，當時一共有兩個廣播網，在四個頻道播出。那時的臺灣調頻頻道也只有美軍電臺、中廣、警廣、教育四臺而已。其中，中廣、警廣調頻廣播網開播未久，每天只播音幾小時，而美軍電臺 24 小時完全以英語播出，完全沒有廣告，整天放搖滾樂、古典音樂、排行榜流行音樂、爵士樂、西部鄉村音樂、黑人靈魂音樂；周末轉播 NBA 職籃、大聯盟棒球、冰上曲棍球；每個整點，都播 5 分鐘新聞與氣象。〔註84〕

　　對於當時的傳播狀況，臺灣有研究者說道，「反觀臺灣搖滾樂的發展，早在 1954 年美軍電臺（AFNT），美國大眾文化傳入，透過廣播、盜版錄音帶等媒介，臺灣年輕人早已接觸到當時西洋流行的熱門音樂，只是早期人們對西洋熱門音樂的口味和態度仍多依附於美國流行音樂排行榜的欣賞與模仿。60 年代中期美國民謠精神復蘇，結合民運、社運，加上搖滾樂的編制，新一代搖滾精神及民謠之父鮑伯・迪倫（Bob Dylan）先知的嗓音，也飄洋過海唱進了封閉的臺灣小島。」〔註85〕當時由於美援，青年人的英語能力普遍得到了很大提高，整體上對於接受西方文化的能力大大增強，於是更容易接受搖滾樂。搖滾樂的歌曲中經常含有反越戰與反社會的思想，借著歌曲的流行把自我的意識傳播出去，約翰・列儂的歌曲經常就帶有這樣的意味。而國民黨所屬的官僚體系，大多數並不真懂這些英文歌詞的隱喻，再加上駐臺美軍喜歡聽，所以對於這些音樂無法禁止與管理，許多的歌曲就這樣流行於臺灣。也與當時臺灣青年人反思歷史、反思現狀的心理需求相一致。到後來校園民謠的產生與發展，都與這種自我意識緊密聯繫。〔註86〕

〔註84〕王駿：《我見我思——美軍電臺在臺灣》，《中國時報》2008 年 12 月 10 日。

〔註85〕傅舒汶：《從〈鹿港小鎮〉到〈東方之珠〉——論羅大佑的音樂創作與其在兩岸三地所引發的文化效應》，國立成功大學藝術研究所碩士論文，2004，第 29 頁。

〔註86〕王啟明：《1960 年代反叛文化對臺灣的影響》，臺北：中國文化大學史學研究所碩士論文，2003，第 59～65 頁。

（二）建築藝術

日據時期，臺灣受日本建築風格影響較大，戰後卻受到大量美式元素入侵。「就建築的發展而言，光復初期的二十世紀五六十年代，臺灣建築的現代性仍以美國爲主，大量的西方現代建築經驗與知識透過美國對於臺灣各階層的巨大影響進入臺灣。西方現代建築在臺灣廣爲流行。」〔註 87〕臺灣建築與源自於北美的後現代主義結合發展建築形式上的新本土。

興建新建築相關的項目多集中於三所當時臺灣重點大學——臺灣大學、成功大學及臺灣師範大學。以臺灣大學爲例，該校運用美援所興建的諸多工程中，如由王大閎所負責設計的法學院圖書館（1963）、學生活動中心（1961），虞曰鎮、張肇康所負責設計的農業陳列館（1963），及由沈祖海設計的臺大醫院外科講堂（1963）均爲臺灣在 1960 年代最具代表性的經典作品。對臺灣當時的建築師而言，美援成爲他們在現代建築新形式探索過程中的機會之窗。

美援除了校園建設的成果外，對於部分官方辦公大樓如關頌聲所負責設計的農復會（1955，已拆）及國際學舍（1955，已拆）等亦有所表現，從這些案例來看，「美援」的建築雖非由美國建築師負責設計執行，但卻因美國政府及其在臺顧問的督導，而對臺灣當時的建築設計環境有所改變。其中確實影響建築設計及工程技術質量，並對負責美援建築工程的臺灣建築師具實際影響的單位是成立於 1954 年的 Adrain Wilson 工程公司，其對臺灣發展現代建築工程最大的改變在於引進美式系統式施工圖繪製及工地管理方式的改進，且由於美元工程基本上均由美籍顧問參與審核，因此，即便是當時臺灣的建築師未曾學得現代建築的新概念，至少在工程實務上學會了較進步的美式系統式施工圖繪製及對營造工程管理的新知識與經驗，進而在專業環境上逐漸擺脫了日據時期所熟悉習慣較爲簡略的施工圖繪製法的影響。

Adrain Wilson 公司於 1957 年結束在臺之事務，但原有在公司工作的從業人員紛紛轉入其它臺灣的建築師事務所，自然而然地把事務所的新觀念及新的施工圖標準傳播開來，尤其當時美援的工程很多。以臺北中山北路的聖多福教堂爲例，這座教堂雖然不是由美援所補助，但設計人 Anthony Stoner 正是 Adrain Wilson 公司的從業人員，業主係美籍神父，使用者又多爲當年在臺美軍。而該建築的施工圖，則是一般認爲臺灣用中文畫成美式施工圖的最早例

〔註87〕梁貴堡：《臺灣經濟快速發展下建築發展的回顧》，《山西建築》第 35 卷第 24 期，2009 年 8 月，第 10 頁。

子之一，這座建築亦被認爲是臺灣施工圖法由日式轉爲美式最重要的里程碑。〔註88〕

　　「經濟的因素引發了戰後臺灣建築發展的熱潮，也培養出一批受過國外完整建築專業訓練及學術研究訓練的建築師，漢寶德〔註89〕教授是其中最傑出的建築師與教育家。也因此，留學生尤其是以留美爲主的建築人才成爲推動臺灣建築現代化的重要力量。」〔註90〕留美的建築人才爲臺灣業界帶來了新活力，也相應成爲經濟建設的人才。

四、作用與反作用：臺灣對於美國文化的反饋

　　臺灣社會受美國文化影響甚深，也作出了相關的反應。以下試舉兩個例子加以說明，看這種反作用力是如何實施的。

（一）教育反饋：以李國鼎教育思想和實踐爲例

　　李國鼎早年畢業於東南大學、劍橋大學物理系，1946～1948 年任資源委員會中央造船公司籌備處副主任，倂兼任美援會技術處副處長；1951 年升任臺灣造船公司總經理。1953 年起任經濟安定委員會工業委員會專任委員，1958～1963 年任行政院美援運用委員會秘書長，1963 年美援會改組爲行政院國際經濟合作發展委員會，仍任秘書長，倂兼任人力資源小組召集人。1965～1969年任經濟部長兼經合會副主任委員，1969～1976 年任財政部長仍兼任經合會副主任委員。〔註91〕李爲臺灣的經濟發展可以說是嘔心瀝血。從其經歷可以看出，他的執政生涯與美援有著相當緊密的聯繫。那麼，他在教育方面受到哪些啓發，從而促進臺灣的教育發展呢？

　　李國鼎認爲，教育是人力的供應面，就業是人力的需求單位，兩者應該好好配合。人力資源發展的目的不僅是爲經濟的繁榮，也是爲了人民享有更高的生活水平。他推動人力資源發展是兩手抓。一手抓教育系統的改進，主要是推廣技職教育，提高高職與高中學生人數的比例，加強高級職業教育的

〔註88〕吳光庭：《1949 年以來外籍建築師對臺灣當代建築發展的影響》，《時代建築》2008 年第 5 期，第 21 頁。

〔註89〕漢寶德，臺灣建築學家，1934 年出生於山東日照，畢業於臺南工學院建築系，美國耶魯大學建築學碩士、普林斯頓大學藝術碩士。1960～1970 年曾任臺灣東海大學建築系的系主任。

〔註90〕吳光庭：《臺灣建築的發展與變遷》，《世界建築》1998 年第 3 期，第 15 頁。

〔註91〕參見「李國鼎先生大事紀要」，李國鼎先生紀念活動推動小組：《李國鼎的一生》，臺北：李國鼎科技發展基金會 2004 年版，第 270～271 頁。

同時，於 1973 年又開創臺灣技術學院的技職教育新層次。另一手則是抓職工的培訓和再教育，或稱職前教育和在職教育。20 世紀 60 年代，李推動成立「工業職業訓練協會」，並在泰山鄉設立「泰山職業訓練中心」，為工業企業訓練師資、領班等，工作種類包括電子、電工、機械、焊接、鑄造、冷凍等，1968到 1979 年間共訓練近 2 萬人。與此同時，他還推動在北部（基隆）和南部（高雄）成立機械訓練中心各一處；推動舉行技能競賽；推動技工技能檢定等工作，以提高技術工人的技藝和社會地位。〔註92〕

1963 年 10 月，李國鼎邀請美國勞工部專家亨利·威斯（Harry Weiss）訪臺，威斯很快發現臺灣人口迅速增長，存在嚴重的失業和就業不充分、缺少計劃和協調組織、教育計劃不平衡、缺少培訓熟練工人的學徒等一系列問題。這些看法有力地支持了李的觀點：臺灣要發展，必須重視人力資源開發問題。

經過一番努力，臺灣在經合會下設立了「人力資源小組」（後改名為「人力發展委員會」），以協調和審查人力資源計劃。該小組的成員包括國民政府的副部長級官員和省政府有關部門的廳長和委員，李時任「經合會」副主任委員，兼任該小組的召集人（至 1965 年 1 月任經濟部長時辭去了召集人職務）。人力資源小組當時的職能包括為人力發展制定政策和計劃；協調計劃中的幾個方面，如教育、培訓、補員、分配和使用；研究人力問題等等。〔註93〕

李提倡二元教育制度，大力發展技職教育。所謂「二元教育制度」，是指教育主要應沿兩個系列，一是普通教育系列，二是職業教育系列。具體地說，就是初中畢業後，一部分學生升入高中、大學；另一部分學生接受職業教育，學校不僅向他們傳授知識，也教導各種技能。李雖然沒有從事臺灣的教育行政，但他仍以高度的責任感，在不同的崗位上推動技職教育，對臺灣教育改革作出了巨大貢獻。

20 世紀 60 年代初，臺灣的中學 60%是普通高中，40%是專業職業學校，幾乎沒有一所工業職業學校。一次，李國鼎陪同省主席黃傑到臺東參加一座大橋的落成典禮，來到一所農業職校休息。校長說，現在招不到學生了，整個經濟結構正在改變，學生越來越不願意學農。於是李就向黃主席建議把它

〔註92〕李永泰：《適當時機與適當政策——李國鼎經濟科技創意實例》，南京：東南大學出版社 2008 年版，第 134 頁。

〔註93〕李永泰：《適當時機與適當政策——李國鼎經濟科技創意實例》，南京：東南大學出版社 2008 年版，第 132～133 頁。

改成農工職校，並表示，如果經費不足，可以向美援相對基金申請，請省政府挑選工業化發展較快的縣市中六所農職校作爲示範。很快，一批農職校就改組爲了農工高級職業學校，增加了設備和師資，當地工廠也願意建教合作。這樣不但解決了學生荒，畢業生的出路也不用愁了。

李國鼎在 1964 年臺灣第一次人力會議的報告中，特別提到臺灣中等教育不切合經濟發展需要的問題，提出臺灣的父母重視教育，但都不願意送孩子上技術學校，造成普遍的社會壓力。他建議臺灣應多設高級職業學校，將高中、高職學生人數比例 6：4 降低。在多方面的努力下，高中和高職招生比例 4：6 的目標在 1970 年得以實現；直到 1974 年，整個技術及職業教育終於有了一個多元而完整的體系。

李國鼎發表了多篇關於臺灣教育的文章，其觀點主要有：1. 要用投資效益的觀念來看待教育。他認爲，並不是我們的一切教育支出要像營利事業一樣圖謀商業利益，但有限的教育經費應該作最經濟的利用，希望可以培養出最多社會需要的人才，而不要「學非所用，用非所學」，使人民辛勞所出的納稅錢付諸浪費。2. 要消除教育和就業之間的鴻溝，也就是說，教育的「供給」和社會的「需要」兩者之間不要脫節。李認爲，一所工廠在製造產品之前要先調查這個產品的市場，才不致有盲目生產的結果；學校培育人才，就需求的觀點看，也和此有所類似。教育機構應當關注社會發展的趨勢，訓練其所需的人才，使達到「人盡其才，學而致用」。1962 年時，斯坦福研究所的專家們經過 3000 張回收問捲發現，臺灣的畢業生多未能用其所學。他的看法與請來的美國專家的觀點是一致的。3. 推動教育改革，不能只強調「人人受教育」，還要重視「因材施教」，要「人盡其才、適才適用」，以免造成「教育性失業」。李認爲不同的學校擔負不同的任務，技師應由工業專科學校來訓練，而「技工」應由高級工業職業學校來訓練，「操作工」或「半技工」多半應由初級工職或短期計劃訓練。他強調各方面人力應按經濟發展的需要統籌考慮，作出規劃比例，以免出現「人浮於事」或「事浮於人」的矛盾現象。他還建議有的專業科目招生不宜只以聯考來決定。例如，他發現歐洲人招航海輪機學生時是先讓學生上船再讀書，而臺灣是先讀書再上船，結果歐洲訓練出來的人上船率很高，而臺灣因爲是聯考進去的，學生不是沒有興趣便是身體不合格，上船率很低，造成了很大的浪費。〔註94〕

〔註94〕李永泰：《適當時機與適當政策——李國鼎經濟科技創意實例》，南京：東南

可見，李國鼎意識到臺灣教育的很多問題，並嘗試提出切實的解決方案，他的很多理念，例如將教育和就業相結合等等，可以說受美國實用主義影響很深；而他國民黨政府官員的身份給予他將自身理念付諸實踐的機會，並取得了一定的成效。美國對於臺灣的教育援助得到了反饋。

（二）學術研究反饋：以王世杰「美國研究中心」為例

美國研究是美國政府向海外推銷美國意識形態的重要工具之一。透過「美國在華教育基金會」和其他美國民間基金會的資助，美國政府在 20 世紀 50、60 年代，持續在世界各地大學推動美國研究，尤其重視培養全球各地學生對美國歷史與美國文學的興趣。臺灣雖然早在 1951 年就有大學設置美國通史和美國文化的課程，但是真正專攻美國文學或美國歷史的教授或學生卻很少。當時臺灣的大學裏有關美國政府、文學、經濟、外交的課程，常要依靠「美國在華教育基金會」支持，經由富布萊特計劃，聘請美國教授來臺授課一年。例如 1961年政大校長劉季洪就曾洽請美國在華教育基金會爲其在美國物色適合人選，到政大講授有關美國政治、外交、文學的課程。有時如果找不到適當授課人選，該課就無法講授。美國史常面臨找不到適當授課教授的窘境。根據前臺大文學院院長朱立民先生的回憶，1955 年美國諾貝爾文學獎得主福克納（William Faulkner）應邀赴日本開研討會。東京美國新聞處曾請臺北美國新聞處推薦臺灣對福克納有研究的學者前往參加。然而因爲臺灣當時「根本沒有美國文學的專家」，臺北美國新聞處「找了很久找不到人」，最後只有放棄推薦人選。〔註95〕

爲了在臺灣推動美國研究，從 1958 到 1961 年，美國新聞處與臺灣大學合作，每年舉辦一次美國研究暑期班（Summer Seminar in American Studies），而四年下來，美國洛克菲勒基金會及亞洲協會爲這個暑期班總共贊助了一萬美元。自 1962 年起，改由美國在華教育基金會負責暑期班的行政事務與經費之編列。這個暑期班主要是招收全臺灣上百位大學高年級學生參加爲期六到八個星期有關美國研究的課程與討論，邀請正在臺灣鄰近國家講學的美國教授來爲暑期班授課。美國新聞處提供暑期班課程所需的書籍、雜誌、視聽器材、電影、幻燈片。有時，美國新聞處還提供獎金，鼓勵班上論文寫作最好的學生。美國在華教育基金會於 1965 年停辦美國研究暑期班，改以協助本地

大學出版社 2008 年版，第 140～141 頁。

〔註95〕單德興、李有成、張力訪問，林世青紀錄：《朱立民先生訪問紀錄》，臺北：中央研究院近代史研究所 1996 年版，第 96 頁。

大學培養自身美國研究的人才，資助未來有意以美國研究為職業的臺灣年輕講師到美國進修。基金會當時的目標在培植臺大日後成為臺灣的美國研究中心——它將是臺灣學術界的美國研究核心機構，也是向臺灣其他教育單位發展美國研究的基地。所以 1965、1966 年基金會就以美國史為重點學科，挑選臺大歷史系三名講師，赴美國密歇根州立大學（Michigan State University）攻讀美國史四年。美國文學則是 1968～1969 年的重點學科之一。當富布萊特計劃的經費用完時，由美國學術總會（American Council of Learned Societies）及密歇根州立大學提供經費來資助此計劃的繼續進行。〔註 96〕

　　美國如此在臺灣大力發展美國研究，自然引起了臺灣相關人士的注意；臺灣方面也有人支持雙向交流，主動向美國學術靠攏。王世杰就是其中的推手之一。

　　王世杰（1891～1981），巴黎大學法學博士，曾任北京大學教授、武漢大學校長、教育部長、國民參政會主席、外交部長及總統府秘書長。自 1962 年接任中央研究院院長後，即積極開展美臺間的學術合作。〔註 97〕他最重要的政策是，借由學術交流讓臺灣科學生根，同時拓展對美關係。「王將學術合作視為中美外交關係之一環，不局限於學院間的往來，而努力提升至政府間的協定；不以基礎科學為限，而積極推展與經濟、工業之聯繫。」〔註 98〕

　　1963 年，美國國家科學院在許伯樂（Robert B. Sheeks）〔註 99〕的暗中推動下，有意和臺灣進行合作，其實是選擇臺灣作為協助發展中國家或地區發展科學的範例。本年 10 月，王應邀赴美訪問。次年 4 月，雙方會談後決議中央研究院和美國國家科學院分別成立中美科學合作委員會的「中國委員會」和「美國委員會」，各以王世杰和美國國務院前科學總顧問、麻省理工學院名譽教授魏特曼（Walter Whitman）為首席代表，實際進行合作。1969 年。王終

〔註 96〕 *Ten Years of Educational Exchange* ,Taipei: United States Educational Foundation in the Republic of China, 1967, p. 35; *Twenty Years of Educational Exchange* , Taipei: United States Educational Foundation in the Republic of China, 1977, p.12. 孫同勛、張忠棟就是當年第一批被選派赴密歇根州立大學攻讀美國史博士學位的兩位臺大歷史系講師，他們原來的專業都是中國史。

〔註 97〕 參見陶英惠：《王世杰》，《中華民國名人傳》（第 8 冊），臺北：近代中國出版社 1988 年版，第 2～34 頁。

〔註 98〕 楊翠華：《王世杰與中美科學學術交流，1963～1978：援助或合作？》，《歐美研究》第 29 卷第 2 期，1999 年 6 月，第 101 頁。

〔註 99〕 Robert B. Sheeks 出身上海美商家庭，一口流利的上海話，是美國駐臺的第一任新聞處長，也是當時的臺灣哈佛同學會副會長。

於成功地把美臺雙方學術機構的合作升級爲政府層級的合作，臺方改爲國科會出面，美方則仍爲國家科學基金會負責，實際該合作計劃還是由他負責。

最初的三年，所謂的合作，主要是由美國科學家協助臺灣發展自然和應用科學的研究，1966 年後，雙方的合作領域擴大到人文和社會科學方面，由歷史語言研究所的所長李濟實際負責策劃和推動。中研院的合作對象也更換爲美國學術團體委員會（American Council of Learned Societies）以及美國社會科學研究委員會。〔註100〕

王世杰注意到當時美國各著名大學受到朝鮮戰爭的刺激，非常渴望瞭解中國，紛紛成立中國研究中心、發展中國研究、培養所謂中國通，所以也想學習美國在臺灣建立一個美國研究中心，研究美國政治、經濟、社會、歷史、文化等。他的構想是：擁有 5 萬冊以上的圖書，沒有固定的研究人員，每年根據各大學教授的申請，徵選 5 至 8 位前來做中心研究員；研究中心則提供研究經費和生活補助。中心研究院不是專職人員，可以接受政府部門或私人事業的委託研究。中心的責任是提供研究環境，舉辦學術活動，負責出版研究成果，邀請國外學者來訪，招收和培養學生，聯絡各有關學術機構。他希望能爲這一個中心募集到 4000 萬元新臺幣，其中 1000 萬元興建大樓，其餘作爲充實圖書設備和進行各項學術活動之用。對於這個宏大構想，當時美國在臺灣的文化辦事處非常贊同，無論經費或是圖書，都竭力幫忙。於是王在 1969 年 12 月成立美國研究中心籌備委員會，網羅當時臺灣研究美國僅有的歷史、文學和法律學者，譬如研究美國史的劉崇鋐、張忠棟、研究美國政治和文學的朱建民和朱立民諸人，同時他也網羅了爲他進行中美科學合作的三位得力助手，歷史學者許倬雲、法律學者馬漢寶，以及他學國際法的兒子王紀五，他們的專長雖然與美國研究有些距離，但都曾留學美國多年，對美國有豐富的知識。

1970 年 9 月，王世杰特別邀約了剛從美國講學回來的臺大人類學系主任陳奇祿教授，請他出任美國研究中心籌備小組的召集人。〔註101〕當時印度新德里正發生激烈的反美運動，美國政府決定關閉設在當地的新聞處。王立即商請美國政府將所藏近 2 萬冊圖書全部免費捐贈給臺灣。1972 年 3 月美國研

〔註100〕中央研究院八十年院史編纂委員會：《追求卓越：中央研究院八十年》（卷一：任重道遠），臺北：中央研究院 2008 年版，第 120～121 頁。
〔註101〕陳怡眞：《澄懷觀道——陳奇祿先生訪談錄》，臺北：國史館 2004 年版，第 167～168 頁。

究中心開始正式運作，由陳奇祿擔任主任。1974 年 7 月正式改名爲美國文化
研究所，由陳出任第一任所長。〔註102〕王世杰自始至終爲了該所的籌建工作
嘔心瀝血。1991 年更名爲歐美研究所。

　　美國對臺灣學術上的援助也激發了臺灣研究美國的興趣，美國研究中心
的成立即是當時學術上反饋的一個例證。

第四節　心理效應：迷惘中的精神追尋

一、精神世界的「美化」

（一）文化交流的心理入侵

　　這裡的「美化」指的是美國化，即受美國影響而產生的一系列變化。美
援的影響滲入廣大臺灣人民的生活中，變爲外來文化的強勢符號入侵。對臺
灣來說，「美援所提供吾人不僅是物質的援助，在思想及觀念的革新方面也有
不可抹滅的貢獻，它是我國經濟與現代市場經濟結合的觸媒。」〔註103〕美國
的價值觀念對臺灣人尤其是青年人的滲透作用很大，當時有報導，「直到現
在，如和幾位——也許是偶然碰到的幾位——大學生深入交談，討論某一項
問題，他們會不期然地流露出一種偏激的不正確的放縱的民主自由的觀念和
言論來。他們這種觀念和言論的主要支柱，也即他們所經常擡出來的權威招
牌有二：一即是美國是如此這樣；二即是某學術泰斗曾如此說。」〔註104〕美
國的價值觀念在當時臺灣學生的心目中，幾乎成爲一種精神信仰。

　　臺灣學者認爲，「1951～1970 年的臺灣，美國幾乎壟斷了海外文化輸入臺
灣的管道，美國文化是唯一較能自由進出臺灣者。此一期間，除了國民政府高
擎反共的大纛外，美國文化以所謂『文化交流』之名憑藉著美援順勢輸入臺灣。」
〔註105〕除了邀請臺灣的領袖與專家訪美之外，美國國務院也安排美國專家、領

〔註102〕中央研究院八十年院史編纂委員會：《追求卓越：中央研究院八十年》（卷一：
　　　　任重道遠），臺北：中央研究院 2008 年版，第 150 頁。

〔註103〕顏子奎：《美援對中華民國經濟發展之影響》，《問題與研究》1990 年第 11 期，
　　　　國立政治大學國際關係研究中心，第 85 頁。

〔註104〕鄺異人：《臺灣大學生身在雲霧裏》，《新聞天地》，第 731 期，1962 年 2 月 17
　　　　日，第 15 頁。

〔註105〕王梅香：《肅殺歲月的美麗／美力？戰後美援文化與五、六○年代反共文學、現
　　　　代主義思潮之關係》，臺南：成功大學臺灣文學研究所碩士論文，2005，第 3 頁。

袖來臺訪問。他們的身份與專長包羅萬象，例如大學教授、運動教練、公共衛生專家、民族舞蹈教練、法律專家、聲樂家、音樂家、交響樂團等。從臺北美國大使館官員的報告中看來，他們是美國的「文化大使」，來臺展示美國社會的文化發展。如亞利桑納州立大學（Arizona State University）的田徑教練且是 1952年奧運標槍銀牌得主密勒（William P. Miller）來臺兩個月，指導預定參加 1956年奧運會的臺灣田徑選手練習。臺北的美國官員認為，他「成功地將許多美國生活中的理想讓臺灣的年輕人瞭解；此外，更因為他是美國黑人，可以平衡有關美國種族關係不和諧的誇大報導。」1956 年，美國駐華官員認為當時以史墨法案經費來臺灣授課的三位美國教授，有很好的機會來影響臺灣的大學師生，特別是他們在政治大學客座教授的職位，更是具有相當影響力，因為政大是訓練臺灣未來外交以及大眾傳播人才的重鎮。駐華官員指出，美國學界人士比政府官員擁有較多表達意見的自由，他們可以其非官方之角色，來增進臺灣未來領袖「對美國及其外交政策之瞭解，為美國建立長久之友誼與尊敬」。〔註106〕

美援計劃中選派赴美受訓的臺灣技術人員以及由美國請來臺灣指導的美國專家，也在其技術的受與施之間，把美國文化、制度引進到臺灣。根據 1966年美國政府委託評估美援在臺灣成果的 Neil H. Jacoby 教授的觀察：「不管是以何種方式，美國專家幾乎介入中華民國每一項主要公共或民間社會制度。到 1965 年，大批位居要津的中國人得到美援經費之援助，赴美受訓。透過共同委員會的計劃，美國的技術協助深入社會基層。美國對中華民國的技術協助，特別在人力資源部門，是顯而易見的。也許有人會懷疑這種浸潤方式的經濟效益，然而美國的價值、標準、做法因此廣泛地滲入臺灣社會，對美國而言，其政治效益成果豐碩。」〔註107〕不論他的結論是否充分反映當時的情況，他的看法倒是證實美國政府的確有意借著技術援助、訓練人才的機會，把美國文化、制度、價值觀念、生活方式等灌輸到臺灣社會。可見，美國文化通過美援這一途徑滲透到了當時臺灣人的精神世界中。

（二）英語：後殖民的工具

英語的輸入與使用加劇了這種「美化」的狀況。為了加強臺灣人民接觸

〔註106〕趙綺娜：《美國政府在臺灣的教育與文化交流活動（1951～1970）》，《歐美研究》第 31 卷第 1 期，2001 年 3 月，第 102～103 頁。

〔註107〕Neil H. Jacoby, *U. S. Aid to Taiwan:A Study of Foreign Aid, Self-Help, and Development* , New York: Frederick A. Praeger, 1966, p. 165.

美國信息的機會，培養合格的英語教師、改進臺灣英語教學方法，是美援教育中不可或缺的重大活動。早在 1950 年代，美國政府就利用史墨法案之經費，挑選 26 名臺灣中學英語教師赴美國大學受訓三個月，然後安排他們在美國各地參觀旅行，以瞭解美國學校系統運作和教學方法。美國駐臺官員不僅希望他們回臺推廣在美國學到的新穎教學方法，也發現他們是教育交換活動中最熱心宣傳美國生活方式的人。他們在美國受訓期間有機會結識許多普通的美國人。一般而言，這些美國人對中國客人親切、殷勤，提供這些教師一個觀察美國人如何生活、工作，如何教養孩子的機會。英語教師在美國生活經驗所合成的美國印象是一個友善、勤奮、愛好自由的國家。他們回臺之後，會將這些印象傳遞給他們的學生。

另外，從 1962 年夏起到 1965 年 6 月，美援駐臺機構撥款在臺灣舉辦短期在職訓練，讓原來不是主修英文出身的高中英語教師得以有再教育之機會。當時大約有 1800 名高中教師參與該訓練計劃。1965 年「美國在華教育基金會」進行「包裹計劃」時，指定英語教學爲該年之重點學科之一，而師範大學英語系則入選爲其合作對象。在夏威夷的東西中心也協助師大組成一支優秀的英語教師訓練團隊，專家 Grace Nutley 博士來臺，幫忙組成了兩個英語教師協會。美國新聞處官員不但與臺北扶輪社合作，舉辦全臺大專院校校際英語演講比賽，還與其他美國駐臺政府單位及美軍顧問團合作，由他們的眷屬組成義工隊，赴臺灣各地學校教授英語；美國新聞處則提供臺灣各學校有關英語教學之書籍、資料，以推廣學習英語。美國新聞處還在臺北設立語言中心，爲經援計劃下選派赴美受訓者加強英語能力，以後又擴大到獲得富布萊特獎學金之學者、學生以及領袖、專家等都可在赴美前到語言中心接受加強英語能力的訓練。

英語的推廣使用是美國後殖民的手段之一。有研究者認爲，「文化目的的援助常常用於支持一種語言在異國的使用。這主要是指資助語言的教育活動。」〔註108〕臺灣自戰後在政治和信息吸取上多所仰賴美國，「外文系」其實在某一層面上形如美國的「文化殖民地」。美國學術傳統的非政治傾向正好符合臺灣學術界在戒嚴時代緘默自保的需求。「西方後殖民理論的引介雖然仍不脫對美國學術風潮亦步亦趨的外文系傳統，卻也提供了整合外文系西方文化理論與臺灣文化研究的契機，一方面促使理論在地化，一方面也深化了本土

〔註108〕陳婕：《對外援助政策的國際比較》，廈門大學碩士學位論文，2008 年，第 15 頁。

論述的理論。」〔註109〕

　　臺灣由於曾經被日本人統治長達50年，二次大戰結束後，除了國語之外，日語可以說是外來強勢符號的主流。但是到了1960年代，戰後出生的一代已長成，從小學到大學受過完整的新式教育，而在新式教育中，英語又是主要的外語，所以，英語已經逐漸取代日語，成為外來強勢符號的新主流。在此過程中，除了教育的因素外，日常生活的接觸也產生了深遠的影響，甚至在一些以英語為主要營業語言的地區，它已經喧賓奪主，成為「本土生活」中一個不可分割的質素了。〔註110〕所以，英語的使用也是精神世界「美化」的一個重要表現。

（三）對中國歷史文化的疏離

　　美援教育的影響是潛移默化的，「在我自己的國家圈子裏，美國生活物資與美國文化，已經成了我們生活的一部分資源。我們不知道，當我們正式去接觸美國時，我們才發現這個事實。」〔註111〕外省籍作家張系國認為當時的臺灣學生不僅對中國不瞭解，也對臺灣的歷史現實有所隔閡，反而受美國影響很深。

　　　　我覺得在臺灣受的教育……尤其重要的一點是現代「知識分子」
　　對中國出奇的缺乏知識。在臺灣長大的一群，幾乎完全精神上「美」
　　化了。他們在出國前，根本沒有機會瞭解中國，更不瞭解臺灣。他
　　們除了「親屬」的鏈子外，沒有什麼東西能將他們與臺灣連在一起，
　　他們對臺灣更缺乏感悟，沒有休戚與共的感情，不覺得臺灣是他們
　　的故鄉，使他們精神上與臺灣或大陸兩者都脫了節。〔註112〕

　　戰後青年一代對於以美國為主的西方知識與文化的嚮往，也相對地使他們對中華民族的歷史與命運產生隔閡。1970年代鄉土文學的主要提倡者、外省籍的尉天聰如此分析道：

　　　　臺灣光復之後接著是大陸的淪陷，政府撤退來臺，由於戰亂的關

〔註109〕邱貴芬：《「後殖民」的臺灣演繹》，收錄於邱貴芬著：《後殖民及其外》，臺北：麥田出版2003年版，第267～268頁。

〔註110〕廖仁義：《異端觀點——戰後臺灣文化霸權的批判》，臺北：桂冠圖書股份有限公司1990年版，第255～256頁。

〔註111〕范韻詩：《初踏美國土地》，《新聞天地》，第639期，1960年5月14日，第21頁。

〔註112〕張系國：《談留學生》，《大學雜誌》第20期，1969年8月，第11頁。

係，禁了好些書。因此，我們對於過去，比如對於「五四」以來的
這段歷史就不瞭解；即使知道，也只是幾個抽象的名詞而已。而我
們來臺灣時，年紀還很小，只不過十歲、十一歲左右，對於整個現
代史的發展並不瞭解，雖然我們的歷史課也講，但總是自己沒有親
身感受到中華民族歷史偉大與悲壯的一面，所以中國現代史在我們
腦海裏是一片空白。這樣一來，我們對自己國家近百年來真正的痛
苦並不瞭解，所以我們在文化的認識上，不能從中真正吸收到營養，
那怎麼辦呢？正好民國四十三年（1954年）中美簽訂了共同防禦條
約，這個條約訂了之後，臺灣興起了一番新的局面。大家心裡知道，
這個條約一訂，臺灣至少可有二、三十年的安定，而且由於和美國
有著極其密切的關係，於是便造成一切以美國的解釋為解釋，以美
國的標準為標準；這樣我們臺灣的教育情況就對自己近代的歷史比
較不熟悉了。那麼我們從哪兒吸收營養呢？從西方的文化。〔註113〕

　　另一位本省籍人士也指出，1949年以前的思想、學術、文藝的發展脈絡
因政治分裂而被切割掉，使臺灣社會和五四以來的思想發展脫離了關係。他
們不是縱面承續的一代，而是橫面移植的一代。他們的思想發展失去新舊民
族文化的滋潤，像是荒漠上的植物，領受「美國雨」的灌溉。但是，對於這
種美式文化的影響，作者是抱著批判的態度：

　　　　淋在我們身上的「美國雨」，沒有民族觀，頂多只有民主觀；沒
有切入中國民族發展脈絡中的歷史觀，頂多只有美國現狀的「未來
觀」；沒有指導炎黃子孫思想和生活目標的哲學觀，頂多只有反映資
本主義先進社會生活的哲學觀。於是，這一代青年很容易和中國民
族疏離，和中國社會疏離，成為一個持著美國人世界觀的中國人。
〔註114〕

　　戰後初期二十年臺灣政治、文化、社會瀰漫著由外省人經驗所形塑的充
滿流亡與漂泊的特質。1960年代末隨著戰後新生代人口大量增長，以及高等
教育快速發展，臺灣戰後世代人口趨於成熟，形成新一代知識階層。國民黨
在台推行極權統治的同時嚴格控制出版與言論，並在學校推行以反共為基礎

〔註113〕尉天驄：《西化的文學》，見丘為君、陳連順編：《中國現代文學的回顧》，臺
　　　　北：龍田出版社1978年版，第155～156頁。
〔註114〕陳國祥：《青年呼聲》，臺北：四季出版社1979年版，第11頁。

的中國民族主義愛國歷史教育（1949 年以前的思想、學術、文藝的發展脈絡因政治理由而被切割掉），但與此同時，卻因爲號稱加入「西方民主陣營」而在學校教育中宣揚西方的知識文化與自由主義。這使得 1960 年代的戰後世代知識份子，不論本、外省籍，他們由於兩岸的隔絕而對中國國家歷史與命運產生某種隔閡感。他們不是國家建設的積極參與者，被遠遠地隔離在政治與社會的主軸之外，而且對自己所生長的臺灣本地的過去也相當陌生。這種既對中國也對臺灣的歷史現實有所隔閡的情形，使得當時戰後世代除了被視爲苦悶消極、自私沉默之外，也自稱「無根的一代」、「失落的一代」、「迷失的一代」。他們普遍有一種孤懸於歷史之外、對於時局發展無能爲力的強烈感受，同時又信奉西方的自由民主思想。〔註 115〕由於戰後臺灣與中國傳統文化的疏離，美國文化借著美援趁虛而入，臺灣人民在精神上受美國援助影響甚深，反而產生了與中國傳統文化的疏離，滋生了對美國文化的深深依賴。

二、外省籍臺灣青年：留學與流亡

國民政府在臺偏安一隅，奉行「反共復國」的基本方針，其統治之下的民眾缺乏心理上的安定感。除了國民黨成員和堅定的反共分子之外，留學生中的外省人多是由於隨家人避退來臺，在赴美讀書後，臺灣對他們來說並沒有多少吸引力。

1950 年代末留美、60 年代初回臺，任教於臺大外文系、外省籍的顏元叔，談到「在臺灣長大的中國人」的一個「非常悲劇性的記憶」，就是中國「從一個世界上第一第二大國，今日卻局促於一個小島」。這種感受與臺灣當時在政治、軍事、經濟、文化對美國的緊密依賴相關。就像顏的描述，「美國是個朋友，但這個朋友是個大的巨人，而我們卻變成了一個小矮子」。〔註 116〕呂俊甫也是外省籍的大學教授，批評大陸來臺者經常將臺灣「和大陸的錦繡山河相比」而覺得「透不過氣來」，並率直地指出，「太平洋和臺灣海峽在我們心理上的距離，與地理上的距離似乎恰好相反」；「我們慣於回想過去的大陸，瞻望眼前的美國，自然就覺得腳下的這塊海島太渺小了」。〔註 117〕對於外省籍青

〔註 115〕雷玉虹：《臺灣「戰後世代」的歷史敘事、「國族」認同與行動》，《臺灣研究》，2013 年第 2 期，第 34～35 頁。

〔註 116〕顏元叔：《「在西方文化陰影下的臺灣」座談會紀錄》，《大學雜誌》第 12 期，1968 年 12 月，第 23 頁。

〔註 117〕呂俊甫：《從大學教育談到人才外流和留學政策——兼論今日國人的「自貶心

年而言，故鄉之地已成縹緲回憶，對目前立足之地，又不能完全融入，在這種無奈的情形之下，大多數選擇了留學美國。

新儒學思想家徐復觀認為，外省人雖然在臺灣佔據著權勢地位，但卻感到無根的失落，於是盡力掠奪社會資源，將自己的兒女送往美國：

> 我常常想，許多人在這塊小地方，爭權奪利，攘攘不休；卻不想到他的一家，在自己的祖國已經沒有第二代而斷絕了種子，還要爭些什麼？此一風氣之造成，一方面是因為感到在臺灣不能生根；另一方面又是攘奪成性，攘奪的範圍愈小攘奪的競爭便愈演愈烈。以攘奪來滿足自己，更以攘奪來幫助自己的下一代搶快漂浮到外國去。搶得最早的，高中一畢業便走了。其次，則轉彎抹角的溜走。這種影響不斷地擴大，於是整個社會，都以自己的子弟的一走為快，一走為榮。〔註118〕

當時青年學生的留學、移民，尤其是前往美國，成為父母輩對兒女的寄託：「半個世紀的戰亂，半個世紀的流離顛沛，把我們父母輩塑成最現實的典型，他們渴望房子，渴望美味的三餐，渴望有麻將有電視的夜，渴望足以炫耀的兒女，他們已厭倦風雨。而我們，多年來做什麼呢？走過昏暗的街頭去赴每晚的惡補，去擠公立的中學，去攀爬熱門的科系，去跳越『託福』。」〔註119〕

也有人這樣批判道：「從大陸來臺的這些家長們，他們曾有過與共產黨爭鬥的經驗，但這個經驗是慘痛的，是失敗的。雖然在臺灣高唱了二十多年的中興大業，但最不具中興信心的是他們。他們在基本上不願意子女再捲入政治鬥爭的漩渦中，甚而希望其子女逃離臺灣這塊政治鬥爭的是非之地。二十年來的留學熱潮就是這些人攪起來的。他們是失敗主義者，並且將其失敗主義的情緒傳播給他們下一代。」〔註120〕

有位出生於 1950 年代初的年輕人，談到從小感受到上一代認為「只要下一代有希望有出息，再苦也是值得的」；而「值得什麼呢？在以前或許是值得

理」和美國文化的影響》，《大學雜誌》第 16 期，1969 年，第 4 頁。
〔註118〕徐復觀：《有關臺灣的留學政策問題》，見《徐復觀文錄（一）文化》，臺北：環宇出版社 1971 年版，第 182～183 頁。
〔註119〕葉洪生：《自序》，見《這一代的方向》，臺北：環宇出版社 1976 年版，第 3 頁。
〔註120〕陳漳生：《今日知識青年之處境》，《大學雜誌》第 46 期，1971 年 10 月，第 32 頁。

一個狀元兒子！在現在或許是值得一個留美博士的兒子！」〔註121〕

臺灣留學生年復一年地一去不返，還有臺灣當時社會的現實因素增添給這群知識分子的悲愴與無力感。1960 年代臺灣旅美學者何秀煌問道，「那些學業已經完成的，那些已經離開學校而不繼續深造的，為什麼背棄家園，長留異國；有時甚至寧可忍受寂寞與辛酸而不願意歸來呢？」當時臺灣留學生的心境與處境，「沉痛地說，許多留學生不願意歸國，原因是他們不喜歡臺灣的社會風氣與政治風氣；在現存的風氣之下，他們對於回國之後的前途沒有一個可以預料的展望。」〔註122〕

何在另一篇散文《留學》中，提到 1950～60 年代臺灣社會風氣與政治風氣的不健全：

> 由於長年的戰亂，不僅國家元氣大傷，民生凋敝，特權橫行，人們的基本人權沒有受到有力的保障。久而久之，人民只養成只問溫飽，苟命保身的習慣。很少有人還有充分的熱情與勇氣去關懷國是，熱心政治，注重學術，追問人權。因此，時至今日，我們的社會仍然民生困乏，學術不振，人權不張，惡習不去；貪官污吏處處有之，回扣紅包比比皆是。經濟上仍然貧富不均，社會上仍有特權存在。處在這樣的環境裏，每一個國民，尤其是每一個青年人理應急起奮發，力求革新。無奈長年積習，已成痼疾，清貞之士，孤掌難鳴。從政者又不能痛下決心，刷清政風；鼓起氣魄，扭轉危局。長此以往，人們漸漸變得不思、不言、不問、不發、不作、不為；慢慢地形成了對自己的社會沒有熱情，沒有寄望，沒有夢想……。在這樣的背景之下，難怪有許多人要乘留學之便，藉深造之名乘風而去，長留不返了。〔註123〕

時任政治大學新聞系主任的王洪鈞，1961 年應邀在《自由青年》雜誌「青年節專輯」中討論青年問題。39 歲的他，自認也是眾多青年的「當中一個」，

〔註121〕凌淑如：《不懂流淚的一代》，見賴志明編：《誰來經理中國》，臺北：香草山出版社 1977 年版，第 18 頁。

〔註122〕何秀煌：《政風·教育與留學生》，原載於《大學雜誌》第 25 期，1970 年 1 月。收錄於何秀煌、王劍芬：《異鄉偶書》，臺北：三民書局 1971 年版，第 143～144 頁。

〔註123〕何秀煌：《留學》，1966 年 7 月，收錄於何秀煌、王劍芬：《異鄉偶書》，臺北：三民書局 1971 年版，第 15～16 頁。

指出當時社會上許多現實問題使得老人們「不想退，也退不得」；而大學畢業者就業困難，使得「大量青年日夜只想到美國」。〔註124〕

但實際上，在戰後臺灣學生積極的留學行為表象之下，隱藏的是一種孤獨、淒涼的流亡心態。留學對於當時的臺灣青年，尤其是外省籍青年人來說，像是一場盛大的流亡，他們成為後殖民理論中所論述的孤獨的流亡者。國民黨威權統治對社會的嚴密監控使得當時的學生對於社會參與表現得十分消極。於是，出國留學，進而在異國謀職定居，就成為那代學人發展的重要出路。正如一位大學生所闡述的那樣，「他們雖然沒有反抗加諸他們身上的時代性的錯誤，但他們會逃避。西門町的鬧街，彈子房和咖啡廳都可以讓他們覓回片刻的自己；另一群比較幸運的，當他們踏入松山機場，走入機艙之際，亦會禁不住地噓一口氣：『我終於離開了這地方！』但更大部分的年青人，是帶著不堪回憶的往時，和郁郁的心情，無可奈何地踱入這完全陌生的成人社會。」〔註125〕另一位學生也認為，「我們向來都是被塑造的，唯一能覓回自己的辦法，是避開那些能塑造而要塑造我們的人，此所以那麼多的人急於要到黃金的彼岸」。〔註126〕對於這些自認是「無聲、無力的一代」而言，「出國似乎變成他們『表現自己』的唯一途徑」。〔註127〕

有位剛到美國不久的臺灣留學生，面對唐人街思考「究竟什麼是中國文化」時，在寄回臺灣的讀者來信中說道：「說實在，我不敏。我既感受不到『存在』的意義，也沒有要做『超人』的意志，更體會不出『失落』的滋味。然而，我知道，我是一個中國人，一個生在廿世紀六十年代被分割的中國人。」〔註128〕

留學是「兩腳踩在語言不同，人情不同，風俗不同，氣候不同，食物不同的國土上。」〔註129〕留學生們內心深處產生了一種「夾縫感」，「這種『夾縫感』不是指產生於不同的地域、國度、人種而引發的陌生感、疏離感，而是指由於不同思想文化、民族心理的深刻歧異所引起的矛盾感、焦灼感。」

〔註124〕王洪鈞：《如何使青年接上這一棒》，《自由青年》第 25 卷第 7 期，1961 年，
　　　　　第 7 頁。

〔註125〕林本山：《介紹不甘於被遺忘的一群》，《大學雜誌》第 22 期，1969 年，第 25
　　　　　頁。

〔註126〕王高：《垂手聽訓》，《大學雜誌》第 36 期，1970 年，第 1 頁。

〔註127〕厚道夫：《出國主義》，收錄於臺大學生著：《臺大人的十字架》，臺北：臺灣
　　　　　大學出版社 1972 年版，第 79～85 頁。

〔註128〕劉容生：《讀者投書》，《大學雜誌》7，1968 年 7 月，第 2 頁。

〔註129〕黃娟：《邂逅》，臺北：南方出版社 1988 年版，第 39 頁。

〔註 130〕筆者認爲，游子們在那個文化動搖的時代，產生了強烈尋找自我的意向，「出走」是他們轉移國土與文化雙重分裂後的失落、驅趕離散彷徨、嘗試自我定位，並解決精神困惑的唯一途徑。臺灣留學生小說中的漂泊感，正書寫記錄著這個時代的臺灣人集體放逐的境況。

一位臺大學生對當時的赴美留學生群體與社會狀況進行了充分的反思，認爲出國留學直至落戶美國，對於臺灣當時的社會來說，是種不幸。

> 過去的十年，總的說，還只是較早十年沉悶僵局的延長。在這客觀條件下，青年學生的精神、價值固定在一套主觀的、牢固的貧乏的世界觀和意識形態上。而這些本質上都是死的、殘餘的內容，都是不能開展的。其表現在現實上一窩蜂的爭分數，一窩蜂的考試、出國……。結果把自己塑造成只有書本知識而毫無實踐經驗（若有所經驗，亦只是冥想的經驗），生活世界就只書齋，終日從書本到書本，純概念到純概念，繞著一圈一圈無盡虛空的輪滾。這一切，到今日，究竟爲大家在生活上打開了什麼出路沒有？即使有所謂的出路──這就是六十年代的基本性徵──出國留學，拿了洋學位，學有專長，入了美國籍，安安妥妥的落戶異邦，……這是屬於六十年代無可挽回的悲劇。〔註 131〕

1970 年代末，一位年輕作者對之前的赴美留學現象也進行了無情的批判：

> 「失落的一代」、「無根的一代」等意識蟄伏在多數大學生的心底深處，他們企望的只是知識，念茲在茲的只是出國留學，每日口頌著存在主義、虛無主義，還自以爲吸吮知識菁華，無數人心中最大的願望就是「來來來，來臺大，去去去，去美國」。這種與文化鄉土脫節的現象，如同少數大學生所警覺的：「我們這一代知識分子正走在高懸兩崖之間的鋼索上，還自以爲是坐在通往美國的波音七四七機上呢！」〔註 132〕

〔註 130〕盧菁光：《從告別談起──談七〇年代前後臺灣留（美）學生文學的一個發展過程》，收錄於潘亞暾等著：《海外奇葩──海外華文文學論文集》，廣州：暨南大學出版社 1994 年版，第 138～139 頁。

〔註 131〕卡爾：《意識改造──由王杏慶的選擇談到當前歷史的覺悟》，見洪三雄編：《知識人的出路》，彰化：新生出版社 1973 年版，第 47～48 頁。

〔註 132〕張華：《蟄伏於象牙塔的愛國心──社會服務運動》，見丘爲君等編著：《臺灣學生運動 1949～1979（上）》，臺北：龍田出版社 1979 年版，第 175 頁。

的確，在冷戰的國際環境下，海峽兩岸處於長期分裂、隔絕的狀態，祖國的分裂和窮困使留學生們在國外倍感淒涼。「『去美國留學』，這是被多少人所羨慕的事。但是，現在留美的同學們，卻後悔來美，由留學生而成了『流落生』。其苦悶、彷徨、悲憤和絕望的心情，絕非身歷其境的人所能夠想像的。」〔註133〕他們希望祖國統一，從而有自身發揮才幹的空間，但殘酷的現實打碎了他們的夢想，「到美國久了，心情轉變了，加上國家遭到史無前例的動亂，他們的心靈是無限的痛苦。同時為了生活，忙得不可開交。」〔註134〕在種種壓力之下，孤單與寂寞啃噬著每一個留學生的心，「午夜夢迴，當他們想到了隻身千里之外；想到了自己苦鬥的艱辛；想到家；想到國；想到亂糟糟的世界，枕頭上浸濕著淚水是不足為奇的。」〔註135〕

可以深深感受到，20世紀50、60年代的臺灣赴美留學生群體是特殊歷史條下的產物，他們對美國的嚮往表現了對臺灣現實社會的不滿，內心深處的無奈與失落又體現了冷戰時代國共對峙留給他們的精神創傷。美援是一把輸送美式價值的利劍，對臺灣留學生的影響甚巨，也在無形中塑造了這一批知識分子。

三、本省籍臺灣人：強化主體意識

學者們對「主體意識」的定義很多，總體來說，它是對自我存在的一種確認，滲透進人們扮演的社會角色中，包括個人意識、集體意識和社會意識三個層面。國家意識、民族意識等等，都是建立在這種主體意識之上的。〔註136〕戰後的「臺灣主體意識」可以說是對國民黨威權統治和大中國主義的一種反叛，是臺灣人心靈深處的覺醒，強調自身地位和價值的一種表現，即站在自身的立場上，一切以臺灣本土作為思維的出發點。

〔註133〕鄒克定：《留美學生生活》，《新聞天地》，第413期，1956年1月14日，第8頁。

〔註134〕邢思仁：《留美學生走投無路》，《新聞天地》，第388期，1955年7月23日，第4頁。

〔註135〕何毓衡：《留美學生有淚難彈》，《新聞天地》，第864期，1964年9月5日，第19頁。

〔註136〕Wei-Der Shu, *Transforming National Identity in the Diaspora: An Identity Formation Approach to Biographies of Activists affiliated with the Taiwan Independence Movement in the United States*, Dissertation, Ph.D in Sociology, Syracuse University, August 2005, pp. 38～70.

　　戰後國民黨在臺灣實行的是一黨專政的威權統治，是將「中共」建構成假想敵來營造「中華民國」及「大中國」意識，將「中共」形塑成巨大敵人，以掩蓋階級、性別、種族矛盾，來「統一」臺灣，再鑲入以美帝為霸主的新殖民結構，「向外」剝削處於全球資本主義結構中更為劣勢位置的地區之勞動力、生態及資源。〔註137〕整個教育系統也是按照國民黨的意識形態建構起來的，專制主義色彩濃厚。「霸權是統治階級的力量，讓其他階級確信他們的利益就是全體人的利益。然而主宰不是通過強制來灌輸的，甚至不是積極的勸說，而是通過國家機器例如教育和媒體，使得統治階級的利益被呈現為公眾利益，成為理所當然的。」〔註138〕

　　但美國按照自身的援助目標，宣稱是一個自由民主的國家，其思想也會通過教育渠道傳播給臺灣廣大人民，潛移默化中改變人們的觀念，促使臺灣人民對於自身命運進行反思。美國教育中的許多思想對臺灣具有改造性的效果。戰後「政治掛帥」與「經濟掛帥」這兩種主導性格，〔註139〕影響了臺灣的各項發展方向，「也因而造成許多社會變遷現象，諸如都市化、教育的發展、社會階層的變動與婦女的新發展。其中因教育所產生的思想變遷影響最大。教育的發展不僅波及整個社會階層的變化，其他如家庭觀、教育觀、宗教觀、參政方式與個人的現代化程度等等，也都受到很大的影響。」〔註140〕教育的影響如此之大，美援通過教育發揮力量的空間也就相應很廣闊。

　　有學者認為，「回顧日據時代臺灣所受的奴化教育，恐怕都不及美國化改造的效果來得深且鉅。」〔註141〕臺灣由於經歷了五十年的日本殖民統治，自身受到劇烈的衝擊，這是顯而易見的；但戰後美國的改造則是潛移默化之中的。戰後臺灣所受的美國式改造則不同。在日本統治之下，教育是奴化殖民地人民的一種工具，多半殖民的人民早就有所防備。而美國之於臺灣是一個

〔註137〕陳光興：《帝國之眼：「次」帝國與國族——國家的文化想像》，《臺灣社會研究》，17，1994年7月，第205頁。

〔註138〕Bill Ashcroft, Gareth Griffiths and Helen Tiffin: *Post-Colonial Studies: The Key Concepts*, London and New York: Routledge, 2000, p.116.

〔註139〕參見葉啓政：《三十年來臺灣地區中國文化發展的檢討》，收錄於朱岑樓主編：《我國社會的變遷與發展》，臺北：東大圖書出版公司1981年版。

〔註140〕曾萍萍：《噤啞的他者——陳映真小說與後殖民論述》，臺北：萬卷樓圖書股份有限公司2003年版，第54頁。

〔註141〕曾萍萍：《噤啞的他者——陳映真小說與後殖民論述》，臺北：萬卷樓圖書股份有限公司2003年版，第149頁。

沒有領土的帝國，因而人們並不會像防備日本一樣，防備美國文化的入侵。因此，美國能夠藉著教育和留學政策成功地在臺灣培植一批「西方的東方紳士」（Wogs，即 Westenized Oriental Gentlemen）。〔註142〕這些人都帶有美式的價值觀念，不再唯國民黨政府馬首是瞻，對臺灣命運和前途作出了思考。

本省籍臺灣人意識到國民黨外來統治集團的壓榨，對專制統治感到十分不滿，在對美援教育傳播進來的自由、民主、平等理念的追逐過程中，逐漸強化了要求學習西方民主的政治追求，本土化的訴求也在逐漸的不斷強化之中。在戰後的臺灣社會中，教育不僅影響到社會階層的變化，也影響到人們各種態度與行為的改變，例如對家庭的態度、兒童教育方式、政治參與的方式、個人的現代化程度、個人的宗教觀等。〔註143〕戰後臺灣文化中「個體性」之所以快速「覺醒」，原因固然不止一端，但其中較具關鍵性的因素至少有：首先，戰後臺灣的生產方式從農業到工業的轉變，這種轉變主要歸因於政府政策的主導。其次，戰後臺灣教育的快速普及與擴張，及其所導致的知識普及化。〔註144〕這種「教育的快速普及與擴展」，美援在其中起到了相當大的作用。

其中，受過高等教育的大學生是社會變遷的主導力量。「大學生在我國的社會中，具有令人羨慕的身份；在大家的心眼裏，也把大學生看作是國家的棟樑。無疑的，大學生應該肩負移風易俗、提升生活品質、以及促進社會民主化的角色。」〔註145〕因為他們受教育程度較高，較多受到美國援助影響，民主意識覺醒也較早。

1960 年代後半期是臺灣經濟起飛的年代，也是政治和學術新一代開始長成的時代，年輕的知識分子紛紛提出自己的想法。他們受美國影響，對 1950年代形成的戒嚴體制越來越不滿意，鼓吹自由主義和政治革新。政府方面主管意識形態的部門，也覺察到這一股潮流，所以力圖加強思想監控，崇信三

〔註142〕曾萍萍：《噤啞的他者——陳映真小說與後殖民論述》，臺北：萬卷樓圖書股份有限公司 2003 年版，第 150 頁。

〔註143〕Hei-yuan Chiu, "Education and Social Change in Taiwan," in H.H. Hsiao et. al. eds., *Taiwan: A Newly Industrialized State*, Taipei: National Taiwan University , pp. 187～205.

〔註144〕黃俊傑：《戰後臺灣文化變遷的主要方向：個體性的覺醒及其問題》，收錄於黃俊傑：《臺灣意識與臺灣文化》，臺北：正中書局 2000 年版，第 147 頁。

〔註145〕林玉體：《醒醒大學生》，收入林玉體：《不做稻草人》，臺北：生活文化事業有限公司 1988 年版，第 103 頁。

民主義的政府官員更想以各種學問豐富對三民主義的解釋，鞏固其思想宰制，因而也有了要求「中央研究院」成立相關研究所的提議。〔註146〕雖然種種原因，這類研究所沒有設置成功，但卻反映了統治者對於本土化趨勢在意識形態上的一種回應。

總體來說，國民黨在臺執政，在戰後初期（1945～1960年）主要目的在於重新把臺灣「中國化」，其主要文化活動就是反共宣傳，由於當時官員尚不熟悉臺灣本土文化，因此亦尚未採取任何壓抑手段；戰後中期（1960～1975年），國民黨政府展開新的文化活動，本土主義漸漸受到限制，本土雜誌和自由派知識分子受到嚴厲打壓，到後期（1975～2000年），本土文化力量漸漸增強，政府先打壓，隨後進行拉攏，最後只能容忍。〔註147〕戰後臺灣文化的發展，在20世紀70年代之前，文化思考的中心概念是「中國」，但到八十年代後可以說是輪到「本土」的概念來管領風騷。〔註148〕本土化的興起可以說是無可避免的歷史趨勢。

美國對外援助的目標號稱「輸出民主」，然而筆者認為，美援非但沒有促成臺灣的民主改革，反而延緩了政治民主化的發展。由於反共親美勢力的成長符合美國在臺的政治利益，美援在臺的政治作用主要表現在協助堅決反共的國民黨政權統治臺灣，以及親美的技術官僚爭取決策權。為完成這些政治目標，美援必須先強化美國對臺灣的控制力及影響力。然而，反共勢力並不全等於親美勢力，美國雖然控制國民黨政府但無法完全駕馭它，卻要深深依賴於它。美國不會借助美援在臺灣推行不利於國民黨統治的政治革新，更不用說推行可能引發政權不穩和社會失控的民主改革了。

國民黨威權統治之下，文化和教育處於被壟斷的地位。「文化伴隨著人類文明的進步而擴充其內涵，強大且明確至足以代表某一群體過去成就的累積，並且經過每一代知識分子的詮釋，具有無可比擬的政治效力。David Laitin將此種『政治化』的文化——政客們透過對族群文化的塑造、包裝與宣傳來

〔註146〕中央研究院八十年院史編纂委員會：《追求卓越：中央研究院八十年（卷一：任重道遠）》，臺北：中央研究院2008年版，第140頁。

〔註147〕周克勤著、林宛瑩譯：《戰後國民政府與儒學思想：西學為體、中學為用？》，收錄於黃俊傑、何寄澎主編：《臺灣的文化發展：世紀之交的省思》，臺北：臺大出版中心2000年版，第82頁。

〔註148〕林谷芳：《超越中心與邊陲、中原與本土的二分思考》，《文訊》，第133期，1996年11月，第39頁。

極大化自我權力與利益——稱為『霸權』（hegemony）。臺灣戰後文化發展歷程，有很長一段時間，即在此『霸權』下發展。為鞏固及有效統治臺灣地區，透過訂定一連串的文化政策，主導臺灣文化的發展，以威權方式從教育、大眾傳播等途徑影響臺灣文化的發展，使臺灣文化朝政府所塑造的方向前進，形成一元文化。」〔註149〕在這種嚴峻的形勢下，受美援的影響，本土意識在某些情況下就滋生為臺獨思想了。

　　臺語語言學專家、「臺灣獨立運動教父」王育德對美援現象進行了反思，帶有濃厚的臺獨意味。雖然他曾肯定美援對於臺灣戰後經濟發展的巨大作用：「政治的安定是依靠軍隊、警察、特務無理壓制的結果。經濟發展是因為：第一、日治時代社會資本的整備；第二、1950 年到 65 年間美國每年一億美金的經濟援助；第三、臺灣人優質而廉價的勞動力等三項因素所造成。」〔註150〕然而在這裡，他並沒有提到國民黨政府的諸多政策，原因是他視蔣氏集團為外來統治者，依附美國來統治臺灣人，情緒上流露出不滿與反感，「照常理，國民政府的經濟應該早就崩潰瓦解，一直加以支撐的，不用說是美援。」〔註151〕「正因有這筆龐大的援助，國民政府才能苟延殘喘，但另一方面也造成他們依賴心理更為加強的結果。他們開始認為，美國出錢讓自己跟中共對抗是一種義務，不夠的由美國彌補是理所當然的。」〔註152〕

　　他將國民黨政府敗退來臺所帶來的二百萬中國人視為難民，並將其分為三個集團：第一個集團是圍繞在蔣介石父子周圍，掌控政府機關、金融機構的官僚和軍隊高級幹部，他們是警察和特務的後臺老闆。還有主宰以《中央日報》為首的言論機關的御用理論家，數量雖少，卻掌握實權。〔註153〕這個權力集團是堅定的親美派，「這是十年之間，國民黨政府的高官紛紛將財產與

〔註149〕戴美慧：《戰後臺灣文化政策與文化發展關係之研究——以文化多元主義為觀點》，臺北：臺灣師範大學政治學研究所碩士論文，2002 年，第 15 頁。

〔註150〕王育德：《大中國主義與臺灣民族主義之戰》，原文刊於《臺灣青年》298 期，1985 年 8 月 5 日，收錄於王育德著，侯榮邦等譯：《王育德全集 12・臺灣獨立的歷史波動》，臺北：前衛出版社 2002 年版，第 247 頁。

〔註151〕王育德著，黃國彥譯：《王育德全集 1・臺灣：苦悶的歷史》，臺北：前衛出版社 2000 年版，第 177 頁。

〔註152〕王育德著，黃國彥譯：《王育德全集 1・臺灣・苦悶的歷史》，臺北：前衛出版社 2000 年版，第 206 頁。

〔註153〕王育德：《日本人錯估了臺灣問題》，收錄於王育德著，侯榮邦等譯：《王育德全集 12・臺灣獨立的歷史波動》，臺北：前衛出版社 2002 年版，第 52 頁。

子弟送往美國，預做最後逃亡的準備。」〔註154〕「第一個集團的中國人，一旦遇到危急就準備逃到美國。」〔註155〕「他們不約而同將子女和財產送往美國，爲第二次亡命鋪好路。」〔註156〕因此他認爲，國民黨政府是不可信任的，無法給臺灣人民帶來安全感和幸福感。在文中如下闡述：

> 第二代中國人流行從臺灣渡航美國，白先勇正好是個典型事例。因爲對他們來說，無論臺灣或美國，「流亡」的感覺是不變的。既然同樣是流亡，土地遼闊、更自由更民主的美國當然較佳。在美國，不僅可以自由地回臺灣探親，而且還能到中國旅行。

> 逃至臺灣的中國人父母更是千方百計地讓兒女們逃往美國，因爲兒女若能在美國獲得公民權或永久居住權，一旦發生緊急狀況，自己也有可以投靠之處。

> 以下雖是部分的統計，但仍可以顯示出自 1960 年至 1968 年，每年平均有 1544 人的大專畢業生（占全體的 8%）前往美國，而每年僅有 53 人（占留學生的 4%）回到臺灣。

> 根據中華民國駐美大使在 1969 年春發表的「旅美中國學人錄」指出，當時已有 2450 位中國大學畢業生在美國國內從事教育研究，其中 82%取得博士學位。（1975 年，高希均《中華民國人才流入美國之實證分析》。）

> 在這些統計中，臺灣人也被算成中國人，所以無法獲知流亡的中國人的實際數目。但是，我們不難想像出中國人在比例上占多數的事實。因爲他們即使無法通過困難的留學考試，也可靠關係出國。〔註157〕

王育德對於美援戰後臺灣產生的一系列社會變遷進行了反思，對國民黨統治集團進行了激烈的批判，認爲完全依賴於美國這個後臺老闆而生存，將

〔註154〕王育德：《訴諸熱愛自由的臺灣國民》，原文刊於《新勢力》1962 年 4 月號，收錄於王育德著，侯榮邦等譯：《王育德全集 12·臺灣獨立的歷史波動》，臺北：前衛出版社 2002 年版，第 32 頁。

〔註155〕王育德：《日本人錯估了臺灣問題》，收錄於王育德著，侯榮邦等譯：《王育德全集 12·臺灣獨立的歷史波動》，臺北：前衛出版社 2002 年版，第 52 頁。

〔註156〕王育德著，黃國彥譯：《王育德全集 1·臺灣·苦悶的歷史》，臺北：前衛出版社 2000 年版，第 168 頁。

〔註157〕王育德著，黃國彥等譯：《王育德全集 2·臺灣海峽》，臺北：前衛出版社 2000 年版，第 14～15 頁。

本省人與外省人統治集團相區隔。

　　臺獨運動的重要參與者、本省籍的張燦鍙〔註158〕博士曾留學美國，他在其書中寫道，「在我的那個年代，臺灣留學生到了美國，除了大開眼界，最大的改變，恐怕就是個人思想的自我覺醒。這種覺醒，因人而異，深淺有別。但最起碼每個臺灣留學生都會感受到美國社會那種自由、開放的民主氛圍。」〔註159〕由於國民黨統治集團給臺灣人民灌輸大中國的觀念，使得當時的臺灣留學生對自身所處的島嶼知之甚少。「猶記得 1961 年我出國留學，去拿博士，當身處美國，相信很多人和我都有同樣尷尬的經驗，那就是碰到 Host Family 請客，或出席 Rotary Club 的邀約，席間交談起臺灣的情形，我們常會不知所云，雖然我們生在臺灣，長在臺灣，家在臺灣，然而卻沒有辦法去向外國友人描繪臺灣，也不知道有什麼東西可以代表臺灣，真是很丟人。」〔註160〕

　　記憶是生命之鏡。社會或者集體的記憶是重要的，但最終，個人會根據自身不同情境對這些記憶進行再解釋。流亡者的記憶是一大批矛盾的產物，充滿了希望和喜悅、失望和悲傷。在歷史敘事的建構與再建構中，「過去」與「現在」的關係並非穩定。集體記憶與集體認同、集體過去與集體自我的關係是相生相成、一體兩面的。關於「我（們）是誰」等等的主體的塑造，從來與我們對過去的塑造是分不開的；而不管是主體性的塑造或過去的塑造，都是受到特定歷史階段與特定政治力量所左右的。〔註161〕

　　很多本省人留學生，在國民黨一黨專政的年代裏，對威權統治有著天生的排斥心理；而且由於國民黨政府對於本省人發展的壓抑與排斥，他們在公職領域獲得陞遷、奮鬥到高層職位的幾率也不大，自然的，他們也會選擇留在美國。關於這種情緒上的憤怒與不滿，臺灣本省籍知識精英陳隆志在書中寫道：

　　　　有一位年青的臺灣醫生到美國實習，在第三年時，因他的父親

〔註158〕張燦鍙，1936 年出生於臺南縣，1958 年畢業於臺灣大學化工系，1965 年獲美國萊斯大學化工系博士學位，後在加州理工學院從事博士後研究。在美國期間便投入臺灣獨立運動，1966 年「全美臺灣獨立聯盟」成立時，出任副主席；1970 年「臺灣獨立建國聯盟」成立後，出任副主席；1973 年出任「臺灣獨立建國聯盟」主席。

〔註159〕張燦鍙：《文化：臺灣問題的根源》，臺北：前衛出版社 2003 年版，第 4～5 頁。

〔註160〕張燦鍙：《文化：臺灣問題的根源》，臺北：前衛出版社 2003 年版，第 40～41 頁。

〔註161〕蕭阿勤：《回歸現實——臺灣 1970 年代的戰後世代與文化政治變遷》，臺北：中央研究院社會學研究所專書第 6 號，2010 年第 2 版，第 200 頁。

病危，返臺探親，回去後再要出來時，蔣政權竟不放他走，理由是他應補服出國三年間所積欠的「教育召集」。我們知道每年有很多「大陸人」留學生或「學人」自由進出臺灣，他們沒有一到臺灣就不能再出來的顧慮或危險，他們不會受蔣政權「警備總部」種種刁難的折磨。大陸人在外國雖公開痛罵蔣介石，捧頌毛澤東，但毫無顧忌，搖搖擺擺出入臺灣；臺灣人想回去，馬上就想到是否因參加過臺灣同鄉會而被列在國民黨的黑名單。同是蔣政權所稱的「中國人」，爲什麼臺灣人與大陸人卻有不同的遭遇，受不同的看待？臺灣明明是我們的，但是，我們很多留學外國的親戚朋友、同鄉卻不敢回去，假使有人回鄉探親或回臺成親，也是驚驚惶惶隨著「大陸人」的「回國觀光團」閃入再閃出來，眞像一位出走的媳婦仔偷偷回家，無限的畏縮，無限的恐懼。爲什麼我們有家歸不得？爲什麼我們不能自由出入自己的故鄉？爲什麼臺灣留學生學成後流亡海外，寄人籬笆下？其實，說破値無三文錢，最根本的是「大陸人」有一個屬於他們的政府——蔣介石的「國民政府」，我們臺灣人有的是統治剝削我們的蔣介石政權；換句話說，我們沒有自己的「國家」，沒有自己的政府，才會如此。大家所知「乞食趕廟公」或「豆油分你沾，連碟子也搶去」就是這個意思。〔註162〕

在這裡，他將臺灣人與大陸人看作兩個不同的群體，並認爲前者受到後者的壓迫和嚴重不公正的待遇。在臺灣的國民黨統治集團並不能眞正爲臺灣人民著想，代表臺灣人民的利益，反而剝削臺灣人。所以，臺灣人只有悲慘地流亡，到哪裏都是寄人籬下的生活。可見，一些臺灣本省籍人士在美國的經歷促使其對臺灣社會現狀進行了反思，本土意識在某些激烈情況之下會轉化爲臺獨意識。

〔註162〕陳隆志：《臺灣的獨立與建國》，臺北：月旦出版社1996年版，第 22～23頁。作者1958年畢業於臺灣大學法律系，1960年赴美留學，1964年取得耶魯大學法學博士學位。作爲本省人知識分子的精英人物，其言論也許有些許誇張之處，但的確表達了本省留學生的某些思想。但此種想法是否屬主流，有待筆者進一步研究。

第五章　比較闡釋：從世界範圍審視美援教育

二戰後，隨著科學技術發展的日新月異，世界進入了快速全球化的時代，美蘇冷戰並最終以美國的勝利告終，將全世界置於美國霸權的政治經濟格局之下。戰後接受美國援助的決非臺灣一個地區，而是很多國家和地區落入了美國苦心經營的勢力範圍之中。本章即選取其中的幾個例子與臺灣作出比較分析，更加深入地認識戰後美國對臺灣的教育援助。

第一節　臺灣轉援助他國

獲得美國援助的臺灣也對他國實施援助。比如，許多國家派人來臺接受技術訓練，而這些人的培訓費用是由美援經費所承擔的。如下表：

表 5.1：1951～1961 年各國來臺接受技術訓練人數

國　　家	已訓練完畢者	尚在訓練中者	合　　計
柬埔寨	13	0	13
日本	21	0	21
韓國	186	2	188
老撾	31	0	31
尼泊爾	4	0	4
巴基斯坦	1	0	1

菲律賓	161	0	161
琉球	36	0	36
泰國	373	2	375
越南（南越）	278	20	298
合　計	1104	24	1128

資料來源：尹仲容：《我對臺灣經濟的看法》（三編），臺北：行政院經濟設計委員會
　　　　　1962 年版，第 277～309 頁。

　　美國的援助活動在受援方獲得成功後，受援方會反過來向外提供援助，
從而減輕美國的援外壓力，使美國得到實際的利益。以臺灣農業教育為例，
美援使得臺灣農業得到了很大發展，人才和技術有了相應的積累，美國便利
用臺灣此方面的優勢為援外工作服務。應臺灣當局與美國政府的要求，農復
會從 1955 年起開始協助促進臺灣與國際間的農業技術合作，主要工作包括：
在美援《第三國訓練計劃》項下吸納亞非國家的農業技術人員來臺灣接受培
訓；接受外國專家來臺灣考察農業建設；派遣臺灣農業技術人員赴美國、日
本受訓；派遣臺灣農業技術人員協助其他國家發展農業。農復會為來訪的外
國專家提供有關資料，配合有關單位安排外賓在臺的考察和訓練事宜，制定
各項規定以遴選赴外國受訓的農業技術人員，組建臺灣援外農業技術團等。
〔註 1〕

　　其中最重要的是與所謂的南越政府簽訂合同，向南越派出農會組織技術
團、作物改良技術團、水利技術團等三個技術代表團，幫助南越進行農業開
發工作。農會組織技術團協助當地政府建立了 48 個農會，其組織及業務與
臺灣農會相似。作物改良團成立於 1960 年 7 月，其任務是協助南越農務部
從事作物的改良與示範。該團從臺灣引進水稻、玉米、大豆、花生及蔬菜等
作物，其單位面積產量，均比南越本地品種高出數倍，對南越農業增產貢獻
很大。水利技術團於 1960 年 11 月在南越開始工作，協助南越政府規劃及審
核百餘件水利工程計劃，此外還對若干工程的施工給予督導。

　　由於這三個技術團表現出色，應南越政府的要求，臺灣當局將它們合
併改組為「駐越南農業技術團」。該團協助南越政府訓練農業改良場和畜牧
改良場的技術人員；改善製種技術、耕作方法、病蟲害防治方法、家畜飼

〔註 1〕《國外技術訓練》，農復會檔，周琇環編：《農復會史料》第 1 冊《組織沿革
　　　　（二）》，臺北：國史館 1995 年版，第 140～141 頁。

養技術等；規劃水利灌溉設施。1965 年臺灣地區與南越經濟合作會議在臺
北舉行，與會代表對臺灣「駐越南農業技術團」的工作給予了高度讚揚。
〔註 2〕

　　1964 年 8 月，根據與菲律賓的協議，臺灣派遣了由專家 1 人及技工 3 人
組成的農耕示範隊到菲律賓邦邦加省作稻米增產示範。該示範隊運用科學耕
作法，僅用 3 個月時間就完成了單位產量倍增。〔註 3〕

　　此外，許多非洲國家也派人來臺灣參觀考察，並要求臺灣給予農技方面
的幫助。臺灣外交部與農復會協商後，由農復會組織了「農業示範團」去這
些國家進行農業推廣，最後取得了好成績。臺灣外交部次長楊西崑曾對農技
團做過這樣的比喻：「臺灣的農技好像神話中的阿拉丁神燈，多年來埋沒在
穀倉之中，被灰塵覆蓋，也不爲人所知，偶然一天被人無意中發現，一經擦
拭，不但光潔燦爛，而且發出神奇的力量，效果非凡。」〔註 4〕

　　援助臺灣在農業方面率先取得成功，又以臺灣的農業經驗、農業專家、
耕作技術施惠於其他受援國家與地區，這樣可以減輕美國的援外負擔和壓
力，還可以擴大美國對外援助在世界上的影響。

　　臺灣自 1960 年代之後步入經濟發展的快車道，在亞太同盟體系和美國對
外經濟戰略中開始凸顯其特殊的重要地位。鑑於臺灣實力已經增強，美國一
方面大幅度減少給予臺灣的經濟與軍事援助，另一方面則將臺灣視作憑藉美
援支持走向成功的典範而加以大力宣傳，並積極引導臺灣協助美國推進對其
他國家的援助活動，支持臺灣官方資本和民間資本參與美國主導的全球經濟
分工與合作體系。臺灣在美國的對外援助體系乃至世界經濟體系中開始佔據
較爲重要的地位。〔註 5〕

〔註 2〕《中國農村復興聯合委員會工作報告》第 17 期（1965 年 7 月 1 日～1966 年 6
　　　月 30 日），黃俊傑編：《中國農村復興聯合委員會史料彙編》，臺北：三民書
　　　局 1991 年版，第 470 頁。

〔註 3〕《中國農村復興聯合委員會工作報告》第 17 期（1965 年 7 月 1 日～1966 年 6
　　　月 30 日），黃俊傑編：《中國農村復興聯合委員會史料彙編》，臺北：三民書
　　　局 1991 年版，第 469 頁。

〔註 4〕1988 年 12 月 6 日張訓舜先生訪問記錄，黃俊傑編：《中國農村復興聯合委員
　　　會史料彙編》，臺北：三民書局 1991 年版，第 475 頁。

〔註 5〕杜繼東：《美國對臺灣地區援助研究（1950～1965）》，南京：鳳凰出版社 2011
　　　年版，第 101 頁。

第二節　與韓國的比較分析

　　從 20 世紀 60 年代開始，亞洲的韓國、新加坡和中國臺灣、香港推行出口導向型戰略，重點發展勞動密集型的加工產業，在短時間內實現了經濟的騰飛。所謂「東亞模式」引起全世界關注，它們也因此被稱為「亞洲四小龍」。這四個國家和地區都屬於幅員不大、工礦資源不多，但地理位置優越且同西方發達國家有著特殊的關係。香港與新加坡受到英國殖民統治，在法律、教育、經濟各方面都深受影響；而臺灣和韓國則是在 1950 年代以後深受美國影響，能夠和西方價值體系及經濟體系接軌。

　　就韓國和臺灣來說，兩者都在戰後接受了大量的美國援助，並經歷過日本的殖民統治，具有多方面的相似性。這是筆者重點選取韓國與臺灣進行比較的原因。在美援實施期間，臺灣地區和韓國在內部資源、防務負擔、人民教育水平、基本設施等方面的狀況頗為相似（具體參見附錄七）。1945 至 1961年間，美國對韓經濟援助總額超過 30 億美元，軍事援助超過 20 億美元。〔註6〕

一、美國對韓國的教育援助

　　美國最初的對韓援助是戰後對佔領地區行政救濟援助的組成部分。1945到 1948 年的美軍政府期間，美國共向韓國提供援助 4.1 億美元。針對當時韓國面臨的嚴重經濟問題，美國總統杜魯門提出「復蘇性援助」，認為只有通過經濟復蘇項目才能使韓國建立自身的工業部門，從而結束對美國經濟援助的依賴。在杜魯門看來，原因還在於韓國走向自立的、穩定的民族經濟將對亞洲人民產生巨大的、不可限量的影響。〔註7〕

　　朝鮮戰爭的爆發，使其在東亞戰略中的地位陡然上升，美國重新審視韓國的戰略價值並調整其對韓政策，開始把軍事安全作為對韓政策的重心。從援助政策方面，在朝鮮戰爭期間，美國向韓國提供了戰時緊急救護援助。新上臺的艾森豪威爾政府試圖從朝鮮戰爭中脫身，雙方在華盛頓簽署了《共同防禦條約》，於 1954 年 11 月正式生效。1955 年的文件中，美國根據時局提出了比較長期的對韓政策，擴大了對韓國軍事援助的範圍和力度，確定軍事優先於經濟

〔註 6〕　參考 *Foreign Relations of the United States*（*FRUS*），*1964～1968*，Vol.XXIX：Korea, 345. Memorandom from Robert W. Komer of the National Security Council Staff to President Johnson, Washington, July 31, 1964.

〔註 7〕　Documents on the Korea-United States Relations 1943～1965, Ministry of Foreign Affairs, Republic of Korea, pp.32～35.

的原則，提出西太平洋集體防務協定構想等。〔註8〕1954 到 1960 年，美國的軍事援助一直占到韓國國防費開支的 35%以上，1955 年則高達 48%。〔註9〕

　　由於美國外援政策的一些變化，加上朝鮮半島緊張局勢的逐步穩定，美國開始大幅度調整其對韓政策。韓國從 1958 年開始陷入持續的社會動盪之中，腐敗的政府喪失了對社會的控制力；美國也逐漸失去了對李承晚政權的興趣和信心，放任了 1960 年 4 月由學生運動引發的社會革命，導致李政權垮臺。在 1950 年代中期以後，美國開始削減對韓國的無償經濟援助，代之以長期性的政府間貸款，希望對受援國政府產生一定的約束，迫使其慎重而有效地使用貸款和援助。美國對韓國的無償經濟援助在 1957 年達到高峰後逐年下降，1960 年以後大部分改為長期貸款。美國儘管繼續提供軍事援助以協助維持韓國軍隊，但更強調在韓國建立穩定的強政府和自立的經濟。美援在很大程度上為後來韓國經濟的增長奠定了基礎，美援在其中所起的作用恰好是為韓國「起飛」前的準備階段補充了必要的「血液」。

　　以上是美援韓國的總體概括。涉及到教育方面，除了給予經濟上的援助之外，更多地體現在技術援助方面，具體包括促成教育組織與機構的建立，如韓國教育委員會、朝鮮教育審議會的成立，制定相關法案等，對戰後韓國教育產生了深刻且長遠的影響。1946 年制定的《教育援助請求案》具體內容包括：向美國短期派遣韓國教育者；將美國教育專家聘請至韓國；向韓國派遣由美國專家組成的教育使節團；使韓國學生進入美國大學學習；聘請美國教師前往韓國，在韓國各地師範學校擔任 1 年的教師或學生指導工作；捐贈圖書及實驗設備等。〔註10〕把重點放在將韓國教育者、學生派遣至美國，以及將美國的教育者派遣至韓國。在以人員交流、互訪為代表的技術援助中，最典型當屬美國教育使節團的派遣。從 1952 年 10 月至 1955 年 6 月共派遣了3 次，對韓國的教師再教育、師範教育、教育研究活動、教育課程制定等方面都產生了直接的或間接的深遠影響。〔註11〕

〔註 8〕 參考梁志：《論艾森豪威爾政府對韓國的援助政策》，《美國研究》，2001
　　　　年第 4 期，第 78～97 頁。

〔註 9〕 董向榮：《戰後美國對韓援助的政策演變及其政治影響：1945～1961》，《當代韓國》，
　　　　2003 年冬季號，第 55 頁。

〔註 10〕韓俊相：《現代韓國教育的認識》，首爾：清雅出版社 1990 年版，第 159 頁。

〔註 11〕梁榮華：《美軍政時期（1945～1948）美國對韓國的教育援助研究》，《教育史
　　　　研究》2009 年第 2 期，第 74 頁。

二、評價與比較

從宏觀上而言，如果沒有美國的援助，韓國經濟的崛起將延續更長的時間；從政策層面看，美援政策從救濟性的無償援助轉向長期性發展援助，使韓國經濟自立。另外，美援管理在韓國確立了一個科學化、理性化的發展平臺。〔註12〕

美國政府通過援助渠道不斷向韓國輸入大量資金、裝備與培訓，同時西方的科學、管理技術、教育、文化價值觀念等隨之輸入了韓國，〔註13〕美援在潛移默化中對韓國的政治、經濟架構產生了重要的影響。美國還是韓國技術引進的主要來源之國一。〔註14〕主要表現爲1965年5月朴正熙訪美時，約翰遜政府承諾援助韓國籌建科學技術研究所。1966年2月10日，韓國科學技術研究所（Korea Institute of Science and Technology）成立，美國投資67616萬美元，負責提供設備、器材與技術援助。該研究所還同美國巴特爾研究所結成姊妹研究所，聘請巴特爾研究所的科學家參與籌建、研究和管理工作。〔註15〕這些都與美援韓國教育息息相關。

韓國、臺灣是美援在遠東的兩大受益者。以韓國來說，朝鮮半島已維持40年的穩定狀態，經濟快速增長，並躍居新興工業國家的行列。而美援在中國臺灣經濟的成果，不僅穩定了島內及其與國際經濟交往中的收支平衡，更刺激了中國臺灣的工農業發展。美援自1953年到1959年致力於中國臺灣的經濟發展的8年間，臺灣的農業增產達到42%，工業則增產至一倍以上，經濟增長率8%左右。〔註16〕這無不是美國援助之功。而臺灣民眾的勵精圖治也弘揚了美援的最大效果，使臺灣成爲美援受援者的最佳楷模。

有研究者對於美國對臺灣援助政策與對韓國援助政策進行了比較，認爲

〔註12〕 程曉燕、何西雷：《美國援助與韓國經濟起飛：一項歷史的考察》，《世界經濟與政治論壇》，2008年第1期，第70～71頁。

〔註13〕 具體參見 Donald Stone Macdonald, *U. S.-Korean Relations From Liberation to Self-reliance, The Twenty-Year Record*. Boulder: Westview Press, 1992. 一書的論述。

〔註14〕 Eul Young Park, "From Bilateralism to Multilateralism: The American-Korean Economic Relations, 1945～1980, " in Youngnok Koo and Dae-sook Suh eds. , *Korea and United S tates: a Century of Cooperation,* 1984, Honolulu, p.256.

〔註15〕 李慶臻、金吉龍：《韓國現代化研究》，濟南：濟南出版社1995年版，第252～253頁。

〔註16〕 尹仲容：《十年來美國經濟援助與臺灣經濟發展》，《美援會》第六卷第二期，1961年，第7頁。

有以下三方面相同點：「第一，從美國援助的目的來看，都是爲了實現美國在東亞的戰略利益……援助作爲一種手段，是美國在該地區推行其對外政策的一種工具，臺灣和韓國對於美國的政治利益遠遠大於其經濟利益。第二，從援助的背景看，臺灣和韓國也有相似之處。都屬於對民族分裂條件下軍事獨裁政權的援助。美國對臺灣和韓國的援助政策既受美國東亞政策的影響同時又反作用於美國的東亞政策。第三，從援助的效果來看，從政權的合法性來講，美國的援助是蔣介石政權和李承晚政權得以維持的重要因素。大量的援助對於穩定臺灣和韓國的經濟，抑制通貨膨脹及投資基礎設施等方面起了重要作用。幫助其建設現代化高效率的軍隊，使其軍隊實現了『美國化』。」〔註 17〕

　　筆者認爲，美援臺灣和韓國的教育有以下幾個方面的相似之處：第一，爲兩個地區培育了大量的工農業建設人才，促進了經濟的快速增長，即人力資源的創造。第二，造成人才大量流向美國的嚴重後果。「結果不但促使受援國對美國更加依賴，甚至極可能出現受援國資源因援助反而更多回流美國的情形。」〔註 18〕留學生就是其中的代表性例子。第三，教育上的「美國化」，「美國的教育援助對戰後韓國教育產生的影響體現在很多方面，具體包括：新教育理念的制定，新教育制度（六三三四學制、引入義務教育制度）的確立，教育咨詢與研究機構的建立，教育機會的擴大與教育公平的追求，擴大人員互訪與交流，教育課程的改革，等等。」〔註 19〕引導兩個地區的教育向美國式的「民主主義」教育轉換。「教育援助與其他領域的援助有所不同，因爲教育被稱爲是實現文化帝國主義的必然要素，也就是在資本主義世界體系中實現中心地區（美國）對邊緣地區（韓國）的文化支配與文化滲透的必要要素。」〔註 20〕美國影響之大，「以致於不知道這些政策首先反映的是韓國政

〔註 17〕高黎：《艾森豪威爾政府對臺灣的援助政策》，廣州：暨南大學碩士學位論文，2006 年，第 44～45 頁。

〔註 18〕文馨瑩：《經濟奇跡的背後——臺灣美援經驗的政經分析（1951～1965）》，臺北：自立晚報社文化出版部 1990 年版，第 34 頁。

〔註 19〕梁榮華：《美軍政時期（1945～1948）美國對韓國的教育援助研究》，《教育史研究》2009 年第 2 期，第 75 頁。

〔註 20〕梁榮華：《美軍政時期（1945～1948）美國對韓國的教育援助研究》，《教育史研究》2009 年第 2 期，第 75 頁。

府的目標還是美國援助當局的目標」。〔註21〕第四，親美政治階層的出現。韓國的教育重建與改革主要是由親美、反共系統的韓國精英人士主導的，這些精英人士熟悉美國的教育理念與教育制度。這就為韓國親美勢力掌握政權搭建了跳板，統治階級與美國的合作又進一步促進了韓國的新殖民主義化，而教育援助被視為其核心手段。第五，在兩個地區都出現了某種程度的不適應性，過於以美國為中心而遭到批評。教育援助在當時的韓國社會也表現出了諸多不適應之處，雖然不能否認教育援助在消除學校差別、強化教育公平、擴充教育設施與用品等方面做出的貢獻，但在教育均衡發展尤其是地區間的教育均衡發展上，主要集中在高等教育領域以及漢城地區的學校發展上，對韓國整體的教育均衡發展也產生了一些負面影響。

可見，美國對於兩個地區的教育援助影響存在很大程度的相似性；可能有些微的不同之處，待筆者將來細細考察。

第三節　其他國家和地區

冷戰時期，美國對其傳統「後院」——拉美地區進行了大量的經濟援助。大陸學者研究認為，首先，援助為美國的商品和服務提供了更廣闊的海外市場；第二，通過經濟援助，美國向拉美國家的政府施加壓力，要求它們實行自由貿易，開放商品市場和投資領域，從宏觀政策層面上為美國私人資本在這一地區的擴張創造有利環境；第三，當拉美國家的經濟和社會發展目標與美國私人資本的利益發生衝突時，美國的援助政策毫不猶豫地將後者置於優先地位。〔註22〕所以，美國對拉美的援助也是一種戰略工具。另外，對以色列的援助也是美國中東戰略的一個重要組成部分。〔註23〕

由於要與共產主義對抗，東亞和東南亞成為美國援助的重點地區之一；美援如同一把巨型的保護傘，將需要經濟援助、軍事支持，或者技術協助的國家都置於它的遮蔽之下。就其根本目的而言，美國對亞洲的「教育援助項

〔註21〕 Kim kwang Suk , Michael Roemer. *Studies in the Modernization of the Republic of Korea, 1945～1975: Growth and Structural Transformation.* Cambridge: Harvard University Press, 1980, p.43.
〔註22〕 郭擁軍：《試論冷戰時期美國對拉美的經濟援助》，《拉丁美洲研究》，2002年第3期，第38～39頁。
〔註23〕 具體參見姜淑令、褚浩：《試析20世紀60年代美國對以色列的援助》，《武漢大學學報（人文科學版）》，第60卷第6期，2007年11月。

目」有促進經濟發展、社會進步和推廣美國式民主的一面，但更重要的是爲在中國大陸周邊樹起一道防範共產主義的「思想屏障」，從而在思想上切斷中國大陸的外部聯繫，鞏固上述國家和地區對美國的結盟或依附關係。〔註24〕在東亞和東南亞，與美國建立姊妹校項目的國家和地區有日本、韓國、臺灣、菲律賓、越南、印尼和泰國。〔註25〕試舉出以下兩例。

一、印度

　　由於印度並非冷戰中的重點地區，在朝鮮戰爭爆發後南亞戰略重要性得到提升的戰略環境之下，美國決策者認爲援印符合美國的利益：印度是世界上人口第二大國家，其非共產主義政府的存在對美國而言本身就是一筆可觀的財富；援助有助於促進印度穩定，並遏制共產主義顛覆。〔註26〕基於這個目標，美國對印度展開了有限度的援助，農業發展項目是其中的重點〔註27〕，教育也是其中的一部分。

　　教育對於印度社會來說是具有重大價值的，當時觀察者就闡述道，教育在追求經濟的快速發展和技術進步，和建立一個在自由、社會正義和機會平等價值之上的社會秩序中是最重要的因素。教育項目要建立在普通公民身份的形成、發展國家每個部分的自然與人力資源之上。戰後印度的進步雖然爲經濟發展創造了一座里程碑；然而在教育領域還存在著重大的缺陷，如果要保持進步的穩定性和持久性的話，這些缺陷必須被快速消除。〔註28〕教育對於塑造一個國家良好公民形象具有重大意義，經濟發展是國家發展的基礎，而之上的社會發展必須依靠教育來完成。

　　爲了社會更好地發展，印度必須建立一個良好的教育系統，「必須達到不僅僅是灌輸學生正式的指令。教育體系的第一目標是增加個人的能力，讓他

〔註24〕張楊：《冷戰共識——論美國政府與基金會對亞洲的教育援助項目（1953～1961）》，《武漢大學學報（人文科學版）》，第 66 卷第 3 期，2013 年 5 月，第60 頁。
〔註25〕張楊：《冷戰共識——論美國政府與基金會對亞洲的教育援助項目（1953～1961）》，《武漢大學學報（人文科學版）》，第 66 卷第 3 期，2013 年 5 月，第64～65 頁。
〔註26〕Department of State. *Foreign Relations of the United States*, 1951, Vol. 6. Washing, D.C.: G.P.O., 1977, pp. 2085～2086.
〔註27〕王昊：《切斯特·鮑爾斯與美國對印經濟援助（1951～1953）》，《歷史教學問題》，2008 年第 3 期，第 22 頁。
〔註28〕*The Third Five-Year Plan*, New Delhi: Planning Commission, 1962, p.573.

變得有創造力，有能力致力於國家的發展。第二目標是教授和增加一種公民的責任感和參與感──當今很缺乏的一種意識。」〔註 29〕但是，如果國家沒有能力建構一個有創造力的經濟體系，達不到充分就業的話，「教育的課程和體系可以變得危險」。〔註 30〕

　　基於以上需要，與臺灣經驗相類似，美國援助在印度教育方面也下了很大的功夫。許多印度專家得到了美國援助，得以在美國學習和旅遊。美國也援助印度興建了教育中心，如 Indian Institute of Technology at Kanpur 和 Agricultural University at Rudrapur。〔註 31〕另外，與在歐洲各國大力推動美國研究〔註 32〕相似，在印度也同樣採取如此做法〔註 33〕，作為文化輸出。

　　學者在研究美國對印度援助的時候指出，不僅是官方，各種基金會也參與了援助的方方面面。〔註 34〕福特基金會在印度開展了援助項目，與技術合作計劃一起。鋼鐵培訓課程由在一些美國大學開展的專業培訓課程和美國鋼鐵研究所的實習訓練組成。該計劃連續三年每年從印度挑選 100 名學員，每年花費 373000 美元；福特基金會每年承擔其中的 150000 美元。印度政府報銷路費和其他相關開銷。〔註 35〕福特基金會還參與援助了印度的公共健康教育項目〔註 36〕，和護理教育項目。〔註 37〕「對於印度教育的美國私人援助通

〔註 29〕 S. Chandrasekhar: *American Aid and India's Economic Development*, New York: Frederick Publishers, 1965, p.191.

〔註 30〕 S. Chandrasekhar: *American Aid and India's Economic Development*, New York: Frederick Publishers, 1965, p.191.

〔註 31〕 S. Chandrasekhar: *American Aid and India's Economic Development*, New York: Frederick Publishers, 1965, p.189.

〔註 32〕 參見 Richard Pells: *Not Like Us: How Europeans Have Loved, Hated, and Transformed American Culture since World War II*, New York: Basic Books, 1997 一書中的第四章。

〔註 33〕 參見 Ainslie T. Embree, "U.S. Educational and Cultural Exchanges with India: An Asymmetrical Relationship," in Kallgren and Simon eds., *Educational Exchanges : Essays on the Sino-American Experience*, Berkeley: University of California, Institute of East Asian Studies, 1986.一書的論述。

〔註 34〕 S. Chandrasekhar: *American Aid and India's Economic Development*, New York: Frederick Publishers, 1965, p.4.

〔註 35〕 S. Chandrasekhar: *American Aid and India's Economic Development*, New York: Frederick Publishers, 1965, p.109.

〔註 36〕 S. Chandrasekhar: *American Aid and India's Economic Development*, New York: Frederick Publishers, 1965, p.132～133.

〔註 37〕 S. Chandrasekhar: *American Aid and India's Economic Development*, New York: Frederick Publishers, 1965, p.134～135.

過基金會和大學、其他一些學術機構來到達。」〔註38〕

　　教育方面的美援通過理念灌輸的方式，影響到印度民眾的思想觀念。「很難用精確的詞句來評價美國援助對於印度教育的影響。美國的金錢和設備是重要的。但更加重要的是美式的理念，美國教授和其他專家樂意於將他們的知識技能灌輸給印度人，是種值得讚美的行爲。」〔註39〕印度人十分推崇美國的教育理念，「美國的教育哲學是建立在個人的價值和尊嚴之上的。反對一切類型的教條主義和威權主義。美國教育強調選擇自由。學生被教育應獨立思考和自主選擇。學生們被引導發掘自己和天賦才能，自由追求最切合的目標。美國的教育體系爲其公民提供義務教育直至17歲。它提供的課程非常多樣化，可以滿足廣泛的天賦、才能和智力需要。美式理念包括對所有人的教育平等權，無論種族、宗教、國籍、性別或經濟來源。如果印度的教育者和學生能夠吸收某些美國自由的教育理念，美援將對印度的後代具有充分的紅利。」〔註40〕美國致力於使印度的教育更加實際，與印度政府的努力相聯結，直接貢獻於文化、經濟和政治生活所需要的改革。當人們受教育程度提高的時候，會對國家的政治問題產生很大的興趣，創造一個進步的公眾觀點變得可能了。結果是在政治生活中較少的情緒主義，國家問題會被考慮得更多光明而更少激情。〔註41〕

　　另外，美援在教育方面的影響是雙向的，不但對印度，也對美國自身產生了很大的影響。對於雙方交流來說，這是一條非常好的渠道。

　　　　印度學生、學者、培訓者對美國產生了什麼影響？印度和美國的教育、科學和文化交換實際上是一條雙行道。印度的交換人員對美國的影響一定程度上表現在，他們幫助改變了美國對印度的印象；這種改變某種程度上使得保持和擴大美國對印度的援助變得容易。

　　　　另一方面，在印度的美國富布萊特項目的學生學者不僅將一些印度的價值帶回美國，也留下一定的美國價值。無可否認的是，這

〔註38〕S. Chandrasekhar: *American Aid and India's Economic Development*, New York: Frederick Publishers, 1965, p.140.

〔註39〕S. Chandrasekhar: *American Aid and India's Economic Development*, New York: Frederick Publishers, 1965, p.147.

〔註40〕S. Chandrasekhar: *American Aid and India's Economic Development*, New York: Frederick Publishers, 1965, p.147.

〔註41〕S. Chandrasekhar: *American Aid and India's Economic Development*, New York: Frederick Publishers, 1965, p.191.

有利於熟悉彼此的態度和觀點。〔註42〕

以上文字可以看出，美國對印度教育的援助有助於加強雙方的瞭解，雙方的思想和價值觀得到了交流。

二、泰國

二戰後泰國國內的政治鬥爭異常複雜，政局動盪，政權更迭頻繁，幾乎每個政權的力量都取決於國內支持和外國尤其是美國援助的數量。〔註43〕因此，這一時期泰國對外政策的主要目標是爭取美國的援助。

戰後初期，對美國來說，它的外交重點在歐洲，對美國不具重大利益的東南亞只處在美國外交政策邊緣位置，而泰國處在「邊緣的邊緣」。冷戰爆發後，杜魯門政府並未立即對東南亞的戰略作出相應調整，美國對泰國的政策目標也僅限於泰國在對外事務中不投入蘇聯的懷抱即可，因此拒絕了泰國的援助請求，避免在泰國承擔義務。但隨著1940年代末東南亞共產主義的發展、中華人民共和國的成立和朝鮮戰爭的爆發，美國改變了對歐洲的專注，提升了亞洲的戰略地位，把目光投向遠東和東南亞地區。美國急於在東南亞尋求一個反共基地，而泰國在多次的政權更迭後建立了軍人政權，爲了鞏固自身統治和得到美國援助，在國際事務中唯美國馬首是瞻、極力討好美國，這爲實現美國的要求提供了可能。最終美國確立了對泰國的援助政策，把泰國拴在了美國冷戰的戰車上，使其完全納入西方陣營。〔註44〕另有學者認爲，美國長期向泰國提供大量經濟援助，涉及農業、公共衛生、教育、交通、鄉村發展等重要領域，有助於推動泰國經濟和社會的發展。〔註45〕

美國在教育領域的重要貢獻是培訓泰國教師和開展職業教育。1954年，美國印第安納大學與曼谷巴薩米教育學院簽訂援助合同，力圖把該學院建設爲第一流的教師培訓學院。至1960年，該學院的學生由200人增至2000人。

〔註42〕 S. Chandrasekhar: *American Aid and India's Economic Development*, New York: Frederick Publishers, 1965, p.191.

〔註43〕 Apichart Chinwanno. *Thailand's Search for Protection: The Making of the Alliance with the United States, 1947～1954.* Cambridge: Oxford University Press, 1985, p.269.

〔註44〕 薛冬霞：《戰後初期美國對泰國援助政策的制定與美國冷戰戰略的調整》，《延安大學學報（社會科學版）》，第29卷第4期，2007年8月，第102～103頁。

〔註45〕 劉蓮芬、施若：《論冷戰時期美國對泰國的經濟援助》，《特區經濟》，2007年12月，第86～87頁。

1958 年，美國援助的一項普通教育發展計劃在泰國全國設立 12 個教學區，每區由一所教師培訓學校、一所職業學校、兩所初級學校、兩所初中和一所農校組成，傳播新觀念，監督和改進當地學校的課程和教學方法。曼谷技術學院因 1956 年與美國韋恩州立大學簽訂援助合同而迅速發展，1960 年擁有 200 個教師、34 幢建築和 5000 名學生，清邁、呵叻和宋卡的分校還招收了 1500 人。1958 年，美國通過夏威夷大學援助建立 20 所提供 11～13 年級職業培訓課程的學校。1959 年，根據泰國政府的建議，科羅拉多州立大學提供教師和技術援助，美國資助創立亞洲技術學院。〔註 46〕

第四節　美援教育的利弊

　　學術界對美援存在著兩種不同的論斷，論者習慣於各走偏鋒，分別從援助國或受援國的立場立論，而故意忽略對方的成本和自己的受益。一般而言，強調美援的正面效果者，是從援助國的立場，強調其對受援國的積極貢獻，但卻忽略援助國的動機和利益；相對的，強調美援的負面效果者，是站在受援國的立場，刻意誇大援助國的動機和利益，而淡化受援國的受益。美援曾持續很長一段時間，而且涉及龐大的資源轉移，決非慈善救濟，因此援助國必有其非人道、非慈善性的自利動機；同樣的，它們亦決非毒草鴆藥，否則受援國不會比援助國更積極促成美援。對於美援的討論，必須平衡地從雙方當事國的立場，探討美援所以出現的原因，及其運作過程中造成雙方的厲害得失。此節中筆者試圖遵循這一思路，對美援教育的利弊加以分析。

一、對於受援國

　　美國對諸多國家實施了教育援助，究竟產生了什麼後果，利弊如何呢？評價美援教育成效的一個重要標準，便是受援國的發展狀況。

　　經濟上，美國教育援助為發展中國家培養了工農業建設人才，即人力資源的創造。著名經濟學者羅斯托（Walt W・Rostow）將經濟發展劃分為五個階段。就整個經濟發展過程而言，起飛期是一個關鍵期，之前的階段只是經濟發展的準備期。此階段後，才能真正躋入開發的行列。起飛期本身意味著

〔註 46〕J. Alexander Caldwell, op cit, p. 47; Robert J. Muscat, op cit, pp. 114～115.

對經濟開發固有障礙的克服，是邁向經濟快速成長的起點。〔註47〕該階段是由傳統性社會步入現代社會的過渡階段，為了累積資金，從事起飛的準備，通常至少要有 15%的國民生產總值用於生產投資上，才有希望使生產率超過人口的增長率。然而對於落後地區而言，這筆資金的籌措極為困難。因為在傳統的社會中，農業生產的人口佔有極重的比例，但是農業生產量有限，遠不如工商業的生產量；加上落後地區的人口增長率過高，維持人民生計的本身就造成很大的負擔。〔註48〕所以，落後地區通常無法積累足夠的開發資金。落後地區資金的不足，使外國政府的援助顯得更為重要。相關因素諸如普遍性的不識字、無技能的勞動力、快速的人口增長和人力資源的缺乏，是發展中國家經濟快速增長道路上嚴重的障礙。美援教育對於解決以上障礙、提高受援國人口素質起到了很大的作用，促進了受援國經濟增長。

　　政治上，通過教育援助，對當地親美勢力的塑造發揮了很大的效用。受援國政府一方面是美援主要的接受者，另一方面在運用美援的權力系統中，也扮演其他受援單位與美國政府、美援機構之間的溝通協調角色。美國憑藉美援取得了控制受援國的籌碼，受援國政府也可借著美援而強化既有的政經優勢。有學者認為美援促進了受援國民主化的發展，另有不少學者否定美援在這一方面的價值。「在經濟模式下的美援，也可稱之為『新殖民主義』的一環，以國家資本輸出為基幹，以經濟、技術援助為支點，而維持或擴大在開發中國家的利益汲取，並規制戰後新興國家的國家資本主義及公共部門，使其不得走上獨立發展的道路。」〔註49〕著名政治學家漢斯・摩根索認為，「美援主要的政治策略是在受援國扶植安定、反共的親美政權，而不過問該政權對人民的控制方式以及人民的參政管道。這項策略對受援國的影響和經濟面相近，同樣助長了統治團體既有的政經優勢。尤其美援常被用來當作美國短期外交工具，以賄賂來換取某些美國所要求的政治舉動，更直接強化統治團體的既得利益。」〔註50〕以臺灣為例，美國學者高棣民（Gold Thomas

---

〔註47〕Walt W・Rastow, *The stages of Economic Growth*, Cambridge: Cambridge University Press, 1960, pp.1～10.

〔註48〕Research Center in Economic Development and Cultural Change of the Universiyty of Chicago; The Role of Foreign Aid in the Development of Other Countries, Foreign Aid Proram ed., Washington Government Printing Office, 1957, p.161～162.

〔註49〕原覚天：《現代アジア經濟論》，東京：勁草書房 1967 年版，第 216 頁。

〔註50〕Hans J. Morgenthau: *A New Foreign Policy for the United States*. New York: Praeger, 1969, p.103.

Baron）強調，美援將國民黨政權納入「美式強制和平（Pax Americana）」是扮演政治角色而非經濟角色。〔註51〕美國對受援國的基本政治態度，不是為自由民主催生，而是對統治團體建立最大程度的影響力。美援物資的來臨，不僅強化了統治團體的控制力，更提高其在國內相對團體的優勢地位。美援對受援國政治局勢最明顯的作用，即是鞏固政權進而助長政治權力分配的不平等。受援者不僅無力抗拒，甚至會主動迎合援助者的要求；如果受援者的行動不符合援助者的要求，就會受到減少甚至停止援助等相關的制裁。因此，美援可促成有利於援助者的結構變遷，而讓援助者在此結構中吸取更多的利益，獲取更大的權力。可以說，美援具有鞏固並擴大援助者既有政經優勢的結構傾向。美援在教育上的投入也傾向於統治階級，力圖培養親美派勢力；受援國統治者集團成員受美援教育的機會較多，經常被培植成為親美勢力。美援政策，不僅有援助的部分，對於不與其合作者，還制定了相應的懲罰措施。援助成為援助國滲透進受援國的手段，美國常以斷絕援助相威脅，迫使受援國拿出與其政策目標相符合的運用計畫。當一個政府依靠外援時，來自援助國的政治壓力就不可避免了。援助國在參與決策的過程中佔據了主動，受援方通常必須為援助國的政策辯護，以便獲得源源不斷的各種援助。當某國接受美援時，必須同時接受美國的外交政策、冷戰態度和經濟保護等諸多方面的相應要求，並且接受美方的管理、監督和控制，漸漸從對美援的依賴轉變成為對美國的依賴。〔註52〕

　　文化上，通過教育援助，美國向受援國輸出美式價值觀和生活方式，著重於培養受援國人民親美的感情，在無形中實現文化外交的目的。1940 年代後期至 1950 年代，共產主義的影響力在全世界範圍內處於上升時期。在美國看來，這在很大程度上是蘇、中社會主義國家宣傳的結果。為了應對此種挑戰，美國新聞署制定了一個規模龐大的海外圖書項目，出版專門反擊共產主義學說的書籍。亞洲基金會在亞洲發行圖書的能力受到美國新聞署的重視，雙方遂協商就此展開合作。當時，亞洲基金會的「亞洲圖書」項目成為美國在世界上實施的規模最大的圖書發行項目。亞洲基金會接受美國出版社、大學書店、州政府與地方政府、教會和社交俱樂部的圖書捐贈，並通過已經建

〔註51〕 Gold Thomas Baron: *State and Society in the Taiwan Miracle*. New York: M.E. Sharpe, 1986, p.72.

〔註52〕 杜繼東：《美國對臺灣地區援助研究（1950～1965）》，南京：鳳凰出版社 2011 年版，第 203 頁。

立好的管道將這些圖書送到亞洲各國的大學和社區圖書館。〔註53〕由於特殊的歷史背景，1950年代的亞洲國家普遍奉行中立主義的外交路線；亞洲民眾一般帶有很強的民族主義情緒，反對西方國家干預其內部事務。美國決策者因此認爲，教育援助項目的目標正是那些其政府仍沒有選擇站在自由世界一邊的民眾，美元和槍炮不足以構建聯盟，基於共同目標的信仰和思想上的共鳴才能創造促進自由的環境。美國要利用海外教育援助項目，影響這些國家民眾對美國的觀感，影響發展中國家對自身現代化和政治發展的態度，進而選擇與美國站在一起。〔註54〕有學者寫道，「一個富有的國家可以給予撥款和貸款，可以提供物資和商品，但只有少數國家能夠給予他們的科技知識，分享他們的特殊技術。美國，充滿了發明的天才，創造出許多現代奇跡。大多數國家會嚴守他們的科技，但美國或多或少是個例外。有幾個國家可能在科學成就上與美國相差無幾，但是，與美國不同的是，他們並非總願意與世界欠發達地區分享他們的知識。」〔註55〕這段話可以看出，美國通過對受援國技術方面的教育培訓，已經使得受援國人民在心理上產生了好感。爲美國在受援國政治、經濟利益的實現創造了良好的心理基礎。

二、對於美國本身

　　教育援助對於美國本身來說具有什麼樣的意思和價值，效果如何呢？

　　首先，教育援助和其他類型的援助一樣，都是爲了美國的自身利益而存在。「農業部在美國訓練外國技術人員及農業領袖時，也負有推廣的任務；因爲外國人對美國之農產品及用途更爲熟悉後，使美國農產品在國際貿易上的聲望大爲增加。」〔註56〕這樣，通過技術傳授，在經濟上無形爲美國產品做了宣傳推廣。

〔註53〕張楊：《冷戰共識──論美國政府與基金會對亞洲的教育援助項目（1953～1961）》，《武漢大學學報（人文科學版）》，第66卷第3期，2013年5月，第63頁。

〔註54〕張楊：《冷戰共識──論美國政府與基金會對亞洲的教育援助項目（1953～1961）》，《武漢大學學報（人文科學版）》，第66卷第3期，2013年5月，第64頁。

〔註55〕S. Chandrasekhar: *American Aid and India's Economic Development*, New York : Frederick Publishers, 1965, p.189.

〔註56〕文馨瑩：《經濟奇跡的背後──臺灣美援經驗的政經分析（1951～1965）》，臺北：自立晚報出版社1990年版，第178頁。

　　其次，爲了表現對受援國的友好態度，建立友誼。美國即使在世界範圍內佔據著統治性的地位，仍然在尋找眞誠的、強大的、意志堅強的盟友，這些盟友可以促進美國的利益。美國希望大規模的援助可以塑造受援國友好的態度。有學者指出，「經濟援助的另一政治目標可以被形容爲對『友誼』的接受（或保持），影響、信譽和合作。然而政治穩定的目標隱含著受援國政府和國內選民之間的內部關係，推進合作或友誼意味著援助國和受援國之間的外部關係，或者在援助國與受援國的特殊團體和個人之間……對於美國來說，推進友誼在援助目標的直接意義上，影響了援助的分配。如果資源的分配被給定的傾向所影響，那麼這種傾向是容易反映目標的，即資源試圖『創造』的一種『價值』。」〔註57〕教育就是爲創造一種對美國態度友好的人力資源。從臺灣、韓國等國家和地區的實踐來看，這種創造取得了巨大的成功。然而，友誼的培養也並非總是一帆風順。有時候美援反而引起了受援國人民的反抗，「許多美援案例是失敗的，其領導者極度否定美援的價值，例如蘇卡諾（Sukarno）曾驅趕美援人員，且要求他們『帶著美援去地獄』，而埃及統治者 Nasser 建議美援人員去跳湖。」〔註58〕可見，有些國家識破了美國援助的侵略性本質，態度自然也就不那麼友好了。

　　最後，通過教育渠道傳播美式的價值理念，可以被認爲是美國「後殖民」的巨大收益。「大多數美國人在爲欠發達地區提供援助的時候，很遲疑地引用人道主義作爲一個重要目標：他們寧可表現爲冷靜的商人，而不是空想社會改良家。謙遜也許是他們願望的最底層，保持美國爲一個嚴肅、實際、商業頭腦的國家，而不是一個易泄露秘密的、情緒化的人。受援國的人們可能有更好的評價。美國援助——它的撥款、貸款或者技術援助——具有無可否認的、慷慨的人道主義特徵。慈善是美國國民性的一個內在部分。」〔註59〕也就是說，對於美國人來說，美援的最重要意義在於傳播理念和價值。「對外援助是一個經濟問題，也是一個政治問題，但歸根結底是一個道德問題。它可以援助反抗暴政的自由之戰。它可能在自由和共產主義的戰鬥中偏袒；但長期來說它是一個積極的因素，在百萬人民與飢餓、貧窮、疾病和無知的古老

〔註57〕 Charles Wolf, Jr.: *Foreign Aid: Theory and Practice in Southern Asia*, Princeton: Princeton University Press, 1960, pp. 264～265.

〔註58〕 Neil H. Jacoby, *U. S. Aid to Taiwan*: *A Study of Foreign Aid, Self-Help, and Development*, New York: Frederick A. Praeger, 1966, p. 46.

〔註59〕 S. Chandrasekhar: *American Aid and India's Economic Development*, New York: Frederick Publishers, 1965, p.53.

敵人的戰鬥中。」〔註60〕這些就是美國對外援助所宣稱的理想和價值。美國「為什麼一直在人們的腦中是一個『民主、自由、開放、友善、沒有領土野心、慷慨、基督教』的國家呢？此無他，這些天使般的形象，是由好萊塢、美國電視節目、美新處、留美歸國教授和滯美不歸又常常在國內寫文章的『海外學人』刻意和不經意所塑造出來的。」〔註61〕知識分子對於美國的認知很容易通過各種媒體渠道被傳播給廣大民眾，形成一種大眾認知。這種認知廣泛存在於臺灣的知識界、文化界。以臺灣為例，「三十年來臺灣在文化、宣傳和思想上掩蓋美國對臺帝國主義政策所造成的矛盾，卻同時大力提倡親美、崇美的思想、情感和教育，使臺灣知識界、文化界失去對美國政治、經濟和文化上帝國主義因素的批判力。」〔註62〕其他受援國的情形也是類似。

〔註60〕 S. Chandrasekhar: *American Aid and India's Economic Development*, New York: Frederick Publishers, 1965, p.53.

〔註61〕 陳映真：《一個罪孽深重的帝國》，原文發表於《夏潮論壇》雜誌，1984 年 11 月，收錄於陳映真：《陳映真作品集 13・美國統治下的臺灣》，臺北：人間出版社 1988 年版，第 3 頁。

〔註62〕 陳映真：《美國統治下的臺灣——天下沒有白喝的美國奶》，原文發表於《夏潮論壇》雜誌，1984 年 6 月，收錄於陳映真：《陳映真作品集 13・美國統治下的臺灣》，臺北：人間出版社 1988 年版，第 17 頁。

第六章　結　論

　　人們把 20 世紀稱爲「美國世紀」，不僅僅是政治、經濟上的影響力，更重要的是在文化上有種壓倒性的支配力量，美國的價值、生活方式成爲無可匹敵的力量。美國帝國、美國霸權、美國單邊主義和例外主義等，都激起了廣泛的討論。全世界在後殖民語境下對美國進行解釋，美國和平（Pax Americana）、可口可樂殖民等也成爲熱門詞彙。美國世紀是一個世界歷史的過程，它描繪一個國家把它的價值和道德觀當成一種模範推行到世界各地、強加到其他國家人民身上。〔註1〕二戰結束後的冷戰中，美國爲了其國家利益，推廣宣稱的自由、民主、平等的價值觀念；並爲了對抗蘇聯「共產主義」在世界範圍內的擴張，對相關具有戰略意義的國家和地區實施了廣泛的軍事和經濟援助。在發展中國家和地區的個案研究中，臺灣常被譽爲「美援運用的模範生」。美援成功助長臺灣經濟起飛，並後來成爲亞洲四小龍之一。但是，美國對臺援助的成功得益於臺灣特殊的戰略性地位，「就是在當時，臺灣在美國政策中的獨特地位是其他國家或地區所不能比。因此，美援在臺灣之成功是一個個別例子而不是通例。」〔註2〕美國在向臺灣提供大量援助維護臺灣經濟穩定、社會安定的同時，也達到了它自身要追求的目標，即佔據臺灣的戰略利益，在臺灣維持一個親美的政權。這也是美國自利性的表現之一。在《共同安全法》時期的十年裡，臺灣由「反共」前哨基地逐漸轉爲經濟上的半邊

〔註 1〕 Alan Brinkley, "The Concept of an American Century", in R. Laurence Moore and Maurizio Vaudagna edited, *The American Century in Europe*, Ithaca, N.Y. : Cornell University Press, 2003, p. 7.

〔註 2〕 張健：《美援與臺灣經濟發展》，收錄於資中筠、何迪編：《美臺關係四十年，1949～1989》，北京：人民出版社 1991 年版，第 258 頁。

緣地區，形成了經濟上對美國的依賴。〔註3〕

美國對台援助從根本上講是美國執行對外政策的工具，這一點是無可爭辯的。但同時也不能忽視臺灣方面的反作用。換言之，美國的對台援助政策不是一個單向過程，而是一個互動的過程。縱觀整個美國對台援助史，可以看到，無論是援助數額與援助形式之爭，還是援助中的匯率之爭，削減臺灣軍隊之爭，抑或是對臺灣軍隊進行部分現代化之爭，最終總是以雙方的相互妥協而收場。美台在援助問題上的具體目標雖然有所不同，但雙方在通過援助加強臺灣實力、實現遏制「共產主義擴張」的政策追求方面是一致的，而正是這種共同的根本利益決定了美國對台援助政策的走向。〔註4〕美國對臺灣的教育援助是美援中的重要內容，也是美國的戰略政策之一，被作爲向臺灣傳播美式教育理念和文化輸出的工具。戰後臺灣處於國民黨一黨專政的威權統治之下，接受美國援助也是保證自身政權的生存需要。可以說，雙方是爲了利益而緊密結合在一起。教育中的美援幫助國民黨政權在臺灣貫徹三民主義教育理念，宣傳大中國主義思想和壟斷新聞媒體，實際上強化了統治者的獨裁，充分發揮了一元式教育的教化功能。

論及事物的影響，分爲短期的和長期的，看得見的和看不見的。在人文環境和國際關係方面造成的效應很難被量化或數字化；在某些方面，影響不是短期內能夠顯現的，必須過很長一段時間，要等一系列的連鎖反應進行完之後。考察美援教育對臺灣的影響時，援助的總量、形式、目的、範圍和角色等都要被納入考慮的範圍內。可以清楚地認識到，美援教育對戰後臺灣社會變遷的影響甚大，廣泛深遠且曠日持久。它具有經濟、政治、文化、心理等多方面的效應，並往往相互交織。它促進了臺灣教育的發展，卻也存在無法彌補的缺陷；爲臺灣的工農業發展培養了大量人才，卻也造成了科技人才的流失；它一方面與國民黨政府保持親密關係，一方面又極力培育本省籍政治精英等等。這些歷史現象說明臺灣教育中的美援對臺灣社會有著正面和負面的雙重影響，因此，看待美援這一歷史事件，需要我們運用馬克思主義哲學中的唯物辯證法，加以客觀冷靜的分析。

〔註3〕 杜繼東：《美國對臺灣地區援助研究（1950～1965）》，南京：鳳凰出版社2011年版，第203頁。

〔註4〕 杜繼東：《美國對臺灣地區援助研究（1950～1965）》，南京：鳳凰出版社2011年版，第194頁。

　　從對美援臺灣教育這一歷史現象的分析中，我們可以發現濃厚的「後殖民主義」色彩。首先，美援教育將臺灣更好地納入了以美國爲首的全球化體系當中。從殖民時代開始，全球化就成爲不可阻擋的趨勢。全球化的主要特質即在於人、資本、商品、信息等元素得以跨越疆界而流動，且流動的速度與強度超過以往，無論它的定義是時間與空間的壓縮、世界的壓縮與世界作爲一個整體的意識的強化、一個跨國社會空間的出現，或者一個網路社會的興起等，它所指涉的正是全球各地域的相互關聯與相互依賴。〔註5〕那麼何謂美國化（Americanism）？指的是美國影響所造成的美國之外的包括價值、信仰、理念、商品和實踐等廣泛涵義的名詞術語。〔註6〕美國化的涵義十分廣泛，「至今，談論美國化意味著與各種的問題進行爭論，包括現代化進程、西方民主價值、資本主義、國家認同、文化自治等等。」〔註7〕美援臺灣教育通過價值輸出，將臺灣更充分、更全面地納入到全球化的歷史進程之中。

　　美援結束後，臺灣繼承了美援時期的各種價值觀念，並向亞非一些國家和地區推廣。1959年後應廣大發展中國家或聯合國之請，臺灣開始大規模派遣「技術合作團」前往第三國〔註8〕工作，到1978年爲止，至少接受了7700餘人來臺受訓，派遣國家多達20餘國。在諸多方面，也從和美國單方面的援助關係轉化爲合作關係，走上了自立發展的道路，在廣度和深度上更進一步融入了全球化歷史進程。隨著政治民主化和威權經濟的鬆動，臺灣的文化生態亦興起爭鳴之風，各種外來文化語彙和論述紛紛湧現，加以網絡等現代科技的發達，臺灣民眾借由網絡吸收新聞信息，隨時獲得各國不同文化相互交流的機會，生活型態、詞彙用語等都有所改變，形成一個不同文化衝擊的局面。臺灣文化的建構過程因本土化和全球化各行其道而各領風騷，雖無大規模文化衝突之虞，但因交集不足、對話不深，當前臺灣文化的多樣性和豐富性，也就淪於有「後現代」的熱鬧與拼貼，缺乏嚴肅的省思和自我批判的

〔註5〕林濁水、蔡慶同：《全球化、華人文化與本土化》，《中國事務》第9期，2002年7月，第27頁。

〔註6〕參見 Mel van Elteren: *Americanism and Americanization: A Critical History of Domestic and Global Influence.* McFarland & Company, Inc. Publishers, 2006 一書的分析。

〔註7〕Mel van Elteren: *Americanism and Americanization: A Critical History of Domestic and Global Influence.* McFarland & Company, Inc. Publishers, 2006, p.106.

〔註8〕所謂第三國訓練泛指臺灣派員赴美國以外其他國家接受訓練，以及美國以外其他國家派員來臺接受訓練，這裡所說的是後者。

深度。〔註9〕有學者認為,「加入全球化的競爭體系,迫使臺灣必須檢查本身的文化體質,確立主體性的文化觀,培養文化實力,並以開放的態度吸收、接受外來的文化,共同建築臺灣文化傳統。因此,全球化可作為臺灣文化發聲的管道,能為臺灣帶來全新的契機。」〔註10〕文化與教育是緊密聯繫在一起的。因此,對於全球化時代臺灣文化的發展,本書的研究或許有著啓發性意義。

其次,使得臺灣文化呈現更加濃厚的多元化色彩。臺灣是一個以中華文化為主體的漢人社會,但400年的歷史中,不斷有各種各樣文化形態的輸入,如荷蘭文化、西班牙文化、日本文化、美國文化等,加上本身的原住民文化,使得當今的臺灣文化多元化色彩十分濃厚。戰後的美國文化的傳播,美援教育是非常有效的途徑之一;戰後臺灣相當依賴美國,所以接觸的西方文化是以美國文化為主。美國仗著強大的政經勢力,在臺灣各地設立新聞處,並借著《今日世界》、*Student Review* 等雜誌,把美國文化的價值觀大量輸入臺灣。〔註11〕此外,由於臺灣的知識菁英多數前往歐美留學,尤其美國更是主要前往留學之國家,這些受西方文化洗禮的知識分子,回臺後不論身居何職,在文化發展上都有相當大的引導力量,因此不僅在政治、經濟上依賴美國,在文化上亦持續受到以美國為首的西方文化影響。加以經濟全球化過程,美國以文化霸權姿態強力擴散其民主、人權等價值觀,麥當勞等速食連鎖消費理念,及好萊塢的美式電影,將其文化在不知不覺中融入臺灣社會的日常生活,甚至對整個思維模式都產生影響。

從援助理論的角度來說,美國化的效果是接受者們如何將美國文化轉化為自身的一些價值,通過將引進的元素合併進當地的文化裏。通過美國媒體和文化產業輸出的美國文化產品是一條確保美國外交政策利益的有效途徑,目的性的政策在受援國被實施。臺灣就是這樣一個案例。在全球化背景下,要吸取各種外來文化的精華,努力使臺灣的多元文化自由平等地發展。

再次,流亡者群體的塑造。近代以來,中國人民飽受戰爭離亂之苦,1949

〔註9〕 蕭新煌:《新臺灣人的心:國家認同的新圖象》,臺北:月旦出版社1999年版,第64頁。

〔註10〕 邱坤良:《臺灣與全球化的文化競爭與交流》,《藝術家》第54卷第5期,2002年5月,第259頁。

〔註11〕 蔡錦堂:《臺灣文化中的日本因素》,《錢穆先生紀念館館刊》,第7期,1999年12月,第45頁。

年，兩百多萬大陸軍民被內戰中失利的國民黨政權挾至臺灣。這些人背井離鄉、流離失所，「身在異鄉為異客」，在臺灣找不到落地生根的感覺。加上國民黨政府編織的「反攻復國」的美夢，很多人就更不願嘗試融入臺灣社會，成為了後殖民理論中的「邊緣人」。

與祖國大陸的長期隔絕，受美國文化的影響，加上崇尚西方的普遍社會心態，使臺灣掀起一股留學熱潮。外省族群無法認同狹小邊緣化的臺灣，本省族群也在政權轉移的主體分裂下，歷史、語言都失了根，兩個族群的碰撞彰顯了層層的文化斷裂，加上西方文化的強勢衝擊，無論本省還是外省人都遭遇了認同危機，是「國府在臺建制中國歷史上最龐大興隆的放逐會社」〔註12〕。流亡的感覺始終縈繞在臺灣人心頭，對故土的思念成了許多人一生的追尋。尤其是赴美留學生們，其中的外省人群體從大陸至臺灣，再從臺灣至美國，已經是心理上的二度流亡，文學作品成了他們抒發鄉愁情懷的途徑。

最後，本土化趨勢在臺灣的演進。「本土化」近年來雖是臺灣社會各界常用的語彙，但「本土化」並不是一個人或一個政黨可建構的社會現象，基本上它是當今社會因應全球化發展的一個自然現象。〔註13〕本土化的現象乃是突破單一認同的限制，並且提供個體多元認同的新空間。現代社會由於高科技發展與各地經濟關繫緊密，日益形成「地球村」，臺灣的「全球意識」日益高漲。但另一方面，在戰後全球化的發展潮流下，世界各地卻也呈現本土化的相對趨勢。一般而言，全球化的力量愈大，本土化的欲望亦愈高；西化愈深，回歸傳統的嚮往愈強。美援臺灣教育啓迪了臺灣新一代的知識分子，追求美式自由、民主、平等的願望與現實強烈衝突，促使他們對於國民黨威權統治的反思，強化了他們的本土意識，並在一定情形下將其轉化為極端的臺獨意識。

西方學術界發明了一個詞 glocalization，是 globalization（全球化）和 localization（本土化）兩個詞的結合體，它強調了兩者被包含在彼此之中，而非形成極端對立。〔註14〕在西方學者看來，全球化和本土化是不矛盾的，可

〔註12〕簡政珍：《放逐詩學》，《中外文學》，第 12 卷第 6 期，1991 年，第 7 頁。

〔註13〕林信華：《文化政策新論——建構臺灣新社會》，臺北：揚智文化公司 2002 年版，第 324 頁。

〔註14〕Robertson Roland: "Glocalization: Time-Space Homogeneity and Heterogeneity", in Mike Featherstone, Scott Lash, and Ronald Robertson eds. *Global Modernities*, London: Sage, 1995, p.28.

以相互融合。之於臺灣，我們要努力在全球化的大環境下尋找臺灣的本土化
定位，使臺灣得到更好的發展。

　　教育對於作爲觀察和認識世界的主體的「人」的塑造力具有著決定性意
義。一代人的思想決定著這個時代的創新和發展。通過本書的研究，可以窺
見戰後美援臺灣教育對於臺灣社會的巨大影響。難怪美國在臺協會臺北辦事
處處長 Darryl N.Johnson 曾公開指出，「教育是美國對臺灣最重要的『輸出』。」
〔註15〕援助者清醒地認識到，要讓受援國眞正對自己心悅誠服，精神上的控
制是最有效的，那麼，教育就成了必不可少的手段。美援教育是向臺灣傳播
美國文化的重要路徑，並且通過教育對人的影響，潛移默化中影響了臺灣社
會的方方面面。

　　法國思想家雷蒙・阿隆有句名言：「歷史總是爲生活服務的，它提供範例，
評價過去，或者把目前這個時刻安放到生成──演變中去。」歷史研究就是
要鑒古知今，爲當今的現實社會服務。在審視美援這段歷史的時候，我們還
可以眞切地感受到，意識形態之爭造成了中華民族的分裂，海峽兩岸的長期
分離，給中華兒女們造成了巨大的精神創傷。就是在這樣嚴酷的條件下，在
冷戰的凄涼氛圍中，美援才得以乘虛而入。但是，無論美援勢力有多麼強大，
美國的影響力有多麼堅無不摧，無可否認的是，臺灣是一個始終以中華文化
爲主體的社會，這也是任何去中國化陰謀必然失敗的根本原因。臺灣文化終
歸是中國文化，臺灣只有回到祖國大家庭的懷抱，其文化才能夠熠熠生輝。
從近些年海峽兩岸交流的趨勢來看，兩岸關係處於一種日新月異的發展狀
態，因此，我們要致力於構建兩岸和平，培養共同的國家認同，早日實現偉
大祖國的完全統一和中華民族的偉大複興。

〔註15〕趙綺娜：《美國政府在臺灣的教育與文化交流活動（1951～1970）》，《歐美研
　　　究》第 31 卷第 1 期，2001 年 3 月，第 121 頁。

附錄一：國民政府教育部組織系統
（1974 年 6 月底）

部長		
常務次長	政務次長	常務次長

部內單位	委員會	部屬機關	部屬學校
秘書室	學術審議委員會	國立編譯館	國立臺灣大學
參事室	教育研究委員會	國立中央圖書館	國立政治大學
督學室	訓育委員會	國立歷史博物館	國立清華大學
高等教育司	科學教育委員會	國立教育資料館	國立臺灣師範大學
技術職業教育司	在美教育文化顧問委員會	國立臺灣科學館	國立成功大學
中等教育司	僑民教育委員會	國立臺灣藝術館	國立中興大學
國民教育司	醫學教育委員會	國立中國醫藥研究所	國立交通大學工學院
社會教育司	青年復學就業輔導委員會		國立中央大學理學院
體育司	中小學教科書編印指導委員會	駐外單位	國立臺灣藝術專科學校
總務司	空中教學委員會	駐美大使館文化參事處	國立僑生大學先修班
國際文化教育事業處	法規委員會	駐泰大使館文化參事處	國立臺灣師範大學附屬中學
學生軍訓處	訴願委員會		國立華僑實驗中學
人事處			國立復興戲劇學校
會計處			國立陽明醫學院籌備處
統計處			國立臺灣工業技術學院籌備處

資料來源：教育部教育年鑑編纂委員會：《第四次中華民國教育年鑑》，臺北：正中書局 1974 年版，第 1646 頁。

附錄二：美援教育申請流程圖

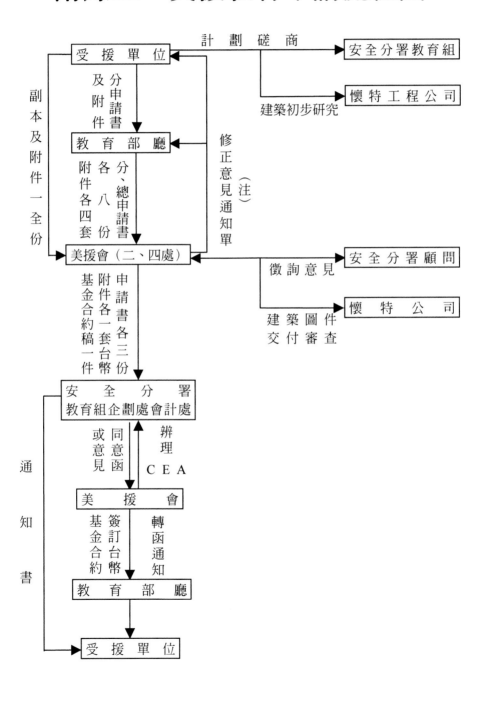

附錄三：行政院國家科學委員會
歷年經費來源統計表

1971 年 3 月 20 日　　　　　　　　　　　　　（單位：新臺幣千元）

年度	政府經費			美援經費	中美基金	中基會捐贈	亞洲協會捐贈	其他	合計
	中央預算	省政府預算	小計						
1958	2500		2500	22305					24805
1960	5000		5000	35682					40682
1961	17000		17000	28724		1200	600		47524
1962	25700		25700	44593		1200	600		72093
1963	23500		23500	19773		468	600		44341
1964	33700		33700	988		800	576		36064
1965	50762		50762			960	576	1281	53579
1966	42000	18000	60000		10139	960	407		71506
1967	42000	18000	60000		27494	1440	1080		90014
1968	64413	27605	92018		22036	1440	1000		116494
1969	274100	27605	301705		22592	1440	480		326217
1970	324100	27565	351665		14044	1440	480		327629
1971	324100		324100		3695				327795
合計	1228875	118775	1347650	152065	100000	11348	6399	1281	1618743

注：1. 美援經費及亞洲協會贈款之美金部分，均以 1：40 折爲新臺幣計算。

　　2. 美援經費經本會支配後，經費之撥付及帳簿之登載，均由教育部主辦。

　　3. 「其他」項下之 1281 千元，係教育部「五十四年度」乙種留學生公費，撥交本會作爲客座教授經費，已全部檢據向教育部報銷。

資料來源：《第四次中華民國教育年鑑》，臺北：教育部教育年鑑編纂委員會，正中書局 1974 年版，第 920 頁。

附錄四：國民政府遷臺後
僑生教育大事記

年　度	內　容
1949	秉持憲法「國民受教育之機會一律平等」之原則，並基於僑民在海外所受教育制度及僑民社會環境特殊等因素之考量，而制定僑教政策。
1950	依據《華僑學生優待辦法》訂頒《華僑學生申請保送來臺升學辦法》，凡海外僑生自願來臺升學中等以上學校均可申請保送，免試分發中等以上學校肄業。
1951	自本年度起每年在香港招考高中畢業生，按其成績志願分發大專校院肄業。
1953	督導編印僑校教科書。
1954	a. 一月教育部復會同僑務委員會修正公佈《海外僑生來臺升入中等學校肄業辦法》。
	b. 四月成立僑教工作小組，便利僑生回臺升學。
	c. 五月，僑務委員會另准公佈《僑務委員會函授學校規程》，使不能回臺升學青年僑生有進修機會。
	d. 六月，教育部會同僑務委員會公佈《僑民學校規程》，俾海外僑校知所遵循。
	e. 訂定《僑生升學預備班設置辦法》，凡在泰國華僑初級小學畢業，或有同等學力之僑生，年齡在十五歲以下者，均得申請保送預備班就學。預備班學生，免收學雜費等，其住宿由學校供給，其申請及保送辦法，比照《海外僑生來臺升入中等學校肄業辦法》標準放寬。
1955	a. 「教育部」為培養僑教師資，指定臺灣省立大學（今國立臺灣師範大學）特設華僑教育師資專修科，並核准菲律賓華僑師資專科學校立案，定頒華僑師範專科學校教學科目，鼓勵僑生進入師範學校肄業。

	b. 教育部增設國立華僑實驗中學及國立僑生大學先修班,以擴大輔導僑生回臺升學。
	c. 九月,僑務委員會在臺北召開華僑文教會議,出席海外華僑文教代表及臺灣有關人員 328 人,決議案 144 宗,其重要決議案為《當前華僑文教工作綱領》,規定華僑教育文化之最高方針,並標舉華僑文教之主要任務為:華僑文教事業之鞏固、內容之充實及水準之提高三項,尤注意僑生回臺升學之實施,通過《鼓勵僑生回國升學方案》。
1956	a. 政府訂頒《港澳高中畢業成績優良學生保送辦法》,擴大招收海外僑生回臺升學大專校院及中等學校,回臺升學僑生人數逐年增加。
	b. 指定臺灣省立師範大學設立華僑新聞專修科,收容海外保送之新聞從業人員五十名,予以一年之專業訓練後,派往原僑居地,從事發揚華僑文化工作,並予全公費待遇,往返旅費,亦由政府供給。
	c. 六月,訂定僑生助學金須知,實施獎助家境清寒回臺升學僑生。
	d. 十月,教育部舉辦大學科目播音教育,即所謂的空中大學,針對海外華僑青年之未能回臺升學者,予以大學科目之研習進修。
1957	a. 設置國立道南中學,專收由越南接運來臺僑生,至 1962 年結束,移作僑生大學先修班校址(蘆洲校址),1984 年國立僑生大學先修班完成遷移林口新校址,國立華僑實驗中學完成擴建工程,更新校舍。
	b. 政府為照顧北越、印尼、緬甸等地區撤僑難僑子弟回臺升學,奉准比照師範生公費待遇項目公費給予救助。
1958	行政院施政計劃的僑務部分中仍有:「便利僑生回國升學並加強其輔導。」
1959	五月中國國民黨八屆二中全會通過《光復大陸政治行動綱領》十八條,其中第十二條亦有「便利僑生回國升學」一項。
1961	a. 一月,僑務委員會為改進僑民教育措施,輔導僑民教育發展,在該會設計委員會下設僑民教育組,聘請有關學者專家為設計委員,經數次會議,其中有關僑生回臺升學之研議要點為:「僑生回國升學一事,既須重量亦須重質,學術教育固要著重,精神教育亦須注意,在辦理手續方面,分發要提早,審核要謹慎,選科要輔導。」
	b. 八月,政府舉行陽明山第二次會議,對於僑民文化,會談曾有結論,其有關僑生回臺升學者為:
	1. 華僑散居海外各地,回臺升學的僑生,各有其特殊的情況與需要,應針對其特殊需要,施以適當的教育,使於學成返回僑居地以後,能切合當地的情況。
	2. 海外學制及回臺僑生的學業程度暨生活習慣,與臺灣均有差異,為增進教育的效果,宜籌設華僑大學,專收僑生,以便施教。

	3. 改革有關僑生回臺升學各種辦法，盡量予以便利，貫徹爭取僑生政策。
	4. 大陸及南洋逃亡港澳之青年日多，應請政府積極援助，並增加港澳僑生名額，輔導其入學。
	c. 十月「國慶日」，中國國民黨第八屆中央委員會第四次全體會議開幕，在五天會議所通過僑務決議中，強調：「對於僑胞文教事業及僑生回國升學，尤應加強輔導。」
1962	行政院施政計劃的僑務部分中除有：「便利僑生回國升學，並輔導改進僑生生活」外，並有「輔導畢業僑生在海外就業，並加強聯繫」一項。
1963	由僑務委員會委託各校辦理海外青年技術訓練班，1973 年起由教育部接辦，1992 年起又改由僑務委員會主辦。
1954～1965	美國政府撥贈臺灣僑生美援經費計新臺幣三億一千多萬元，另美金一百多萬元，協助僑生回臺升學，裨益甚大。其運用分為下列兩類：一類由教育部作為各大專校院及中等學校增建校舍，充實師資設備及擴增僑生班級經費；一類由僑務委員會作為僑生生活和旅費之用。

資料來源：陳月萍：《美援僑生教育與反共鬥爭（1950～1965）》，南投：國立暨南大學歷史系碩士論文，2004 年 9 月，第 99～101 頁。

附錄五：《國家長期發展科學計劃綱領》

（行政院 1959 年 1 月 9 日第 5996 次會議通過）

一、設置國家發展科學專款，訂定長期計劃，四十八年八月一日起開始實施。

二、上項長期計劃發展科學專款，分爲五年籌齊。其第一年款額爲臺幣兩千萬元、美金二十萬元。

三、由教育部與中央研究院評議會共同組織一支持此發展科學研究工作之機構。前項長期發展科學專款由此機構逐年擬具計劃，分配金費，經核定後，交由教育部負責實施。

四、發展科學專款之用途，定爲下列六項：

（一）充實各研究機關及大學之科學研究設備，以協助現已具有相當基礎者爲主。

（二）設置「國家研究獎教授」。由主持發展科學研究機構審定聘請，於專款項下支給研究費，分在各大學及研究機構擔任研究講座。

（三）設置「國家客座教授」。一由主持發展科學研究之機構統籌聘請，作短期之講學。

（四）設置「研究輔助費」。其補助之對象包括各大學校院之任教人員、各研究機構之研究人員、及各大學研究所之研究生，以鼓勵其專心致力於從事研究工作。

（五）逐年添造「學人住宅」，使從國外歸來學者有安居之所。

（六）各大學及研究機構之學術研究刊物，由此項專款擔負其經費。

五、長期發展科學專款協助之範圍，暫以自然科學、基礎醫學、工程基本科學、以及人文社會科學爲主。而用之於自然科學、基礎醫學及工程基本科學者，不得少於總額之百分之八十。

六、關於中等學校及大學一、二年級普遍加強科學教學，充實儀器設備等事
　　項，應由教育部另訂詳細計劃，寬籌經費，配合本綱要，分年實施。

七、凡專習自然科學、基礎醫學、或工程基本科學之研究生，在研究所畢業
　　後，仍繼續專治其所學者，得呈請國防部核定，准其緩役。此項緩役，
　　以其人專治其所學之時爲限。

附錄六：教育部《發展中等學校科學教育大綱》之工作過程

（1958 年 9 月）

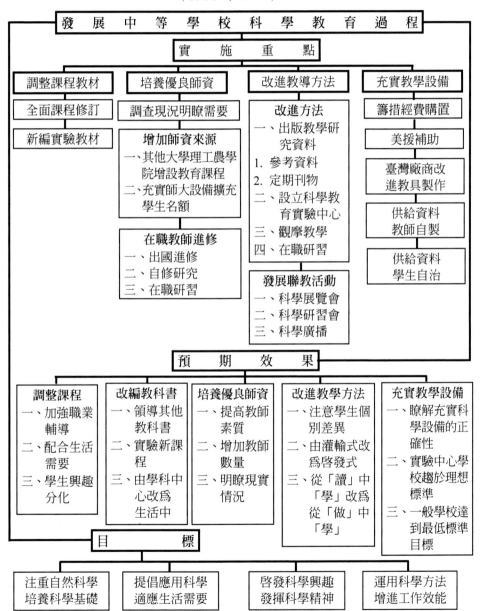

發 展 中 等 學 校 科 學 教 育 過 程

實 施 重 點

| 調整課程教材 | 培養優良師資 | 改進教導方法 | 充實教學設備 |

調整課程教材
- 全面課程修訂
- 新編實驗教材

培養優良師資
- 調查現況明瞭需要

增加師資來源
一、其他大學理工農學院增設教育課程
二、充實師大設備擴充學生名額

在職教師進修
一、出國進修
二、自修研究
三、在職研習

改進教導方法
改進方法
一、出版教學研究資料
1. 參考資料
2. 定期刊物
二、設立科學教育實驗中心
三、觀摩教學
四、在職研習

發展聯教活動
一、科學展覽會
二、科學研習會
三、科學廣播

充實教學設備
- 籌措經費購置
- 美援補助
- 臺灣廠商改進教具製作
- 供給資料教師自製
- 供給資料學生自治

預 期 效 果

調整課程
一、加強職業輔導
二、配合生活需要
三、學生興趣分化

改編教科書
一、領導其他教科書
二、實驗新課程
三、由學科中心改為生活中

培養優良師資
一、提高教師素質
二、增加教師數量
三、明瞭現實情況

改進教學方法
一、注意學生個別差異
二、由灌輸式改為啓發式
三、從「讀」中「學」改為從「做」中「學」

充實教學設備
一、瞭解充實科學設備的正確性
二、實驗中心學校趨於理想標準
三、一般學校達到最低標準目標

目 標

| 注重自然科學培養科學基礎 | 提倡應用科學適應生活需要 | 啓發科學興趣發揮科學精神 | 運用科學方法增進工作效能 |

附錄七：各國（地區）接受美援之贈予、貸款構成比

國家（地區）	1956～1957（%）		1959～1960（%）		1960～1963（%）	
	贈予	借款	贈予	借款	贈予	借款
緬甸	65.1	34.9	61.3	38.7	72.2	27.8
臺灣	100.0	0.0	90.2	9.8	35.5	64.5
印度	30.9	69.1	12.3	87.7	4.9	95.1
巴基斯坦	64.6	35.4	22.6	77.4	29.7	70.3
菲律賓	89.3	10.7	60.5	39.5	34.0	66.0
泰國	71.2	28.8	59.7	40.3	35.2	64.8
韓國	100.0	0.0	99.4	0.6	44.0	56.0

資料來源：*Economic Survey of Asia and the Far East*,1966,p.68.

參考文獻

一、中文文獻

（一）檔案

1. 《美國對我經濟援助及國際經濟合作實況報告》，臺北：經合會編印，1965年版。

2. 林尹、高明主編：《中文大辭典》，臺北：中國文化學院出版社，1967年版。

3. 教育部教育年鑑編纂委員會：《第三次中國教育年鑑》，臺北：正中書局，1957年版。

4. 教育部教育年鑑編纂委員會：《第四次中華民國教育年鑑》，臺北：正中書局，1974年版。

5. 周琇環編：臺灣光復後美援史料，第一冊，《軍協計劃（一）》，臺北：國史館，1995年版。

6. 尹仲容：《臺灣經濟十年來的發展之檢討與展望》，臺北：經合會，1970年版。

7. 《美國1961年國際開發及國際和平及安全法》，臺北：美援會編印，1962年版。

8. 李國鼎：《美國經濟援助的現況及趨勢》，臺北：美援會編印，1960年版。

9. 羅敦偉：《美援運用在各方面所發生效果之研究》，臺北：中央委員會設計考核委員會，1960年版。

10. 聯合國教科文組織編，關世傑等譯：《世界文化報告（1998）——文化、創新與市場》，北京：北京大學出版社，2000年版。

11. 《中華民國四十七年臺灣工業職業調查總報告書》，臺北：臺灣工業職業調查團編印，1958 年版。

12. 《人力資源之形成與實施》，臺北：行政院經濟建設委員會人力發展小組編印，1978 年版。

13. 《美援有關教育計劃實施報告》，1953～1957，臺北：國立教育資料館，1957 年版。

14. 《僑務一年》(「四十四年」版)，臺北：僑務委員會，1956 年版。

15. 《僑生教育計劃運用美援成果檢討》，臺北：行政院國際經濟合作發展委員會，1966 年版。

16. 《七年來的中美教育合作》，臺北：國立教育資料館，1959 年版。

17. 中國教育年鑑編輯部：《中國教育年鑑，1949～1981》，北京：中國大百科全書出版社，1984 年版。

18. 《中美合作經援概要》，臺北：行政院美援運用委員會，1956 年版。

19. 《中華民國教育統計》，臺北：教育部統計處，2006 年版。

20. 《國家長期發展科學委員會年報》，臺北：國家長期發展科學委員會，1963 年版。

21. 《中華民國科學教育概況》，臺北：教育部中等教育司，1961 年版。

22. 國立教育資料館主編：《中華民國大學暨獨立學院簡介》，臺北：大聖書局，1973 年版。

23. 《臺灣大學歷年來接受美援運用成果檢討》，臺北：行政院國際經濟合作發展委員會，1966 年版。

24. 《國立師範大學歷年來接受美援運用成果檢討》，臺北：行政院國際經濟合作發展委員會，1964 年版。

25. 《中國農村復興聯合委員會工作報告》第 8 期（1956 年 7 月 1 日～1957 年 6 月 30 日），黃俊傑編：《中國農村復興聯合委員會史料彙編》，臺北：三民書局，1991 年版。

26. 《農復會之農業推廣組》，周琇環編：《農復會史料》第 1 冊《組織沿革（一）》，臺北：國史館，1995 年版。

27. 臺灣省教育廳編印：《臺灣教育發展史料彙編》，臺中：臺灣省立臺中圖書館，1987 年版。

28. 劉紹唐編：《民國大事日誌》，臺北：傳記文學出版社，1973 年版。

29. 張希哲：《僑生教育之檢討與改進》，臺北：行政院國際經濟合作發展委員會，1966 年版。

30. 周陸僑：《僑生回國升學概論》，臺北：僑務委員會研究發展考覈處，1972 年版。

31. 翁之鏞：《美援運用分析之研究報告》，臺北：中央委員會設計考核委員會，1955 年版。

32. 羅敦偉：《美援運用在各方面發生效果之研究》，臺北：中央委員會設計考核委員會，1955 年版。

33. 《臺灣肥料工業運用美援成果檢討》，臺北：行政院國際經濟合作發展委員會，1964 年版。

34. 中央研究院八十年院史編纂委員會：《追求卓越：中央研究院八十年（卷一：任重道遠）》，臺北：中央研究院，2008 年版。

35. 美記者痛斥我臺灣行政當局，行政院為中美記者報導臺灣行政混亂等事與國民政府文官處等來往文件（1946 年 4～8 月），陳雲林總主編，中國第二歷史檔案館編：《館藏民國臺灣檔案彙編》，北京：海峽兩岸出版交流中心、九州出版社，2007 年版，第 88 冊。

（二）傳記、回憶錄與口述史

1. 毛振翔：《孤軍奮鬥記》，臺北：三民書局，1986 年版。

2. 毛振翔：《我這半生》，臺北：東大圖書有限公司，1982 年版。

3. 毛振翔：《我是依然苦鬥人》，臺北：東大圖書股份有限公司，1990 年版。

4. 陳梅生口述：《陳梅生先生訪談錄》，臺北：國史館，2000 年版。

5. 《辛志平校長紀念文集》，新竹：辛志平校長獎學金基金會，1992 年版。

6. 《典型常在》，南加州：于斌樞機主教紀念委員會，1998 年版。

7. 余葆樂：《于斌總主教對留美學生演講集》，香港：友聯出版社，1953 年版。

8. 《于斌樞機紀念文集》，臺北：康寧雜誌社，1981 年版。

9. 鍾徵橋：《無限懷念于樞機主教，典型常在》，南加州：于斌樞機主教紀念委員會，1998 年版。

10. 陳怡真：《澄懷觀道——陳奇祿先生訪談錄》，臺北：國史館，2004 年版。

11. 李國鼎先生紀念活動推動小組：《李國鼎的一生》，臺北：李國鼎科技發展基金會，2004 年版。

12. 單德興、李有成、張力訪問，林世青紀錄：《朱立民先生訪問紀錄》，臺北：中央研究院近代史研究所，1996 年版。

13. 陶英惠：王世杰：《中華民國名人傳》（第 8 冊），臺北：近代中國出版社，1988 年版。

14. 薛光前：《宏教行道愛國濟世的偉人——敬悼于野聲樞機主教》，《傳記文學》，第 33 卷第 4 期，1994 年。

15. 張興唐：《于斌樞機傳（三）》，《中外雜誌》，第 24 卷第 6 期，1990 年。

（三）報紙與期刊

1. 《中央日報》，1953 年 11 月 9 日。

2. 《中央日報》，1961 年 8 月 9 日。

3. 《長期發展科學專門委員人選確定》，《中央日報》，1959 年 6 月 14 日。

4. 辛志平：《本省中學教育的幾個問題》，《中央日報》，1963 年 9 月 28 日。

5. 聞見思：《毛振翔這位可敬的神父》，《中央日報》，1983 年 1 月 6 日。

6. 邵君燕：《儲備回大陸的教育人才》，《新聞天地》，1950 年 11 月 25 日。

7. 姜學新：《于斌在美國》，《新聞天地》，1951 年 2 月 3 日。

8. 付琰：《毛振翔訪美》，《新聞天地》，1955 年 5 月 21 日。

9. 邢思仁：《留美學生走投無路》，《新聞天地》，1955 年 7 月 2 3 日。

10. 鄔克定：《留美學生生活》，《新聞天地》，1956 年 1 月 14 日。

11. 譚眞情：《留美學生有苦難言》，《新聞天地》，1957 年 9 月 21 日。

12. 陳賢文：《感歎來自加州》，《新聞天地》，1957 年 11 月 23 日。

13. 范韻詩：《初踏美國土地》，《新聞天地》，1960 年 5 月 14 日。

14. 鄺異人：《臺灣大學生身在雲霧裡》，《新聞天地》，1962 年 2 月 17 日。

15. 傅啓仁：《中國學者專家在美國》，《新聞天地》，1964 年 3 月 21 日。

16. 何毓衡：《留美學生有淚難彈》，《新聞天地》，1964 年 9 月 5 日。

17. 于斌：《一條大路通羅馬》，《中國時報》，1978 年 4 月 27 日。

18. 王駿：《我見我思——美軍電臺在臺灣》，《中國時報》，2008 年 12 月 10 日。

19. 《梅貽琦謁總統》，《聯合報》，1958 年 7 月 25 日。

20. 《自由人》，1957 年 7 月 2 日。

21. 《駐外使領館派員視導轄區僑民文化教育辦法》，《立法院公報》，1955 年 2 月 1 日。

22. 《僑生回國升學概況》，《僑務月報》，1958 年 12 月 31 日，第 78 期。

23. 《一年來海外文教之重要措施及今後工作展望》，《僑務月報》，1956 年 8 月 31 日，第 50 期。

24. 鄭彥棻：《一年來之僑務》，《僑務月報》，1956 年 4 月 30 日，第 46 期。

25. 陳雯登：《華僑教育委員會》，《教育與文化》，1955 年 8 月，第 7 期。

26. 張其昀：《暨南大學五十週年紀念》，《教育與文化》，1956 年 12 月，第 8 期。

27. 錢思亮：《國立臺灣大學之僑生概況》，《教育與文化》，1956 年 12 月，第 9 期。

28. 張其昀：《最近四年之華僑教育》，《教育與文化》，1958 年，第 173 期。

29. 梁樹聲：《僑生教育政策及其實施》，《教育與文化》，1965 年，第 326 期。

30. 中國自然科學促進會：《一年來之會務消息》，《科學教育》，1957 年 3 月，第 6 期。

31. 胡希明譯：《臺灣之物理教育工作》，《科學教育》，1958 年 4 月，第 5 期。

32. 劉容生：《讀者投書》，《大學雜誌》，1968 年 7 月，第 7 期。

33. 顏元叔：《「在西方文化陰影下的臺灣」座談會紀錄》，《大學雜誌》，1968 年 12 月，第 12 期。

34. 呂俊甫：《從大學教育談到人才外流和留學政策——兼論今日國人的「自貶心理」和美國文化的影響》，《大學雜誌》，1969 年 4 月，第 16 期。

35. 張系國：《談留學生》，《大學雜誌》，1969 年 8 月，第 20 期。

36. 林本山：《介紹不甘於被遺忘的一群》，《大學雜誌》，1969 年 10 月，第 22 期。

37. 王高：《垂手聽訓》，《大學雜誌》，1970 年 12 月，第 36 期。

38. 陳漳生：《今日知識青年之處境》，《大學雜誌》，1971 年 10 月，第 46 期。

39. 趙淑俠：《從留學生文藝談海外知識分子》，《文訊》，1984 年 8 月，第 13 期。

40. 林谷芳：《超越中心與邊陲、中原與本土的二分思考》，《文訊》，1996 年 11 月，第 133 期。

41. 杜十三：《文化的產業升級》，《文訊》，1996 年 11 月，第 133 期。

42. 叢甦：《沙灘的腳印——「留學生文學」與流放意識》，《文訊》，2000 年 2 月，第 172 期。

43. 徐學訓：《美國一年》，《中美技術》，第 2 卷第 1 期，1957 年 4 月。

44. 黃人傑：《中美技術合作之我見》，《中美技術》，第 1 卷第 1 期，1956 年 4 月。

45. 黃輝：《美援技術協助對於臺灣電力公司》，《中美技術》，第 2 卷第 4 期，1957 年 7 月。

46. Jerauld Wright，Sino-American Cooperation Basis for Progress and Friendship，《中美技術》，第 8 卷第 4 期，1963 年 12 月。

47. 尹仲容：《十年來美國經濟援助與臺灣經濟發展》，《美援會》，1961 年 2 月，第 6 期。

48. 王洪鈞：《如何使青年接上這一棒》，《自由青年》，第 25 卷第 7 期，1961 年。

（四）著作

1. 林炳炎：《保衛大臺灣的美援（1949～1957）》，臺北：三民書局，2004 年版。

2. 李之信編：《美蔣奴役下的臺灣》，保定：河北人民出版社，1959 年版。

3. 廈門大學臺灣研究所：《今日臺灣 100 問》，福州：福建人民出版社，1988 年版。

4. 蕭阿勤：《回歸現實——臺灣 1970 年代的戰後世代與文化政治變遷》，臺北：中央研究院社會學研究所專書第 6 號，2010 年第 2 版。

5. 白文進：《撼動臺灣 50 事》，臺北：圓神出版社，2002 年版。

6. 文馨瑩：《經濟奇跡的背後——臺灣美援經驗的政經分析（1951～1965）》，臺北：自立晚報出版社，1990 年版。

7. 于沛：《史學思潮和社會思潮：關於史學社會價值的理論思考》，北京：北京師範大學出版社，2007 年版。

8. 趙既昌：《美援的運用》，臺北：聯經出版公司，1985 年版。

9. 王晴佳：《臺灣史學五十年（1950～2000）：傳承、方法、趨向》，臺北：麥田出版，2002 年版。

10. 陳紹馨：《臺灣的人口變遷與社會變遷》，臺北：聯經出版社，1979 年版。

11. 陳孔立：《臺灣歷史綱要》，北京：九州出版社，1996 年版。

12. 楊建利：《大陸學者眼中的臺灣經驗》，美國加州：二十一世紀中國基金會，1997 年版。

13. 陳映真：《陳映真作品集 13．美國統治下的臺灣》，臺北：人間出版社，1988 年版。

14. 曾萍萍：《噤啞的他者——陳映真小說與後殖民論述》，臺北：萬卷樓圖書股份有限公司，2003 年版。

15. 任東來：《爭吵不休的夥伴——美援與中美抗日同盟》，桂林：廣西師範大學出版社，1995 年版。

16. 潘志奇：《光復初期臺灣通貨膨脹的分析》，臺北：聯經公司，1980 年版。

17. 秦孝儀：《中華民國經濟發展史》，臺北：近代中國出版社，1983 年版。

18. 資中筠、何迪：《美臺關係四十年，1949～1989》，北京：人民出版社，1991 年版。

19. 林玉體：《美國教育思想史》，北京：九州出版社，2006 年版。

20. 趙詳麟、王承緒：《杜威教育論著選》，上海：華東師範大學出版社，1981 年版。

21. 王曉德：《美國文化與外交》，天津：天津教育出版社，2008 年版。

22. 郭為藩：《中華民國開國七十年之教育（上）（下）》，臺北：廣文書局，1981 年版。

23. 袁立錕：《職業教育之理論與實務》，臺北：大聖書局，1976 年版。

24. 朱敬先：《華僑教育》，臺北：中華書局，1973 年版。

25. 郁漢良：《華僑教育發展史（上）》，臺北：國立編譯館，2001 年版。

26. 張正藩:《華僑文教發展史略》,臺北:張正藩,1956 年版。

27. 蔡雅薰:《從留學生到移民——臺灣旅美作家之小說析論(1960～1999)》,臺北:萬卷樓圖書有限公司,2001 年版。

28. 王世榕:《美國亞洲協會與臺灣》,高雄:財團法人亞太綜合研究院,1997 年版。

29. 丘為君:《臺灣學生運動 1949～1979》,臺北:龍田出版社,1979 年版。

30. 劉登翰、黃重添:《臺灣文學史(下卷)》,福州:海峽文藝出版社,1991 年版。

31. 王瑋:《美國對亞太政策的演變:1776～1995》,濟南:山東人民出版社,1995 年版。

32. 陳昭瑛:《臺灣文學與本土化運動》,臺北:正中書局,1998 年版。

33. 黃娟:《邂逅》,臺北:南方出版社,1988 年版。

34. 潘亞暾:《海外奇葩——海外華文文學論文集》,廣州:暨南大學出版社,1994 年版。

35. 葉石濤:《臺灣文學史綱》,高雄:文學界雜誌社,1996 年版。

36. 何秀煌、王劍芬:《異鄉偶書》,臺北:三民書局,1971 年版。

37. 金耀基:《中國現代化與知識分子》,臺北:時報文化出版公司,1994 年版。

38. 曹又方:《美國月亮》,臺北:洪範書店,1986 年版。

39. 陳隆志:《臺灣的獨立與建國》,臺北:月旦出版社,1996 年版。

40. 臺大學生:《臺大人的十字架》,臺北:臺灣大學出版社,1972 年版。

41. 賴志明:《誰來經理中國》,臺北:香草山出版社,1977 年版。

42. 洪三雄:《知識人的出路》,彰化:新生出版社,1973 年版。

43. 吳密察、張炎憲:《建立臺灣的國民國家》,臺北:前衛出版社,1993 年版。

44. 宋光宇:《臺灣史》,北京:人民出版社,2007 年版。

45. 游勝冠:《臺灣本土論的興起與發展》,臺北:前衛出版社,1996 年版。

46. 邵玉銘:《理論與實踐——當前國內文化發展之檢討與展望》,臺北:聯經出版社,1994 年版。

47. 黃俊傑、何寄澎:《臺灣的文化發展:世紀之交的省思》,臺北:臺大出版中心,2000 年版。

48. 廖仁義:《異端觀點——戰後臺灣文化霸權的批判》,臺北:桂冠圖書股份有限公司,1990 年版。

49. 丘為君、陳連順:《中國現代文學的回顧》,臺北:龍田出版社,1978 年

版。

50. 陳國祥：《青年呼聲》，臺北：四季出版社，1979年版。

51. 黃俊傑：《臺灣意識與臺灣文化》，臺北：正中書局，2000年版。

52. 林玉體：《不做稻草人》，臺北：生活文化事業有限公司，1988年版。

53. 朱岑樓：《我國社會的變遷與發展》，臺北：東大圖書出版公司，1981年版。

54. 林玉體：《臺灣教育與政治問題》，臺北：前衛出版社，1990年版。

55. 顧裕祿：《中國天主教述評》，上海：上海社會科學院出版社，2005年版。

56. 方連慶：《戰後國際關係史（1945～1995）》，北京：北京大學出版社，1999年版。

57. 劉國柱：《美國文化的新邊疆：冷戰時期的和平隊研究》，北京：中國社會科學出版社，2005年版。

58. 宋新寧、陳岳：《國際政治經濟學概論》，北京：中國人民大學出版社，1999年版。

59. 陳玉璽：《臺灣的依附性發展——依附型發展及其社會政治後果：臺灣個案研究》，臺北：人間出版社，1992年版。

60. 段承璞：《臺灣戰後經濟》，臺北：人間出版社，1992年版。

61. 劉進慶：《臺灣戰後經濟分析》，臺北：人間出版社，1992年版。

62. 陳勇志：《美援與臺灣之森林保育（1950～1965）——美國與國府關係之個案研究》，臺北：稻鄉出版社，2000年版。

63. 龐建國：《國家發展理論——兼論臺灣發展經驗》，臺北：巨流出版，1993年版。

64. 龐建國：《臺灣經驗的理論與實際》，臺北：幼獅出版，1993年版。

65. 邱貴芬：《後殖民及其外》，臺北：麥田出版，2003年版。

66. 張京媛：《後殖民理論與文化認同》，臺北：麥田出版，1995年版。

67. 吳寄萍：《蔣總統教育思想》，臺北：正中書局，1977年版。

68. 林信華：《文化政策新論——建構臺灣新社會》，臺北：揚智文化公司，2002年版。

69. 蕭新煌：《新臺灣人的心：國家認同的新圖象》，臺北：月旦出版社，1999年版。

70. 陳紀瀅：《美國訪問》，臺北：重光文藝出版社，1965年版。

71. 李永泰：《適當時機與適當政策——李國鼎經濟科技創意實例》，南京：東南大學出版社，2008年版。

72. 瞿海源：《社會心理學新論》，臺北：巨流出版社，1989年版。

73. 林黛嫚：《我心永平——連戰從政之路》，臺北：天下文化出版股份有限

公司，1996 年版。

74. 李建榮：《連戰風雲》，臺北：時報文化出版企業股份有限公司，1998 年版。

75. 周談輝：《中國職業教育發展史》，臺北：國立教育資料館，1985 年版。

76. 張燦鍙：《文化：臺灣問題的根源》，臺北：前衛出版社，2003 年版。

77. 吳大猷：《我國科學教育的回顧與前瞻，教育問題》，臺北：遠流出版，1984 年版。

78. 李慶臻、金吉龍：《韓國現代化研究》，濟南：濟南出版社，1995 年版。

79. 李光周：《考古學對其研究現象之解釋，社會科學整合論文集》，臺北：中央研究院三民主義研究所，1982 年版。

80. 徐復觀：《徐復觀文錄（一）文化》，臺北：環宇出版社，1971 年版。

81. 楊翠華：《美援技術協助：戰後臺灣工業化開端的一個側面》，陳永發主編：《兩岸分途：冷戰初期的政經發展》，臺北：中央研究院近代史研究所，2006 年版。

82. 張光直：《臺灣新考古學的播種者──憶李光周先生》，李光周著、尹建中編：《墾丁史前住民與文化》，臺北：稻鄉出版社，1996 年版。

83. 尹建中：《念新考古學開拓者──李光周博士》，李光周著、尹建中編：《墾丁史前住民與文化》，臺北：稻鄉出版社，1996 年版。

84. 臧振華：《中國考古學的傳承與創新，學術史與方法學的省思》，臺北：中研院史語所，2000 年版。

85. 杜繼東：《美國對臺灣地區援助研究（1950～1965）》，南京：鳳凰出版社，2011 年版。

（五）期刊論文

1. 張楊：《冷戰共識──論美國政府與基金會對亞洲的教育援助項目（1953～1961）》，《武漢大學學報（人文科學版）》，第 66 卷第 3 期，2013 年 5 月。

2. 雷玉虹：《臺灣「戰後世代」的歷史敘事、「國族」認同與行動》，《臺灣研究》，2013 年第 2 期。

3. 王昊：《切斯特‧鮑爾斯與美國對印經濟援助（1951～1953）》，《歷史教學問題》，2008 年第 3 期。

4. 劉蓮芬、施若：《論冷戰時期美國對泰國的經濟援助》，《特區經濟》，2007 年第 12 期。

5. 李光周：《再看鵝鑾鼻：臺灣南端的史前遺址》，《國立臺灣大學考古人類學刊》，1974 年第 35、36 期合刊。

6. 呂芳城：《臺灣戰略地位變遷之研析》，《中華戰略學報》，2002 年第 4 期。

7. 葉明峰：《美援期間臺灣之對外貿易及收支》，《臺灣經濟金融月刊》，1982 年第 7 期。

8. 吳聰敏：《美援與臺灣的經濟發展》，《臺灣社會研究》，1988 年第 1 期。

9. 王鍵：《中國大陸的臺灣史研究狀況》，《漢學研究通訊》，2009 年第 2 期。

10. 宋懿琛：《美國對外教育援助的戰略與實踐》，《世界教育信息》，2009 年第 10 期。

11. 邱坤良：《臺灣與全球化的文化競爭與交流》，《藝術家》，2002 年第 5 期。

12. 吳景平：《抗戰時期中美租借關係述評》，《歷史研究》，1995 年第 4 期。

13. 任東來：《略論美援與中美抗日同盟》，《抗日戰爭研究》，1996 年第 2 期。

14. 肖向東：《美國高等教育的理念與人才培養方式》，《江南大學學報》（教育科學版），2007 年第 9 期。

15. 傅麗玉：《美援時期臺灣中等科學教育發展（1951～1965）》，《科學教育學刊》，第 14 卷第 3 期，2006 年。

16. 張立平：《富布賴特與中國》，《南風窗》，2005 年第 15 期。

17. 黃光國：《臺灣留學生出國及返國服務之動機》，《民族學研究所集刊》，第 66 期，1987 年 8 月。

18. 趙淑俠：《從留學生文藝談海外知識分子》，《文訊》，1984 年第 8 期。

19. 簡政珍：《放逐詩學》，《中外文學》，1991 年第 12 卷第 6 期。

20. 方道文：《從「無根一代」的煩惱，到「大陸學子」的抗爭——海峽兩岸的留學生文學》，《河北師範大學學報》，1995 年第 4 期。

21. 顏子奎：《美援對中華民國經濟發展之影響》，《問題與研究》，1990 年第 11 期。

22. 葉啓政：《從文建會看文化建設》，《中國論壇》，1981 年第 8 期。

23. 趙綺娜：《美國政府在臺灣的教育與文化交流活動（1951～1970）》，歐美研究，第 31 卷第 1 期，2001 年。

24. 傅麗玉：《美援時期臺灣中等科學教育計劃之形成與實施年表（1951～1965）》，《科學教育學刊》，第 14 卷第 4 期，2006 年。

25. 杜正勝：《新史學與中國考古學的發展》，《文物季刊》，1998 年第 1 期。

26. 劉會清：《戰後美國對外經濟援助的歷史考察》，《內蒙古民族大學學報》（社會科學版），2002 年第 3 期。

27. 婁亞萍：《對外經濟援助與美國國家安全戰略》，《國際論壇》，2009 年第

9 期。

28. 楊翠華:《胡適對臺灣科學發展的推動:「學術獨立」夢想的延續》,《漢學研究》,2002 年第 12 期。

29. 郭文華:《美援下的衛生政策:1960 年代臺灣家庭計劃的探討》,《臺灣社會研究季刊》,1998 年第 12 期。

30. 楊翠華:《美援對臺灣的衛生計劃與醫療體制之形塑》,《中央研究院近代史研究所集刊》,2008 年第 12 期。

31. 石之瑜:《蔣夫人與中國的國家性質——後殖民父權文化的建構》,《近代中國婦女史研究》,1996 年第 8 期。

32. 李豔玲:《對美國城市更新運動的總體分析與評價》,《上海大學學報》(社會科學版),2001 年第 12 期。

33. 薛冬霞:《戰後初期美國對泰國援助政策的制定與美國冷戰戰略的調整》,《延安大學學報》(社會科學版),2007 年第 8 期。

34. 陳光興:《帝國之眼:「次」帝國與國族——國家的文化想像》,《臺灣社會研究》,1994 年第 7 期。

35. 楊翠華:《王世杰與中美科學學術交流,1963~1978:援助或合作?》,《歐美研究》,1999 年第 6 期。

36. 林濁水、蔡慶同:《全球化、華人文化與本土化》,《中國事務》,2002 年第 7 期。

37. 梁榮華:《美軍政時期(1945~1948)美國對韓國的教育援助研究》,《教育史研究》,2009 年第 2 期。

38. 郭擁軍:《試論冷戰時期美國對拉美的經濟援助》,《拉丁美洲研究》,2002 年第 3 期。

39. 姜淑令、褚浩:《試析 20 世紀 60 年代美國對以色列的援助》,《武漢大學學報》(人文科學版),2007 年第 11 期。

40. 程曉燕、何西雷:《美國援助與韓國經濟起飛:一項歷史的考察》,《世界經濟與政治論壇》,2008 年第 1 期。

41. Sheppard William:《美國的十年經援計劃》,《國際經濟資料月刊》,1961 年第 7 卷第 3 期。

42. 梁貴堡:《臺灣經濟快速發展下建築發展的回顧》,《山西建築》,2009 年第 8 期。

43. 吳光庭:《1949 年以來外籍建築師對臺灣當代建築發展的影響》,《時代建築》,2008 年第 5 期。

44. 吳光庭:《臺灣建築的發展與變遷》,《世界建築》,1998 年第 3 期。

45. 梁志:《論艾森豪威爾政府對韓國的援助政策》,《美國研究》,2001 年第

4 期。

46. 董向榮：《戰後美國對韓援助的政策演變及其政治影響：1945～1961》，《當代韓國》，2003 年第 4 期。

47. 邱坤良：《臺灣與全球化的文化競爭與交流》，《藝術家》，2002 年第 5 期。

48. 李光周：《考古學上談事物之「起源」與「時空架構」應用所見的問題》，《思與言》，第 18 卷第 3 期，1980 年。

49. 李光周：《臺灣：一個罕見的考古學實驗室》，《文史哲學報》，1985 年第 34 期。

50. 蔡錦堂：《臺灣文化中的日本因素》，《錢穆先生紀念館館刊》，第 7 期，1999 年 12 月。

（六）學位論文

1. 高碩泰：《美援與 70 年代美國外交政策之研究》，臺北：政治大學外交所碩士學位論文，1980 年。

2. 傅舒汶：〈從《鹿港小鎮》到《東方之珠》——論羅大佑的音樂創作與其在兩岸三地所引發的文化效應〉，臺南：成功大學藝術研究所碩士學位論文，2004 年。

3. 王啓明：《1960 年代反叛文化對臺灣的影響》，臺北：中國文化大學史學研究所碩士學位論文，2003 年。

4. 高黎：《艾森豪威爾政府對臺灣的援助政策》，廣州：暨南大學碩士學位論文，2006 年。

5. 蘇順權：《歸國僑生教育之研究》，臺北：政治大學教育研究所碩士學位論文，1961 年。

6. 陳月萍：《美援僑生教育與反共鬥爭（1950～1965）》，南投：國立暨南大學歷史系碩士學位論文，2004 年。

7. 林宗熙：《臺灣科技政策的歷史研究》，新竹：國立清華大學歷史研究所碩士學位論文，1989 年。

8. 朱芳玲：《論六、七十年代臺灣留學生文學的原型》，嘉義：國立中正大學中文系碩士學位論文，1995 年。

9. 王梅香：《肅殺歲月的美麗／美力？戰後美援文化與五、六○年代反共文學、現代主義思潮之關係》，臺南：成功大學臺灣文學研究所碩士學位論文，2005 年。

10. 戴美慧：《戰後臺灣文化政策與文化發展關係之研究——以文化多元主義爲觀點》，臺北：臺灣師範大學政治學研究所碩士學位論文，2002 年。

11. 林美麗：《臺灣發展的新模式：穩定與成長——1951～1965 年美國對臺灣

的援助》，臺北：東吳大學社會學研究所碩士學位論文，1988 年。

12. 郭乃峰：《臺灣經濟發展初期政府干預及美援援助之評估，1951～1971：米糖隱藏稅、高估匯率及美援援助之實證分析》，台中：中興大學經濟學研究所博士學位論文，1996 年。

13. 陳婕：《對外援助政策的國際比較》，廈門：廈門大學經濟學院碩士學位論文，2008 年。

14. 劉會清：《論戰後美國對外經濟援助》，長春：吉林大學歷史學系碩士學位論文，2004 年。

二、外文文獻及譯文文獻

（一）檔案

1. Ten Years of Educational Exchange, Taipei: United States Educational Foundation in the Republic of China, 1967.

2. Twenty Years of Educational Exchange, Taipei: United States Educational Foundation in the Republic of China, 1977.

3. Berkebile J.M. End-of-Tour Report, air gram of ICA（International Cooperation Administration）, Taipei, Taiwan, August 4, 1961.

4. Foreign Assistance Act. in US Code Congressional and Administrational News, 1961.

（二）日韓文著作

1. 川口融：《アメリカの對外援助政策——その理念と政策形成》，東京：アジア経済研究所，1980 年版。

2. 增田猛：《アメリカの對外援助》，東京：教育社，1979 年版。

3. 原覚天：《現代アジア經濟論》，東京：勁草書房，1967 年版。

4. 韓俊相：《現代韓國教育的認識》，首爾：清雅出版社，1990 年版。

（三）英文著作

1. Hollis B. Chenery. Objectives and Criteria for Foreign Assistance. Robert A. Goldwin ed. Why Foreign Aid?.Chicago: RAND Mcnally & Company, 1963.

2. H. B. Chenery. Objectives and Criteria of Foreign Assistance. G. Ranis ed. The United States and the Developing Economies .New York: W. W. Norton Co., 1964.

3. Kallgren and Simon ed. Educational Exchanges: Essays on the Sino-American Experience. Berkeley: University of California, Institute of East Asian Studies, 1986.

4. Alan Brinkley. The Concept of an American Century. R. Laurence Moore and

Maurizio Vaudagna edited, The American Century in Europe. Ithaca, N.Y.: Cornell University Press, 2003.

5. Neil H. Jacoby. U. S. Aid to Taiwan:A Study of Foreign Aid, Self-Help, and Development, New York: Frederick A. Praeger, 1966.

6. Yongping Wu. A Political Explanation of Economic Growth: State Survival, Bureaucratic Politics, and Private Enterprises in the Making of Taiwan's Economy, 1950～1985, Massachusetts: Harvard University Press, 2005.

7. Thomas B.Gold. State and Society in the Taiwan Miracle, New York:M.E. Sharpe,1986.

8. Nancy Bernkopf Tucker, Taiwan, Hongkong, and the United States,1945～ 1992：Uncertain Friendships , New York: Twayne Publishers, 1994.

9. Nan Wiegersma and Joseph E. Medley. US Economic Development Policies towards the Pacific Rim: Successes and Failures of US Aid, London: Palgrave Macmillan, 2000.

10. J. Megan Green. The Origins of the Developmental State in Taiwan: Science Policy and the Quest for Modernization, Cambridge: Harvard University Press, 2008.

11. Edward S. Mason. Foreign Aid and Foreign Policy, New York: Harper and Row, 1964.

12. Gunar Myrdal. An Inquiry into the Poverty of Nations, New York: Panthen Books, 1968.

13. David Wall. The Charity of Nations, New York: Basic books, 1973.

14. William Y. Elliott ed. Education and Training in the Developing Countries: The Role of U.S. Foreign Aid, New York: Frederick A. Praeger, 1966.

15. George W. Woodbridge, ed. UNRRA: The History of the Relief and Rehabilitation Administration, New York: Colombia University Press, 1950.

16. Chin Tsang. China's Postwar Markets, New York: Macmillan Company, 1945.

17. Robert J.C. Young. Colonial Desire: Hybridity in theory, culture and race, New York: Routledge, 1995.

18. Gina Wisker. Key Concepts in Postcolonial Literature, New York: Palgrave Macmillan, 2007.

19. Robin Cohen. Global Diasporas: An Introduction, Seattle: University of Washington Press, 1997.

20. Stephane Dufoix. Diasporas, Berkeley:University of California Press, 2008.

21. Bill Ashcroft, Gareth Griffiths and Helen Tiffin. Post-Colonial Studies: The Key Concepts, London and New York: Routledge, 2000.

22. Rankin Karl L. China Assignment, Seattle: University of Washington Press, 1964.

23. Clough Ralph N. Island China, Cambridge: Harvard University Press, 1978.

24. Roger Ridell. Foreign Aid Reconsidered, Baltimore: John Hhopkings University Press,1985.

25. Jongsuk Chay ed. Culture and International Relations, New York: Prague, 1990.

26. Morrell Heald and Lawrence S. Kaplan. Culture and Diplomacy: The American Experience, Westport: Greenwood Press,1977.

27. Peter Golding and Phil Harris. Beyond Cultural Imperialism: Globalization, Communication and the New International Order, London: Sage Publications, 1997.

28. Tu Wei-ming ed. Confucian Traditions in East Asian Modernity: Moral Education and Economic Culture in Japan and the Four Mini-Dragons, Cambridge: Harvard University Press, 1996.

29. Yen Johnson C. The road to tomorrow: a progress report of United States technical cooperation education projects in the Republic of China, 1952~ 1959, Taipei: National Educational Material Center, 1959.

30. Method Francis J. & Shaw Saundria Kay. AID Assistance to Education: A retrospective study（prepared for the Development Support Bureau, office of Education, U.S. Agency for International Development）, Washington D.C.: Creative Associates, Inc., 1981.

31. Philip H. Coombs. The Fourth Dimension of Foreign Policy: Educational and Affairs, New York: Harper and Row, 1964.

32. Galenson Walter ed. Economic Growth and Structural Change in Taiwan: The postwar Experience or the Republic of China, Ithaca: Cornell University Press, 1979.

33. Carol Lancaster. Foreign Aid: Diplomacy, Development, Domestic Politics, Chicago: University of Chicago Press, 2007.

34. James W.Wigginsand Helmut Schoeck eds. Foreign Aid Re－examined: A Critical Appraisal, Washington: Public Affairs Press, 1958.

35. Kenneth Waltz. Theory of International Politics, New York: Random House, 1979.

36. Mohamed Rabie. The politics of foreign aid--U.S. foreign assistance and aid to Israel, New York: Praeger, 1988.

37. George Liska. The New Statecraft: Foreign Aid in American Foreign Policy, Chicago: University of Chicago Press, 1960.

38. David A. Baldwin. Foreign Aid and American Foreign Policy: A Documentary Analysis , New York: Praeger,1966.

39. Hei-yuan Chiu. Education and Social Change in Taiwan, H.H. Hsiao et. al. eds. Taiwan: A Newly Industrialized State,Taipei: National Taiwan University, 1989.

40. Ta Jen Liu. A History of Sino-American Diplomatic Relations,1840～1974 （劉達人. 中美外交關係史）, 臺北：華岡出版有限公司, 1978.

41. Robertson Roland. Glocalization: Time-Space Homogeneity and Heterogeneity, Mike Featherstone, Scott Lash, and Ronald Robertson eds. Global Modernities, London: Sage, 1995.

42. Mel van Elteren. Americanism and Americanization: A Critical History of Domestic and Global Influence, McFarland & Company, Inc. Publishers, 2006.

43. Charles Wolf, Jr. Foreign Aid: Theory and Practice in Southern Asia, Princeton: Princeton University Press, 1960.

44. S. Chandrasekhar. American Aid and India's Economic Development, New York: Frederick Publishers, 1965.

45. Hans J. Morgenthau. A New Foreign Policy for the United States, New York: Praeger, 1969.

46. Richard Pells. Not Like Us: How Europeans Have Loved, Hated, and Transformed American Culture since World War II, New York: Basic Books, 1997.

47. Watson, Patty Jo and Steven A. LeBlanc, Charles L. Redman. Explanation in Archeology: An Explicitly Scientific Approach, New York: Columbia University Press, 1971.

48. Inkeles, Alex and David H. Smith. Becoming Modern, Cambridge: Harvard University Press, 1974.

49. Walt W. Rastow. The stages of Economic Growth, Cambridge: Cambridge University Press, 1960.

50. Donald Stone Macdonald. U. S.-Korean Relations from Liberation to Self-reliance. The Twenty-Year Record, Boulder: Westview Press, 1992.

51. Apichart Chinwanno. Thailand's Search for Protection: The Making of the Alliance with the United States, 1947～1954, Cambridge: Oxford University Press, 1985.

52. Walter Guzzardi Jr. The Henry Luce Foundation: A History, 1936～1986, Chapel Hill: The University of North Carolina Press, 1988.

53. Kuah-Pearce Khun Eng and Andrew P. Davidson. At Home in the Chinese Diaspora: Memories, Identities and Belongings, New York: Palgrave macmillan, 2007.

54. Kim kwang Suk, Michael Roemer. Studies in the Modernization of the Republic of Korea, 1945～1975: Growth and Structural Transformation, Cambridge: Harvard University Press, 1980.

（四）外文譯著

1. 王育德著，黃國彥譯：《王育德全集 1·臺灣：苦悶的歷史》，臺北：前

衛出版社，2000年版。

2. 王育德著，侯榮邦等譯：《王育德全集12‧臺灣獨立的歷史波動》，臺北：前衛出版社，2002年版。

3. 王育德著，李明宗等譯：《王育德全集13‧蔣政權統治下的臺灣》，臺北：前衛出版社，2002年版。

4. （美）何保山著，上海市政協編譯工作委員會譯：《臺灣的經濟發展：1860～1970》，上海：上海譯文出版社，1981年版。

5. （美）羅伯特‧沃爾特斯著，陳源、范塤譯：《美蘇援助對比分析》，北京：商務印書館，1974年版。

6. （美）威廉‧富布賴特：《帝國的代價》，北京：世界知識出版社，1991年版。

7. （美）羅伯特‧貝拉等著，翟洪彪等譯：《心靈的習性：美國人生活中的個人主義和公共責任》，北京：三聯書店，1991年版。

8. （法）路易‧多洛：《國際文化關係》，上海：上海人民出版社，1987年版。

9. （法）托克維爾著，董果良譯：《論美國的民主》，北京：商務印書館，1991年版。

10. Elvin Hatch著，黃應貴、鄭美能譯：《人與文化的理論》，臺北：桂冠圖書，1984年版。

11. （美）麥哲：《文化與國際關係：基本理論評述（上）》載，《現代外國哲學社會科學文摘》，1997年第4期。

12. （加）謝弗：《從文化的觀點看新的世界體系》，現代外國哲學社會科學文摘，1997年第12期。

13. Evans Peter, Class, State and Dependence in East Asia: Lessons for Latin Americanists, 徐進鈺譯：《東亞的階級、國家與依賴性——拉丁美洲學者的課題》，《南方》第15期，1988年。

（五）英文期刊論文

1. K. B. Griffin, J. L. Enos‧Foreign Assistance: Objective and Consequence, Economic Development and Cultural Change, 1970,（4）.

2. K. C. Chang‧Chinese Archaeology since 1949, Journal of Asian Studies, 1977, 36（4）.

3. Park R.E.‧Human Migration and the Marginal Man, American Journal of Sociology, 1928, 33（66）.

4. Dirlik Arif‧The Postcolonial Aura: Third World Criticism in the Age of Global Capitalism, Critical Inquiry 1994，（4）.

5. Hans J. Morgenthau‧A Political Theory of Foreign Aid, The American

Political Science Review, 1962, 56（2）.

6. J. William Fulbright．Foreign Aid is a Many-Splintered Thing, Dialogue, 1968（8）.

7. Charles J.V. Murphy．Foreign Aid: Billions in Search of A Good Reason, Fortune, 1963（3）.

8. William Safran．Diasporas in Modern Socities: Myths of Homeland and Return, Diaspora,1991,（1）.

9. Hyslop-Margison, E.J.．An Assessment of the Historical Arguments in Vocational Education Reform, Journal of Career and Technical Education, 2001, 17（1）.

10. Joseph B.Platt．Emigration of Scholars and the Development of Taiwan: Chinese-American Cooperation, Development Digest, 1966,（4）.

11.Castles S.．Migration and Community Formation under Conditions of Globalization, International Migration Review, 2002, 36（4）.

（六）英文學位論文

1. Wei-Der Shu．Transforming National Identity in the Diaspora: An Identity Formation Approach to Biographies of Activists affiliated with the Taiwan Independence Movement in the United States, Syracuse : Syracuse University, Ph.D in Sociology, 2005.

2. Gold Thomas Baron．Dependent Development in Taiwan, Cambridge: Harvard University, Ph. D. in Sociology, 1981.

後 記

　　改完這部書稿，終於長長地鬆了一口氣。修改的過程中，逐漸有新的問題和想法湧現，學術探索的道路似乎永遠沒有窮盡。

　　本書是以我的博士學位論文為基礎補充修改而成的。我在廈門大學臺灣研究院讀博期間，得到了導師林仁川先生的悉心指導；作為海洋史、兩岸關係史專家，他言傳身教，將學術方法毫無保留地傳授給了學生。他在我博士論文的寫作過程中付出的心血很多，大到理論框架，小到文字標點，都凝結了恩師的辛勤汗水。得到國家留學基金委的資助，赴美國加州大學伯克利分校東亞研究所留學的一年中，葉文心教授的指點使我受益頗多，世界名校的學術氛圍也感染了我。在上海師範大學博後時期，唐力行先生也在理論方法上給予我許多幫助。可以說，沒有諸位恩師的教導和啟迪，就沒有今天的我，他們對晚輩的提攜和鼓勵是令人感激的。

　　本書的主題是戰後美國對台的教育援助，選題最初源於我對美國和臺灣兩個地區關係的思索。上世紀九十年代，我在讀中小學的時候，大陸和美國、臺灣的關係經歷了種種跌宕起伏。入讀本科和研究生後，對於臺灣問題來龍去脈的思考在我心中泛起了陣陣漣漪。搜集並閱讀了大量的相關書籍和資料後，發現各地學者對於臺灣問題的理解莫衷一是，很多單純的想法反而變得好似霧裡看花。尤其是對兩地有過實地考察的經驗之後，忽然覺得，研究不僅僅是探討學術問題的善惡真偽，更重要的是，被賦予了一種對國家民族的使命感。

　　21 世紀以來，隨著海峽兩岸交流交往的不斷深化，文化傳播也處於迅速發展的狀態，學者們應當在其中發揮橋樑和紐帶的作用。花木蘭文化出版社

出版了多系列臺灣研究方面的專著，為兩岸文化的交流發展不遺餘力。高小娟社長和楊嘉樂、許郁翎編輯在稿件校對往來的過程中，嚴謹、細心、負責的工作態度也感染了我。當今，兩岸在某些學術觀點、學術表述甚至是遣詞造句方面還存在著一定的差異，在本書的修改過程中，我也深深體會到了這一點。但儘管如此，能在寶島臺灣出版專著，對於作為大陸學者的我來說是一件十分榮幸的事，算為兩岸學術交流作出了添磚加瓦的貢獻。

我現在任教的安徽大學於去年底成立了「臺灣研究中心」，充分反映了臺灣研究已經深入大陸內地，受到越來越多學者的關注。感謝中心的郭志遠主任、周典恩師兄等人在工作中的悉心關照，使得我有機會將學術旨趣進一步深化。要特別感謝父親曹天生先生和母親丁俊萍女士對我工作上的支持、生活上的照顧，無論是以前在遙遠的地方求學，還是現在家鄉工作，他們都一直任勞任怨，在物質上幫助我、在精神上鼓舞我，使得我可以安心科研。

本書即將出版，需要感謝的人很多。中國人民大學歷史系的諸位老師們，是他們在史學領域給予了我啟蒙。廈門大學臺灣研究院李祖基、鄧孔昭、陳小沖等老師都是臺灣史領域的專家，在專業上的指教使我受益匪淺。華東理工大學的王仲師兄，時常與我討論課題。臺灣的林信雄博士，在我赴台考察期間與之結下了深厚的友誼，此後幾年中幫我查閱了大量資料。美國的杭行博士，在英文資料的查找和解讀方面為我提供了很多便利。人大和廈大的許多同學和校友，也在生活上給予我許多幫助。還有安徽大學的領導和同事們，在事業發展上對我關懷有加。沒有你們，本書稿就不可能順利完成，所以說，本人的任何成果都是集體智慧的結晶。

光陰荏苒，時光飛逝，從對這個選題產生興趣、著手搜集資料到本書的最終出版，已經歷時了近 7 年的時光，使得一名學生逐漸成長為一位學術研究者。由於本人學術水準和時間精力所限，呈現在讀者面前的，仍然是一項不盡完善的研究成果，期待著專家學者們的批評指正。學海茫茫，吾將上下而求索，現已取得的進展不過是前進道路上一塊小小的基石。我願繼續努力，在知識的道路上披荊斬棘、勇往直前。

曹曦

2015 年 7 月